集刊

集人文社科之思 刊专业学术之声

集 刊 名：太平天国及晚清社会研究
主办单位：中国太平天国史研究会

Study on Taiping Rebellion and Late Qing Dynasty

太平天国及晚清社会研究2020年第2辑(总第5辑)

集刊序列号：PIJ-2019-393
中国集刊网：www.jikan.com.cn
集刊投约稿平台：www.iedol.cn

太平天国及晚清社会研究

Study on Taiping Rebellion and Late Qing Dynasty

朱庆葆 主编

2020年第2辑（总第5辑）

社会科学文献出版社
SOCIAL SCIENCES ACADEMIC PRESS (CHINA)

太平天国及晚清社会研究
Study on Taiping Rebellion and Late Qing Dynasty
2020 年第 2 辑
（总第 5 辑）

目 录

太平天国史研究

晚清社会研究

读史札记

学术综述

史料选辑

太平天国史研究

金田起义前后*

——立足于新史料新研究的叙事

姜　涛**

摘　要　从新史料和新的研究视角出发，可以发现“金田起义”并非近代中国历史的一个简单历史事件的名称。考察其付诸实施的准备过程，可见深层的历史原因，以及太平天国早期领导人的个人因素，洪秀全和杨秀清等人都为之做出了自己的努力与贡献。

关键词　金田起义　拜上帝会　洪秀全　杨秀清　萧朝贵

近代史叙事体系中的“金田起义”是个很特别的词语，因为它不是史学研究者后来生创的词语，而是直接来源于太平天国的官方印书。但现有的相关史书一讲到金田起义，总是将其理解为像八一南昌起义那样“打响了武装反抗国民党反动统治的第一枪”；而金田起义的领导人，则顺理成章地被认为是天王洪秀全。然而，这并不是历史的真相。

太平天国的兴起，与洪秀全宣扬敬拜上帝相关，更与杨秀清发动金田起义相关。没有洪秀全以及他的密友冯云山的布道宣传，固然不会有拜上帝会；但若没有杨秀清与他的密友萧朝贵假托天父、天兄下凡的活动，就不可能有金田起义的发动，更不可能有太平天国。洪秀全尽管有做“天下

* 改革开放以来，太平天国开国史的研究有了长足的进展，尤其是1984年王庆成教授于英国发现《天兄圣旨》等新史料，更使得相关的研究取得了重要的突破。本文有关太平天国开国史的叙事，即建立在相关新史料及新研究的基础之上，故题。

** 姜涛，中国社会科学院近代史研究所研究员。

真主”的雄心，但若没有杨秀清，他充其量也只能继续当一名基督教的布道士。

一　洪秀全敬拜上帝

洪秀全（1814～1864），族名仁坤，小名火秀，广东花县官禄埗人，1814 年 1 月 1 日（嘉庆十八年十二月初十日）生。秀全是他敬拜上帝后改的名，据说是为了避上帝之讳（当时将上帝之名译为“爷火华”）。至于何以改名为“秀全”，太平天国官书并没有说明。但当时有人解释说：“秀全”二字可拆分为“禾乃人王”，粤音“禾”与“我”相近，借“禾”为“我”，意即“我乃人王”。①

洪秀全的父亲和两位异母兄长都以力农为业。秀全出生后，家境已有所改善，因此他在幼年时即得以入村塾读书，成年后又被聘为本村塾师。

洪秀全之敬拜上帝，与其科场失意有关。秀全自认为学问很好，但多次到广州府试，总是名落孙山，始终只是个童生。他于 1833 年第二次府试落第时，曾在广州贡院前获得基督教华人牧师梁发赠送的《劝世良言》。梁发在这部书中摘录了基督教《圣经》中的若干章节，宣扬上帝“爷火华”（Jehovah，现译作耶和华）为独一真神，号召人们敬拜上帝而不可拜别的邪神偶像。书中也充斥着中国人熟知的天堂、地狱之类的说教。这部书影响了洪秀全此后的一生。1837 年秀全于府试再次落第后，回家大病了一场。在时断时续的梦境中，他见到一位披金发、衣皂袍的至尊老人授其宝剑斩除鬼魔，又有一位他称为“长兄”的中年人带领他追寻并杀灭邪神。1843 年秀全最后一次府试落第后，开始潜心研读《劝世良言》，并将书中的宣传与自己此前的异梦联系起来，认为梦中见到的至尊老人就是上帝，而带领他诛妖的中年人就是耶稣，于是便按照书中所说的方法自行施洗；不久，又感服冯云山、洪仁玕以及自己的父母兄嫂和侄辈等皈信上帝。

① 半窝居士：《粤寇起事记实》，太平天国历史博物馆编《太平天国史料丛编简辑》（1），中华书局，1961，第 7 页。

冯云山（1815～1852），又名冯乙龙，出生于1815年。他所居住的禾落地与官禄𡋟为邻村，相距约三里地。他与秀全是“同窗书友”，[①] 后来又同做蒙馆塾师，志趣十分相投。

洪仁玕，生于1822年，是秀全刚出五服的族弟，小秀全9岁，并曾从其受学一年。

洪秀全深信“从未有先知受人尊敬于本乡及家中”（《圣经·新约全书·马太福音》第13章，第57～58节）的说法，乃与冯云山等人结伴于1844年春“遨游天下，宣传真道”，但在广东境内收效甚微。后来他们到广西贵县赐谷村洪秀全的表兄黄盛均[②]家住下，总算取得了发展教徒超过百人的成绩。

洪秀全的布道活动很快被西方传教士得知。1846年，正在广州传教的美国人罗孝全让其中国助手写信邀约秀全前来“襄助宣教”。1847年3月下旬，洪秀全与洪仁玕来到广州罗孝全的教堂。罗孝全对他们的陈述很满意，教堂派人随同其返乡考察宣教情况，也得到了满意的结果。但罗孝全的中国助手中有人故意设下圈套，诱使洪秀全在公开考核时提出津贴问题。罗孝全怀疑其动机不纯，洗礼被不定期地拖延了。洪秀全深感失望，决意离开广州，径赴广西寻找冯云山的行踪。

在罗孝全教堂的三个多月，洪秀全深受影响。首先，他得以阅读并获得新旧约《圣经》。他在此后所写的宣教文章《原道觉世训》中便有数处引《圣经》为据。其次，罗孝全的神学观念是传统的基本主义的正统派，视其他一切宗教为异教和邪教，全力抨击本地人的偶像崇拜，这对洪秀全此后在广西屡次打庙毁偶像、斥邪神的行为也有潜移默化的影响。

二　紫荆山区的“拜上帝会”

洪秀全辗转来到广西贵县赐谷村后，得知冯云山三年来一直在紫荆山教

① 广西壮族自治区通志馆编《忠王李秀成自述校补本》，广西壮族自治区人民出版社，1961，第1页。

② 洪秀全的表亲本为王姓，太平天国因避“王”之讳，凡王姓均改作黄姓。

人敬拜上帝，便迫不及待地前去与冯云山会面。

紫荆山位于桂平县北部，是汉、壮、瑶等民族杂居的边远山区，山民多以耕山烧炭为业。冯云山初入山时，靠拾粪和打短工度日。后因得到一位曾姓监生的赏识，被荐为塾师，有了衣食和身份的保障，便以主要精力劝人敬拜上帝。在他的努力下，拜上帝的信徒大为发展，甚至有举家举族领受洗礼者。这些信徒开始自行立会集结礼拜，不久便以“拜上帝会”之名而广为人知。①

洪秀全与冯云山合作布道后，紫荆山区拜上帝的信徒很快超过了2000人。其中有不久即崭露头角的杨秀清、萧朝贵等人。

杨秀清（1821～1856），1821年出生于平在山之东旺冲。5岁丧父，9岁丧母，由伯父抚养成人。由于生活艰苦，成年后的秀清身材矮小，脸面瘦削，肉色青白，胡须微黄，耳目常有毛病。家境的贫寒，使得他没有机会读书识字。到后来，他在天京听下属奏事时也承认自己“失学不识字，兄弟莫笑。但缓读给我听，我自懂得”。② 艰苦生活的磨炼，使他养成了坚韧倔强、机警过人的性格。秀清喜交游，广结纳，是个很有抱负的人。

萧朝贵（约1826～1852），年龄与杨秀清相仿或略小。其养父萧玉胜为武宣县人，后迁到桂平县平在山下古棚村居住。下古棚北去八里，是杨秀清居住的新村。这在山里便算是近邻了。朝贵个性刚烈，做事决断，与秀清同样以耕山烧炭为业。共同的命运遭际，使得他俩情同手足、亲如兄弟。

萧朝贵的妻子杨云娇也是拜上帝会中的著名人物，甚至比萧朝贵更有名。云娇，在太平天国文献中作宣娇或先娇，本姓黄③，因与杨秀清认作兄妹而改姓杨。萧朝贵后来跻身拜上帝会领导核心，很大程度上得益于其妻与

① 据洪仁玕口述、韩山文笔录《太平天国起义记》，中国史学会主编《中国近代史资料丛刊·太平天国》（6），上海人民出版社，1957，第853页。“拜上帝会”一语，系据《太平天国起义记》1854年英文原版所附汉字，但太平天国文献中从无“拜上帝会”之说，可见其不是自称而是他称。本文在提及拜上帝之人的组织时，仍从习惯称其为“拜上帝会”。

② 张汝南：《金陵省难纪略》，《中国近代史资料丛刊·太平天国》（4），第705页。

③ 或为王姓。太平天国文献中，王姓均已改为黄姓，无从细分。

杨秀清的兄妹关系。“宣”“先”在客家话中同音。云娇之改名宣娇，可能是为了避较其年长的冯云山之讳。清末民初的太平天国演义误认其为洪秀全之妹，又将其名讹作洪宣娇。不过这已是后话了。据记载，杨云娇曾在1837年（丁酉年）患过一场大病，“卧床如死去”。她的灵魂升天后，有一位老人对她说：“十年以后将有一人来自东方，教汝如何拜上帝，汝当真心顺从。”这可能是杨云娇本人故神其事，但她因此成为拜上帝会中最有名的女信徒，会中也有了“男学冯云山，女学杨云娇”的口号。①

拜上帝会的势力和影响迅速扩大。除桂平和贵县外，其他毗邻地方如平南、武宣、象州、郁林州、博白等地，都开始有人敬拜上帝。凡拜上帝之人都必须弃绝偶像。洪秀全来到广西后，更带领信徒捣毁所谓的邪神偶像，其中最著名的一次就是偕同冯云山等人前往象州捣毁甘王庙。这在当时是一种惊世骇俗的举动，目的显然是为崇信“真神”“正道”的拜上帝会立威。捣毁神庙偶像的行动，在广大贫苦而又处于弱势地位的底层民众中获得了更多的支持，但也引起了维护正统社会秩序的士绅们的惊惧和仇视。当地士绅王作新向官府具控，声称冯云山是“妖匪”，“迷惑乡民，结盟聚会，约有数千余人，要从西番《旧遗诏书》，不从清朝法律”。因而冯云山于1848年初被拘押，半年后方以“无籍游荡”之名被递回花县原籍管束。②

冯云山案是太平天国开国史上的大事件。在此之前，拜上帝会始终是一个公开传教的宗教团体，尽管在洪秀全到来后有过外出捣毁邪神偶像的激烈举动，但并没有超出中国传统社会秩序所允许的范围。而冯案之后，拜上帝会开始秘密谋创立国，兴兵起义。地方团练的逼迫，是拜上帝会走上造反之路的外部条件；杨秀清与萧朝贵的脱颖而出并跻身领导层，是促成拜上帝会转变为革命组织的内部条件。

冯云山被羁押以及随后被递解回籍，加上洪秀全一度回广东试图走罗孝全教堂的门路予以营救，给精悍的杨秀清创造了崭露头角的机会。1848年4

① 《太平天国起义记》，《中国近代史资料丛刊·太平天国》(6)，第857~858页。

② 方玉润：《星烈日记》，罗尔纲、王庆成主编《中国近代史资料丛刊续编·太平天国》(7)，广西师范大学出版社，2004，第9页。

月，杨秀清利用当地民间的降僮习俗，声称“天父（上帝）下凡”，逐步控制了紫荆山区的拜上帝会。同年 10 月，他的密友萧朝贵也假称“天兄（耶稣）下凡”，取得了代天兄传言的资格。天父、天兄的频频下凡，左右了拜上帝会的活动及其进一步发展的方向。

耐人寻味的是洪秀全在天父、天兄下凡事件中的态度和所起的作用。按照《太平天国起义记》的说法，杨、萧先后下凡时，洪秀全与冯云山均不在紫荆山，只是到 1849 年 6 月两人一起返回后，才认可了杨、萧代天父、天兄传言的资格。[①] 有人据此认为，洪秀全之所以承认天父、天兄附杨、萧之体下凡，是被迫做出的妥协。但这种说法经不起推敲。尽管《天父圣旨》的早期记载缺失，我们无从得知杨秀清与洪秀全的互动情形，但从《天兄圣旨》的记载看，萧朝贵于 1848 年 10 月首次假托天兄下凡时，洪秀全本人即在现场。[②] 此后他与天兄（即萧朝贵）之间又有过多次对话。这些对话反映出，所谓天父、天兄的降凡活动，与其说是杨、萧二人单方面的行为，倒不如说是他们与洪秀全共同策划、导演的活剧。他们之间的人“神”对话，不但完全肯定了洪秀全此前处心积虑编造出的君权神授故事，而且还大大丰富和发展了这类神话。天父、天兄可以随时随地下凡，可以直接参与若干重大决策活动，从而极大地方便了洪秀全由拜上帝会的教主向天下凡间的“真主”的转变。

杨秀清与萧朝贵的权势急剧上升。拜上帝会自此形成了以洪、冯、杨、萧为首的四人核心。四人有着如下的结拜关系：洪秀全为二兄，冯云山为三兄，杨秀清为四兄，萧朝贵为妹夫（萧妻杨宣娇为妹）。他们同为上帝之子（或婿），耶稣则是其长兄。后来这一神圣家族的成员有所扩大：比杨宣娇年长的韦正成了上帝第五子（宣娇退而为第六女），最年轻的石达开成了上帝第七子。[③]

韦正（1826～1856），一名昌辉，生于 1826 年，住桂平县紫荆山麓之

① 《太平天国起义记》，《中国近代史资料丛刊·太平天国》（6），第 866 页。

② 《天兄圣旨》，罗尔纲、王庆成主编《中国近代史资料丛刊续编·太平天国》（2），第 245 页。

③ 谢介鹤：《金陵癸甲纪事略》，《中国近代史资料丛刊·太平天国》（4），第 652 页。

金田村。其父韦元玠颇有家业田产，但有钱无势，曾遭受其他地主富户的欺凌。韦正本人是捐纳的监生，为人机敏。

石达开（1831～1863），住贵县北山里之那帮村，1831年出生于一个富有的农家。10岁左右，其父母相继亡故，又无其他兄弟，因而很早就经受了独立操持家务的锻炼，是一位颇具才干胆识、深孚众望的年轻人。

太平天国的官书《天情道理书》说韦、石二人"亦是富厚之家，后因认实天父天兄，不惜家产，恭膺帝命，同扶真主"，看来这也是二人得以跻身领导核心的重要因素。①

三　洪秀全"登极"

拜上帝会领导核心的形成与扩大，尤其是洪秀全"真命天子"身份的确立，有力地保证了金田起义的顺利发动。

既往的太平天国史论著，尤其是罗尔纲的《太平天国史》，将洪秀全登极就任太平天王的时间定为1851年3月23日（太平天国辛开元年二月二十一日），地点在武宣县东乡。② 但这一说法显然不确。根据《天兄圣旨》的记载以及其他相关证据，可以断定洪秀全正式登极的时间较此整整早了一年，也即1850年4月3日（庚戌年二月二十一日），地点在桂平县平在山。③

拜上帝会对于洪秀全的登极，并没有采取大肆宣扬的做法，反而实行了极为严格的保密措施。天兄在秀全登极的第三天就告诫他要注意"避吉"④，不可被人识透"根基"。此后又一再叮咛在场的有关人员"太平事是定，但要谨口，根基不可被人识透也"；"千祈不好泄漏天机，不好讲太平事先"。

① 《天情道理书》，太平天国历史博物馆编《太平天国印书》下册，江苏人民出版社，1979，第522页。

② 罗尔纲：《太平天国史》第1册，中华书局，1991，第106页。

③ 姜涛：《洪秀全"登极"史实辨正》，《历史研究》1993年第1期。

④ 《天兄圣旨》庚戌年二月二十三日，罗尔纲、王庆成主编《中国近代史资料丛刊续编·太平天国》（2），第275～276页。"避吉"即"避凶"，以反语"吉"字代替"凶"字，意在求吉。

所谓“太平事是定”，是指太平天王已即位，立国之事已定；“不好泄漏天机”，是因为各地拜上帝人马有待发动，公开揭帜的时机尚未成熟，而这一切正在紧锣密鼓地安排之中。

从《天兄圣旨》的记载看，庚戌年春夏间，各地拜上帝会的首脑人物及骨干分子均相继被召至平在山秘密拜见洪秀全，并聆听天父、天兄的圣旨。神秘而庄严的氛围使得这些开朝元勋既诚惶诚恐，又振奋不已。他们纷纷表示效忠，甚至不惜变卖家产、捐献财物，用于太平天国的开创大业。随父亲蒙得恩参加过这种仪式的蒙时雍后来回忆说：

> 窃自庚戌年二月敬拜天父上帝、天兄耶稣，为日无几，即随先父到平在山面觐真圣主天王圣颜，仰蒙面诏教导，指引甚属精详。侄与先父从此格外信实认真，去邪崇正。其时令甚严肃，不准轻泄机关，故此不敢轻与人言。[①]

四　杨秀清、萧朝贵发动金田起义

1850 年夏，各地拜上帝会的首领根据天父、天兄的旨意——实即拜上帝会领导核心的决策，各回所在，分头发动会众。太平天国开国史上最为重大的事件——“金田起义”就此揭开帷幕。

“金田起义”是太平天国自身文献中的用语。因此，有必要考察一下太平天国人士所理解的金田起义的确切含义。对于“起义”一词，《现代汉语词典》（1996 年版）是这样解释的：“为了反抗反动统治而发动武装革命。”这是今人的理解。《辞源》（1998 年版）的解释只有四个字：“仗义起兵。”这是它的本义。太平天国文献中的“起义”一词，用的正是其本义；有时或代之以“勤王”，其义为“为王事尽力”，多指起兵救援王朝。如：

① 《蒙时雍家书》，太平天国历史博物馆编《太平天国文书汇编》，江苏人民出版社，1979，第 472 页。

“溯自广西倡大义，金田各处起天兵”（《醒世文》）；

“金田起义，用肇方刚之旅”（何震川：《建天京于金陵论》）；

“自扶真主金田起义以来，万民响应，四方乐从”（《太平救世歌》）；

“恭祝万寿起义”（《洪仁玕自述》）；

“万方儿小别家庭，离乡立志做忠臣；前来勤王当虎豹，今知有主可成人”（《天命诏旨书》）；

“惟愿各各起义，大振旌旗，报不共戴天之仇，共立勤王之勋”（《颁行诏书》）；等等。

综合上述记载看，太平天国所谓“金田起义”有其特定的具体内容，大体是指以金田为中心的各路拜上帝人马团营举兵，“共扶真主”，也即仗义起兵勤王。

拜上帝会领导核心内部就金田起义的具体运作进行了分工。已经就任太平天王的洪秀全是起义的拥戴对象，又是外省人，不便公开露面，因而接受了天兄对他的安排——和家眷一起密藏山人村胡以晃家“避吉”。拜上帝会有首创之功的军师冯云山同为外省人，又曾被桂平知县判决“递籍管束”，也不宜抛头露面，因而亦被安排随同密藏。出面组织起义发动工作的，是另两位军师——杨秀清与萧朝贵。他们因有代天父、天兄传言的资格，已把最高权威掌握在自己手里。天父，尤其是天兄在此期间频频降凡，发布旨意，迅速果断地处理瞬息万变的军机，严厉打击借机下凡的其他“星宿”或“妖”，也即利用降僮之术对其权威进行挑战的会内其他派别与个人，从而在根本上保证了起义的组织实施。

在起义发动期间，由于杨秀清“代弟妹赎病”，“身体十分苦楚”，甚至一度口哑耳聋，几成病废，实际事务系由萧朝贵代为主持，而以干练的韦正（昌辉）襄理。但秀清并非无所作为。从这一时期《天兄圣旨》中的用语“万事有天父主张，天兄担当”来看，重大决策可能都是杨秀清做出的。而且，在起义动员过程中起了极大作用的上帝有关降言，如庚戌年将遣大灾降世，“人将瘟疫，宜信者则得救”，庚戌年八月以后，“有田无人耕，有屋无人住”，等等，也只有通过杨秀清之口才能传出去。

金田起义的具体过程，在太平天国文献中又称“团营”，可分为两个阶段。

第一阶段，各地拜上帝会众按地域分别团营，各自成军（在《天兄圣旨》中，这种按地域的分头集结被称为“团方”），大致有：桂平的紫荆—金田地区，是拜上帝会领导机关所在，也是团营起义的最后集中地，以杨秀清、萧朝贵、韦正为首；贵县、桂平交界的白沙地区，以石达开、秦日纲为首；平南的花洲地区，以胡以晃、蒙得恩为首；郁林州的陆川、博白地区，以赖世举（赖九）、黄文金为首；广东高州的信宜地区，以凌才锦（凌十八）兄弟为首。

上述各地的团营，以信宜的凌十八为最早，约于夏季集结，8月中下旬已与该县练勇发生激烈冲突。平南的花洲地区，因洪、冯在附近的山人村藏身之故，迟至10月中下旬方正式团营。其余数处，包括金田基地，大约均在8月开始团营。以上各集结地都分头秘密置办军械，以供团营的会众使用。据说石达开率领的贵县队伍于8月在白沙驻屯时，甚至公然立辕门，开炉铸炮。慑于其声势，也因为官府方严办土来械斗之案，附近各团未敢起练往剿。

第二阶段，各路拜上帝人马向金田地区集中（《天兄圣旨》中称此为“团圆”），并在预定时间公开揭帜起义。

种种迹象表明，1850年11月4日（庚戌年十月初一日）是预定的公开揭帜起义日期。但远方陆川、博白以及广东信宜的大股人马，由于种种原因的耽搁，已不可能按期赶赴金田。10月29日，萧朝贵在平南之洪山（鹏化山）借天兄下凡，紧急通知：

> 千祈秘密，不可出名先，现不可扯旗，恐好多弟兄不得团圆矣。近处团方，现匝住马。密谕远方兄弟，预备多买红粉（火药），声信一到，就好团圆也。[1]

---

① 王庆成编注《天父天兄圣旨——新发现的太平天国珍贵文献史料》，辽宁人民出版社，1986，第77页。

然而比萧朝贵更具权威的杨秀清显然不愿临时变更原定的起义计划。《天情道理书》记载：

> 及至金田团营，时维十月初一日，天父大显权能，使东王忽然复开金口，耳聪目明，心灵性敏，掌理天国军务，乃龛天下弟妹。①

这位在外人心目中似乎已成病废的天父代言人，突然于此时在金田公开露面，执掌兵权，只能与揭帜起义有关。李秀成在其亲书供词中说：

> 道光卅年十月，金田、花洲、六［陆］川、博白、白沙不约同日起义。此之天机，变化多端，实不详周，是以拜上帝之人格而深信了。起义之时，天王在花洲山人村胡以晄家内密藏，并无一人得悉。那时东王、北王、翼王、天官丞相具［俱］在金田。②

李秀成列举的在金田起义现场的主要领导人只有四位：杨秀清、韦正、石达开、秦日纲。可见，杨秀清是在远处“团方”人马未及齐聚金田，洪秀全、冯云山二人仍在密藏，甚至连萧朝贵也未赶回的情形下宣布揭帜起义的。这样做显然是为了证明“天父”的旨意不可更改，以牢固树立自己的权威。

五　祝寿及欢庆起义

金田及其附近村落，前控新墟平原，背靠紫荆山麓，是理想的屯兵处所。11 月 4 日公开揭帜起义之后，各路拜上帝人马便在杨秀清的统一指挥调度下，加速向金田地区集结。到 12 月下旬，连同陆续来投的客家人与天地会武装，总人数已达 2 万人。杨秀清、萧朝贵等着手将此 2 万人编组成一

① 《天情道理书》，《太平天国印书》下册，第 520 页。

② 《忠王李秀成自述校补本》，第 2 页。

支统一的军队，即太平军。

太平军有着严明的纪律。军制仿照《周礼》司马之法，以五人为伍，五伍为两，四两为卒，五卒为旅，五旅为师，五师为军，外加各级长官，一军足员为13156人，各级首长称军帅、师帅、旅帅、卒长、两司马等。但在金田时期，军制尚未健全。

1850年12月下旬，杨秀清下令蒙得恩等率军往攻思旺墟，大败浔州协副将李殿元所部兵勇，拔除了清军安置在平南、桂平交通要道上的这一据点。28日，洪秀全及冯云山等人终于结束了长达数月的密藏“避吉”，在大队“扶主”人马的拱卫下，胜利返回金田。1851年1月11日（庚戌年十二月初十日），在胜利的喜庆气氛中，全军在金田热烈祝贺洪秀全的38岁寿辰。这次祝寿活动标志着拜上帝会的仗义起兵勤王终于有了一个圆满的结局。

太平天国国号研究

华　强[*]

摘　要　太平天国存续14年间，先后使用过4个国号，其中为后世所常用者为“太平天国”。由于国号具备一定的宗教色彩及文化含义，应为太平天国高层领导人所命名。而频繁更改国号，甚至不惜以高压政策强制推行，也反映了洪秀全将太平天国视为家天下的内心思想，以及独断专行的集权行为。

关键词　太平天国　国号　真天命太平天国　上帝天国　天父天兄天王太平天国

1851年1月11日（清道光三十年十二月初十日），洪秀全首义金田，宣布正号“太平天国”，军称“天军”“天兵”，自称“太平真主”。太平天国立国14年，其间使用过4个国号，分别是太平天国、真天命太平天国、上帝天国和天父天兄天王太平天国。4个国号中，其中有2个是正式下诏更改的。太平天国在14年间为什么会出现4个国号？本文试探析如下。

一　太平天国

“太平天国”国号究竟出于何人之手，史料不见记载，笔者分析，应该是洪秀全或冯云山的创造。因为“太平天国”国号有文化含量，缺乏文化或文化程度较低者不可能有这样的创造。

* 华强，国防大学政治学院教授。

太平天国国名由中国传统的天下“太平”的理想与基督教教义中“天国”的观念相结合而产生，是中西文化融会贯通的产物。“太平”出自《公羊传》三世说，即据乱世、升平世、太平世。太者，大也；平者，均也。“太平”指时世安宁、岁谷丰登。天下太平，安居乐业，是中国人民自古以来的愿望。太平世是古人追求的大同世界，也是人类世界最高境界。

东汉末年黄巾起义，张角兄弟创立太平道，要求建立太平的理想社会。太平天国金田起义前，洪秀全即萌发“太平”思想，并欲将“太平”作为奋斗目标。1843年，洪秀全作《原道醒世训》，为未来的理想社会描绘了一幅蓝图：“天下一家，共享太平。几何乖离浇薄之世，其不一旦变而为公平正直之世也。”篇末附七律一首，末句云“各自相安享太平”。[①] 太平天国国号中的“太平”，正是这种含义。

“天国”一词，来源于基督教教义《圣经》。“‘天国’二字，有两样解法。一样，指天堂永乐之福，系善人肉身死后，其灵魂享受之真福也；一样，指地上凡敬信救世主耶稣众人，聚集拜神天上帝之公会也。”[②]

洪秀全对《圣经》中之“天国”情有独钟。他曾经在《前遗诏圣书马太福音书》第五章作眉批：“天上有天国，地下有天国，天上地下同是神父天国。故天兄预诏云‘天国迩来’。盖天国来在凡间，今日天父天兄下凡创开天国是也。”[③]

太平天国对“太平天国”的写法做了特别规定：“太平”两字不变；对于“天国”两字，规定“天字必长其上划”，“国则去‘或’从‘王’”，作“国”字，谓王居其中。[④]

《钦定敬避字样》规定了“天国”的使用，“天国，独我天父、天兄、天王、幼主太平天国可称，其余列邦及人地名俱以郭字代”。[⑤] 按此规定，

---

① 洪秀全：《原道醒世训》，《太平天国印书》上册，江苏人民出版社，1979，第16页。

② 梁发：《劝世良言》，《近代史资料》总39号，中华书局，1979，第21页。

③ 转引自盛巽昌《实说太平天国》，上海书店出版社，2017，第84页。

④ 王彝寿：《越难志》，杭州师院学报编辑室编印《太平天国史事拾零》，1981，第148页。

⑤ 《钦定敬避字样》，《太平天国印书》下册，江苏人民出版社，1979，第803页。《永安封五王诏》，太平天国历史博物馆编《太平天国文书汇编》，中华书局，1979，第36页。

天国、中国之国作“国”，万国、麦西国之国作“郭”，即用同音字代。《资政新篇》中，凡“国”皆改为“邦”，以同义字代。考《诏书盖玺颁行论》“万郭”凡11处，但仍有3处作“万国”，应当是改而未尽。《天情道理书》有2处作“犹太国”“番国”，当是刻工之误。

太平天国立国开基之日，多数学者认为即在金田起义之日，但部分学者对此有不同看法，他们认为太平天国建国并非在金田，而是在武宣东乡。1851年3月23日（咸丰元年二月二十一日），洪秀全在武宣东乡即天王位，同时封立幼主，建号“太平天国”。

部分学者据韩山文《太平天国起义记》，认为洪秀全在永安即天王位，定国号为“太平天国”。1851年9月25日（咸丰元年闰八月初一日），太平军攻克永安州城（今广西蒙山）。太平军占永安后，于永安城外修筑10里长墙并筑有望台。洪秀全在永安颁诏：“褒封左辅正军师为东王，管治东方各国；褒封右弼又正军师为西王，管治西方各国；褒封前导副军师为南王，管治南方各国；褒封后护又副军师为北王，管治北方各国；又褒封达胞为翼王，羽翼天朝。以上所封各王，俱受东王节制。”[①] 同时封秦日纲为天官丞相，胡以晃为春官丞相，有功将士论功晋升。太平天国壬子二年（1852，咸丰二年），诏令施行《太平新历》。又令民蓄发，刊刻颁行太平天国官方文书。太平天国一切制度在永安初具规模，史称“永安建制”。

此说的依据是韩山文的《太平天国起义记》，韩山文听洪仁玕对他讲述此事，因此记入书中。考《洪仁玕自述》与《太平天国起义记》所说不同，洪仁玕对韩山文言太平天国创立事时他尚未抵达天京，因此永安定国号系得自传闻。洪仁玕入京辅政后，信息来源可靠，故当以《洪仁玕自述》为信。

关于太平天国国号，《洪仁玕自述》记：“此时天王在花州胡豫光（以晃）家驻跸，乃大会各队，齐到花州，迎接圣驾，合到金田，恭祝万寿起义，正号太平天国元年，封立幼主。”[②] 荣孟源对《洪仁玕自述》的断句有异议，他认为应该这样断句：“合到金田，恭祝万寿。起义，正号太平天

① 《永安封五王诏》，《太平天国文书汇编》，第35页。

② 《洪仁玕自述》，《太平天国文书汇编》，第552页。

国。元年，封立幼主。”①

史学界现一般采用太平天国史专家罗尔纲先生的说法，即1851年1月11日（道光三十年十二月初十日）洪秀全宣布太平天国立国。这个说法的依据主要是《洪仁玕自述》。

二　真天命太平天国

严格来说，“真天命太平天国”不是太平天国更改的国号。

1852年，太平军进军湖南。途中以东王杨秀清和西王萧朝贵的名义发布了《奉天讨胡檄布四方谕》《奉天诛妖救世安民谕》《救一切天生天养中国人民谕》，值得注意的是，在三通文告中均列“真天命太平天国”。在“太平天国”之上冠以“真天命”三字，表示太平天国真正受命于天。“必言真者，畏人说其假。”② 以后遂成为制度，“凡出伪示，俱有真天命太平天国等字样”。③

东王杨秀清和西王萧朝贵发布的布告流传很广，时人以为太平天国改名为“真天命太平天国”，或以为“真天命太平天国”是太平天国国号的全称。《紫蘋馆诗钞》作者在其文注中云：“贼中一举一动，皆称奉上帝之命。立国号曰真天命太平天国。”④

“真天命太平天国”是不是太平天国改的国号？考太平天国唯在文告“太平天国”之上加“真天命”三字，而文告之纪年及印玺等均无“真天命”字样，仍为“太平天国”。由此可见，冠以“真天命”三字系太平天国文告格式，而非更改的国号。《天王诏旨》云“天朝号为太平天国”，⑤ 是为铁证。至太平天国后期，洪秀全改国号为“天父天兄天王太平天国”，

① 荣孟源：《金田起义日期的探讨》，《历史笔记》，中国社会科学出版社，1983，第72页。

② 佚名：《金陵纪事》，太平天国历史博物馆编《太平天国史料丛编简辑》第2册，中华书局，1962，第46页。

③ 《时闻丛录》，太平天国历史博物馆编《太平天国史料丛编简辑》第5册，中华书局，1962，第80页。

④ 王永年：《紫蘋馆诗钞》，太平天国历史博物馆编《太平天国史料丛编简辑》第6册，中华书局，1963，第392页。

⑤ 《改太平天国为上帝天国诏》，《太平天国文书汇编》，第55页。

“真天命”三字逐渐消失，只有从天京出走的石达开一直沿用“真天命太平天国”不变。

三　上帝天国

辛酉十一年正月二十六日（1861 年 3 月 6 日，咸丰十一年正月二十五日），天王洪秀全突然颁旨改国号：

> 爷哥朕幼坐天堂，天国太平空中扬。天国万样爷为头，太平一统天山江。今改为上帝天国，普天一体共父皇。自今鎏印通改刻，上帝天国更荣光。玉玺改上帝天国，各印仿刻顶爷纲。朕今诏明天上地下人间，天父上帝独尊，此开辟来最大之纲常。朕今细思上帝基督下凡带朕幼作主，天朝号为太平天国。虽爷乃太平天帝父，哥乃太平天主兄，到底爷为独尊。全敬上帝，改太平天国为上帝天国，更合真理。断自今，玉玺内“太平天国”四字改刻“上帝天国”。凡天朝所封列顶中承爵衔前刻“太平天国天朝九门御林”十字冠首，通改刻“上帝天国天朝九门御林”；凡诏书各件有“太平天国”四字，通改换“上帝天国”；以正万古孝敬爷之纲常，普天一家尽归爷哥，世世靡既，永远人间恩和于无尽也。[①]

这是天王洪秀全第一次下诏改国号。从诏旨看，洪秀全抛弃了中国传统的“太平”，“上帝”“天国”均出自《圣经》，他认为“改太平天国为上帝天国，更合真理”。诏书提出具体要求，命重刻玉玺，“玉玺内‘太平天国’四字改刻‘上帝天国’”。此后“凡诏书各件有‘太平天国’四字，通改换‘上帝天国’”。

按照洪秀全的要求，这一次改国号不仅动真的，而且比较彻底。辛酉十一年二月初二日（1861 年 3 月 13 日，咸丰十一年二月初三日），天王洪秀全诏谕洋人“公选一公正无私者为裁判官。……此官将为天朝副大臣，印

① 《改太平天国为上帝天国诏》，《太平天国文书汇编》，第 55～56 页。

凭之印文为‘上帝天国天朝九门御林外务裁判官’”。[①] 洪秀全连洋人的印文内容都规定好了。

从太平天国存世文献看，洪秀全改国号为“上帝天国”未得实行，原因不明。同年，洪秀全宣布旧国号“太平天国”不用，再次诏令改国号为“天父天兄天王太平天国”，并以极刑强制推行新国号，直至亡国。

四　天父天兄天王太平天国

洪秀全强令推行“上帝天国”不久，再次下诏改国号为“天父天兄天王太平天国”。据现在看到的最早使用新国号的《天王诏旨》，颁诏时间为辛酉十一年二月十七日，那么天王二次颁布改国号诏的时间当在辛酉十一年二月初三日（1861 年 3 月 14 日）至二月十七日（1861 年 3 月 28 日）。半个月不到，洪秀全竟然两次颁诏更改国号，是极为罕见的现象。

与前次推出“上帝天国”相比，这一次更改国号保留了“太平天国”原国号。笔者分析，前次改国号“上帝天国”行不通的原因，有可能是废除“太平天国”原国号，引起太平军将士不满。这一次改国号保留了“太平天国”，改“上帝天国”中的“上帝”为“天父”，并列入“天兄天王”，成为“天父天兄天王太平天国”。

洪秀全第二次改国号，反映了其思想的变化。除去虚无缥缈的“天父天兄”称号，剩下的便是“天王太平天国”了，这是洪秀全真实用心所在。《李秀成自述》说，“天王号为天父天兄天王之国，此是天王之计”，“军称天军，民称天民，国称天国，营（称）天营，兵称御林兵”，“称天朝、天军、天民、天官、天将、天兵、御林兵者，皆算其一人之兵，免我等称为我队之兵”，“恐人霸占其国，此之实言也”。[②] 李秀成一语点破了洪秀全改国号的真实意图。

洪秀全第一次更改国号遭到抵制，所以第二次改国号极为严厉。天王诏

---

① 《太平天国文书译稿·天王诏旨》，南京大学历史系太平天国史研究室编《太平天国史新探》，江苏人民出版社，1982，第 337 页。

② 《李秀成自述》，《太平天国文书汇编》，第 533 页。

令遍及朝内外大小军营将士及民间百姓，“凡出示以及印内具〔俱〕要刻天父天兄天王字样安人，不遵者五马分尸”。[①] 尽管天王以“五马分尸”的极刑强制推行新国号，但在外统军诸将仍多临文不遵，甚至公开反对。

李秀成说：“那时人人遵称，独我与李世贤不服声称，李世贤现今亦未肯称此也。”[②] 辛酉十一年十一月二十八日李秀成《谕尚海松江人民清朝兵勇及外国侵略者檄》[③] 仍沿用旧国号，壬戌十二年正月《陈玉成致赖文光等书》[④]、壬戌十二年四月初八日《傅佐廷崔柱忠等会衔告示》[⑤] 亦不用新国号。侍王李世贤因拒写新国号竟受革职处分。

在这种高压政策下，新国号在壬戌十二年、癸开十三年方得逐渐推行。壬戌十二年二月六日，《李秀成谕刘肇均》[⑥] 中开始采用新国号。据目前资料所见，至癸开十三年九月，太平天国文书仍有临文不遵的，如《太平天国后营军帅褚给石门县地保徐宏转致司马倪鹤堂谕》，其纪年为“太平天国癸开十三年九月十六日”。[⑦] 类似这样临文不遵的太平天国文书，应当是文书发布者的疏忽，而不是故意违抗。

新国号推行后，文告开头“真天命”三字废除不用。唯石达开自天京出走，不受天王洪秀全节制，不但沿用原国号，而且冠以“真天命”三字，直到兵败大渡河。如癸开十三年四月二十三日《石达开训谕王千户》，文告仍称“真天命太平天国”，纪年则署“太平天国年月日”。[⑧]

据英国学者柯文南先生提供的三件《天王诏旨》，其发布时间分别为二月十八日、二月十九日、二月二十一日。《太平天国文献史料集》编者注：“诏旨都发布于二月而未注明年份。”[⑨] 又据编者考证，确认三件诏旨的发布

① 《李秀成自述》，《太平天国文书汇编》，第 533 页。

② 《李秀成自述》，《太平天国文书汇编》，第 533 页。

③ 罗尔纲：《太平天国文选》，上海人民出版社，1956，第 105 页。

④ 中国史学会主编《中国近代史资料丛刊·太平天国》第 2 册，神州国光社，1953，第 744 页。

⑤ 《中国近代史资料丛刊·太平天国》第 2 册，第 750 页。

⑥ 《中国近代史资料丛刊·太平天国》第 2 册，第 747 页。

⑦ 《浙江太平天国革命文物图录选编》，浙江人民出版社，1984，第 40 页。

⑧ 《中国近代史资料丛刊·太平天国》第 2 册，第 759 页。

⑨ 《太平天国文献史料集》，中国社会科学出版社，1982，第 2 页。

年份应为辛酉十一年。考现存洪秀全最早采用新国号的诏旨为辛酉十一年二月十七日，则柯文南先生提供的这三道《天王诏旨》均应冠以新国号，应为天父天兄天王太平天国辛酉十一年二月十八日、二月十九日、二月二十一日，否则不合太平天国制度。

国号乃国之根本。历史上有王莽篡汉，改国号为“新”，仅 15 载即亡。太平天国存在了 14 年，国号使用了 4 个，即使“真天命太平天国”不算其中，也有 3 个国号。洪秀全两次更改国号，前后时间不超过半个月，视若儿戏。特别是辛酉十一年第二次推行国号，竟以“五马分尸”的极刑强制推行。尽管如此，洪秀全更改国号仍然受到太平军将士抵制。一两年后，即壬戌十二年、癸开十三年，新国号“天父天兄天王太平天国”才得以逐渐推行。然而此时距太平天国覆灭已经不远了。

正如李秀成所说，洪秀全更改为“天父天兄天王太平天国”国号的真实目的是“恐人霸占其国”。综上所述，洪秀全连续两次更改太平天国国号，原因有二。一是宗教观。洪秀全创造了太平天国宗教，自己沉湎于宗教不能自拔，所以在“太平天国”国号前冠以“天父天兄”。二是私欲念。洪秀全后期将太平天国看作自己的私产，所以在“太平天国”国号前冠以“天王”。

危机与救赎：谶纬视角下太平天国的晚期改革

——从1861年变革说起

王　蒙*

摘　要　为应对天京事变以来太平天国所面临的内忧外患，天王洪秀全在1861年宣布“万象皆新”，并连续颁布、实施了一系列改革措施，涉及宗教、军事、官制、国号、科举、历法等多个方面。以上措施类型，与历史上依据“卯酉革政”的谶纬思想所进行之种种改革一般无二，可知谶纬思想是洪秀全筹划、设计1861年改革的重要思想资源之一。在洪秀全以“上帝信仰”和“天命思想”为主体的知识结构中，以谶纬思想为代表的中国民间信仰始终占有一席之地。

关键词　太平天国　晚期改革　卯酉革政　谶纬

以“天京事变”为界，太平天国由盛而衰。为挽救危局，天王洪秀全做过多种尝试，① 但都不成系统，且难言效果。到了1861年（天历辛酉十一年），他接连颁布了一系列改革措施，涵盖宗教、军事、官制、科举，乃

* 王蒙，扬州大学社会发展学院讲师。

① 如1858年春，李秀成曾向天王推陈一套改革方案，但由于严峻的军事政治危机而不了了之。具体改革建议，可参见《李秀成自述》，罗尔纲、王庆成主编《中国近代史资料丛刊续编·太平天国》第2册，广西师范大学出版社，2004，第354页；茅家琦主编《太平天国通史》中册，南京大学出版社，1991，第264～272页。同年7月，洪秀全启用新生代将领，重建了五军主将体系。再如1859年，新近回归的洪仁玕进呈《资政新篇》，洪秀全详加批注，表示如若条件成熟，当落实其中大部分变革举措。

至国号等多个方面，殊为罕见。如此规模宏大的改革，却并不见于史著，推其原因，大致有二：其一，短短三年之后，天京即陷，太平天国即覆，同时宣告了太平天国晚期改革的失败，因而洪秀全的种种努力皆被历史湮没；其二，学界历来更加肯定太平天国的前中期历史，而对太平天国的后期历史多持贬抑立场，使得在某种程度上，对“1861 年变革”的特殊性与复杂性疏于分辨，更遑论太平天国的整个晚期改革。

自古君王布政革新，多辅以谶纬，申明其受天命、合天道的权威性与合法性。但由于上帝教信仰的遮蔽，以及谶纬思想自身的神秘性，谶纬对太平天国政治、历史以及思想的影响显得难以捉摸。因此本文尝试以洪秀全在 1861 年发动的大规模改革运动为中心，从谶纬的角度检视太平天国的晚期改革，以求深入洪秀全的精神世界，还原其复杂的历史心态、知识背景与变革逻辑，最终增进我们对洪秀全以及太平天国史的了解，开阔太平天国史研究的视野。

一　1861：变革之年

太平天国辛酉十一年正月初一，这天恰逢礼拜日，天王府内举行了一场庄严而宏大的礼拜朝觐仪式。[①] 仪式结束后，天王发布诏旨：

> 上帝、基督住人间，天地新；爷哥带朕幼作主，朝廷新；父子公孙同作主，天国新；爷妈哥嫂同下凡，天堂新；太平天日照万方，世界新；天将天兵齐辅佐，爵职新；在地如天圣旨行，山海新；蛇兽伏诛人安妥，臣民新；一统万年万万年，景瑞新；风调雨顺天恩广，万象新。

① 当天的贺岁仪式被当时碰巧身处南京的慕维廉牧师（William Muirhead）记录了下来，刊载于 1861 年 7 月的《传教杂志与编年史》（*Missionary Magazine and Chronicle*）第 25 卷。慕维廉牧师说，贺岁活动像一场盛大的聚会，天京城内的王侯以及各级官员都带着自己的随从向天王府聚集，车马塞途。随后的朝觐仪式历时约半个小时。见《慕维廉牧师的一封信》，罗尔纲、王庆成主编《中国近代史资料丛刊续编 · 太平天国》第 9 册，第 244 ~ 247 页。

钦此。①

天王此次宣布“万象皆新”，显露出其久违的积极心态。天京事变后的几年里，太平天国的运势日渐衰颓。天王亟须重振士气，巩固信仰。1860年年中，太平军二破清军江南大营，几乎将天京事变以来的阴霾一扫而光。正是在这种背景下，天王酝酿并最终发表了“万象皆新”之新年宣言。

紧跟着新年宣言而来的，是一场全面且大胆的变革。“万象皆新”诏之后，天王在正月十三日、十四日、十五日、十六日、二十六日，以及二月十八日、十九日、二十一日连发诏书，颁布了一系列变革措施。具体内容见表1。

表1　辛酉十一年正月、二月改革措施一览

时间	改革内容	诏书内容
正月十三日（太兄升天节）	重申上帝教信仰，赞美上帝、基督护佑之恩	《天王长谢爷哥福久长诏》：“信实爷哥胆自壮，尊敬爷哥天威扬，倚靠爷哥万兽胜，遵循爷哥灭猖狂，孝敬爷哥获敌门，报答爷哥天担当，铭感爷哥建殊功，善体爷哥识东王，永戴爷哥享永活，长谢爷哥福久长。”[a]
正月十四日、十五日、十六日、二十六日	广封官职	《幼主封孙魁星职诏》《幼主追封卢明信曾添养并升授练顺森等职诏》《幼主封黄得用任殿前赍奏诏》《幼主升授赖冠英等职并追封刘长发诏》等，诏书内容略[b]
正月二十日	改革军事，增设御林兵，改革天京的守备体系	《添设御林兵保卫天京诏》：“城垣广大，廷府阁楼第衙兵士，所居远近不一，一时调遣些少灵便……凡在京内官兵，无论廷府阁楼第衙，悉听表们斟酌挑选，择其精壮者，三抽一，五抽二，拨为御林兵，照旧设立军、师、旅、卒、两，交护京正副主将统带，择出兵便宜之地安置团处，加粮优恤，以示鼓励。如有不遵抽拨，即以违诏议究。”[c]

① 刘东主编《近代名人文库精萃·洪秀全　洪仁玕》，太白文艺出版社，2012，第143～144页。

续表

时间	改革内容	诏书内容
正月二十六日	变更国号，由“太平天国”改为“上帝天国”，并改刻各级印玺	《改太平天国为上帝天国诏》：“天国万样爷为头……今改上帝天国，普天一体共父皇，自今玺印通改刻，上帝天国更荣光……改太平天国为上帝天国，更合真理。……以正万古孝敬爷之纲常，普天一家尽归爷哥，世世靡既，永远人间恩和于无尽也。钦哉。”[d]
二月十八日、十九日	建构“真约”体系，《旧约》《新约》以外新添之经典	《天王万方齐认作爷男诏　附幼主封方成宗诏》《天王敬哥如爷理本当诏》等，诏书内容略[e]
二月二十一日	再次变更国号，由“上帝天国”变更为“天父天兄天王太平天国”，同时令“自今东西至豫印，通刻顶天扶朝纲”，并列举了印刻范例	《天王永定印衔诏》，诏书内容略[f]

资料来源：a. 罗尔纲、王庆成主编《中国近代史资料丛刊续编·太平天国》第 3 册，第 95 页。

b. 罗尔纲、王庆成主编《中国近代史资料丛刊续编·太平天国》第 3 册，第 96～98 页。

c. 罗尔纲、王庆成主编《中国近代史资料丛刊续编·太平天国》第 3 册，第 98 页。

d. 罗尔纲、王庆成主编《中国近代史资料丛刊续编·太平天国》第 3 册，第 99 页。

e. 罗尔纲、王庆成主编《中国近代史资料丛刊续编·太平天国》第 3 册，第 100～103 页。“真约”概念及体系的建构，是洪秀全在神学意识形态领域宣告太平天国以及上帝教的独立性的一大标志。而关于“真约”概念的形成过程、“真约”的内容构成及历史地位等问题，可参考王庆成《英国发现太平天国新史料及其价值》，《近代史研究》1980 年第 3 期；吴良祚《上帝教约书探略》，《浙江学刊》1985 年第 4 期；吴善中《释〈真约〉》，《读书》1986 年第 2 期；夏春涛《太平天国对〈圣经〉态度的演变》，《历史研究》1992 年第 1 期；等等。

f. 罗尔纲、王庆成主编《中国近代史资料丛刊续编·太平天国》第 3 册，第 103～105 页。

两个月内，洪秀全对宗教、军事、官职，乃至国号等方面都进行了大刀阔斧的变革，涉及范围之广、变革程度之深，甚为罕见，充分显示出天王的魄力与决心。综观上述改革措施，其中尤为重大的，当是变更国号。“伏见自古有天下之君，莫不首建国号，以明肇基之始。”① 君主建定国号，以宣明其家族谱系及发迹之地，是宣示其统治合法性的重要举措之一。洪秀全两度变更国号，尤其第二次，一方面回归了“太平天国”这一使用多年的国

① 王恽：《秋涧先生大全文集》卷 86《乌台笔补·建国号事状》，《四部丛刊初编·经部》，商务印书馆，1918 年影印本，第 9 页。

号；另一方面，通过增加“天父天兄天王”六字冠首，坚持了前一次更名时所强调的“天父上帝独尊”之纲常。最后洪秀全表示，这是最后一次变更国号，从此印衔永定、福运久长。这一举措，正与国号的特性相符。

到此为止，洪秀全在年初以颁布诏书的形式开启的变革风暴暂告结束。在随后的几个月里，各个变革措施大多得到落实：新的御林兵得以建立，新的国号、印衔在各地太平军的文书告示中逐步落实，[①]“真约”诸书也在后续颁布的《钦定士阶条例》中被列为太平天国科举的官方习读书目。[②]

这一年剩下的时间里，太平天国仍旧推行了不少重要的改革举措，例如将束之高阁多年的《天朝田亩制度》重刻发行。这部重要典章的重刻发行，且不论其落地实施的可能性有多大，至少可以反映出洪秀全的态度——无论现实形势多么严峻，都要在中国建立一个“无处不均匀、无人不饱暖”的地上天国。

太平天国还在这一年镌刻颁行了一部由洪仁玕、陈玉成、蒙得恩联名制献的新印书——《钦定士阶条例》，预备改革其科举制度。

此外，太平天国还新刻了《辛酉十一年天历》，除了改订历法正朔，改“四十年一加”为“四十年一斡旋”，还增加“月令”内容，以便更加具体地指导农业生产。

综上可见，洪秀全在1861年所进行的这场大规模变革，确为太平天国晚期一系列改革中的重要一环，值得我们加以细查。

二 “卯酉革政”：变革背后的谶纬逻辑

如前文所述，天京事变后，洪秀全确有希望扭转乾坤、万象一新的变革

① 以天京为中心，新国号在各地的应用受距离远近的影响必然会出现不同程度的延迟。天京城内大小官员自然会在第一时间应用新国号，而身在安徽的陈玉成，至少截至四月初仍未使用新国号。详情可参见《英王陈玉成望章王林绍璋仍照前议万勿移营书》，罗尔纲、王庆成主编《中国近代史资料丛刊续编·太平天国》第3册，第107页。值得注意的是，除了空间距离的影响之外，李秀成与李世贤由于对天王变更国号的政策怀有异议，因而刻意抵制使用新国号。李世贤因此甚至一度被洪秀全革职。见《李秀成自述》，罗尔纲、王庆成主编《中国近代史资料丛刊续编·太平天国》第2册，第388～389页。

② 《钦定士阶条例》，《太平天国印书》，第755页。

心态，并且这种心态颇为急迫。但集中于一年之内做出如此广泛且深刻的变革，很难仅仅从心态上获得足够的支撑，而不得不借助更多的政治、历史，乃至谶纬神学等领域的思想资源。

另外，任何变革措施都需要经过一个酝酿、决策的过程。洪秀全 1861 年改革的酝酿过程，可以从洪仁玕的《钦定士阶条例》中窥见蛛丝马迹。在该条例卷首所载的《试士条例敬献圣裁奏》中，洪仁玕提到："惟思天命方新，四海渐归真道；舆地日广，万方定必观光。"① 正总阅李春发、副总裁黄期升所作之序中也提到："值此天命维新之会，道既切乎性命身心，制自超乎古今前后，岂若承讹袭谬，因陋就简之所为哉！"又言："仰见天朝制度维新，超前轶后，洵为万万年不易良规。"② 前文已述，《钦定士阶条例》的内容拟就于庚申十年（1860）冬，镌刻发行于辛酉十一年。可以推想在天王发布新年诏书、正式宣布"万象皆新"之前，洪仁玕已经依靠其地位与身份上的特殊性知悉了天王的维新改政计划。《钦定士阶条例》的"制度维新"，可以理解为天王的"万象皆新"之一。

关于"维新"一词，《诗经·大雅·文王》曰："周虽旧邦，其命维新。"维新，即革新③；而周之维新，即"代商立周"，是"汤武革命"的一部分。"汤武革命"是中国古代的革命传统之一，追求顺乎天命、应乎人愿，以"有道"伐"无道"，以德政伐暴政。这种天命革新的思想，后来被谶纬吸收为核心理念之一。

关于"汤武革命"，《周易·革·象》有辞曰："天地革而四时成。汤武革命，顺乎天而应乎人。革之时大矣哉。"可见革命、革政与历时密切相关。④ 由此，不免想到中国古代另一个与历时密切相关的革命传统——"干支革命"。所谓"干支革命"，即强调在某些特殊的干支时间节点具有异乎

① 《钦定士阶条例》，第 742 页。

② 《钦定士阶条例》，第 743、745 页。

③ 《周易大传·杂卦传》曰："革，去故也；鼎，取新也。"高亨：《周易大传今注》，齐鲁书社，1979，第 659 页。

④ 除了历时，在谶纬思想中，天文之星象，地理之祥瑞灾异，都可以理解为天命革政的信号。如《史记·天官书》云："太白经天，天下革政。"

寻常的革命或革政力量。[①] 统治者或布政维新以因循之，或施恩罪己以规避之。

关于干支革命，主要存在两种说法。一种是“辛酉革命”说。据《革命勘文》所载，《易纬》有云：“辛酉为革命，甲子为革令。”并附郑玄注曰：“天道不远，三五而反。六甲为一元，四六、二六交相。七元有三变，三七相。廿一元为一帮，合千三百廿年。”[②]《革命勘文》所引《诗纬》条目内容较《易纬》更为详细：

> 十周参聚，气生神明。戊午革运，辛酉革命，甲子革政。……必有圣人改世，统理者如此……辛酉年，青龙衔图出河；甲子年，赤雀衔丹书，而圣武伐纣；戊午日，军渡孟津；辛酉日，作泰誓；甲子日，入商郊。[③]

但此说自隋唐以后已不见于华夏典藏，相关内容仅见于日人三善清行所撰之《革命勘文》，并被安居香山、中村璋八辑录于《纬书集成》一书，而后方为国人所知。因此基本可以确定其与本次改革无关。

另一种是诗纬《诗汎历书》[④] 中记载的：

> 建四始五际而八节通，卯酉之际为革政，午亥之际为革命，神在天门，出入候听。[⑤]

---

① 孙英刚：《神文时代：谶纬、术数与中古政治研究》，上海古籍出版社，2015，第 337 页。

② 《易纬》，安居香山、中村璋八辑《纬书集成》，河北人民出版社，1994，第 334 页。

③ 《诗纬》，安居香山、中村璋八辑《纬书集成》，第 488 页。

④ 《诗纬》主要有《推度灾》、《汎历枢》（汎，又作汜、纪、记等）、《含神雾》三种。《隋书·经籍志》著录《诗纬》十八卷，魏博士宋均注。两唐书《艺文志》并有《诗纬》三卷郑玄注，又有宋均注《诗纬》十卷。今皆残缺。辑本有明孙瑴《古微书》、清赵在翰《七纬》、马国翰《玉函山房辑佚书》及日本《纬书集成》等。

⑤ 赵在翰：《七纬：附论语谶》，钟肇鹏、萧文郁点校，中华书局，2012，第 244 页。此条谶纬，安居香山、中村璋八所辑《纬书集成》中的《诗推度灾》与《诗汎历书》均有收录，而赵在翰辑《七纬》中《诗推度灾》则无。

此即“卯酉革政，午亥革命”说。《诗汎历书》对此说的解释是：“卯，天保也”，且为“阴阳之交”；“酉，祈父也”，且为“阴盛阳微”。阴阳之交，尤其是阴盛阳微之际，显然需要革政维新，振作阳气。[①] 另，二者与亥、午并为五际。[②] 西汉经学家翼奉曾上奏天子曰：“《易》有阴阳，《诗》有五际，《春秋》有灾异，皆列终始，推得失，考天心，以言王道之安危。”[③] 可见“五际”之学，其意旨就在于申明安危得失、顺应天命、拯救王道。

“卯酉革政，午亥革命”说在中国历史上有一定的影响力，历代史书中多有记载。如《后汉书·郎𫖮襄楷列传》记载，东汉顺帝时，灾异频现。阳嘉二年（133），更有京师地震之灾。郎𫖮乃上奏，历陈君王修德改政之七事，其中第七事曰：

> 臣伏惟汉兴以来三百三十九岁。于《诗三基》，高祖起亥仲二年，今在戌仲十年。《诗氾历枢》曰：“卯酉为革政，午亥为革命，神在天门，出入候听。”言神在戌亥，司候帝王兴衰得失，厥善则昌，厥恶则亡。

因而他建议顺帝顺时而为，厉行改革。[④]

又据《隋书·萧吉传》记载，仁寿二年（602）独孤皇后崩，文帝令萧吉卜择葬所。及至发殡，吉表奏曰：“至尊本命辛酉，今岁斗魁及天冈，临卯酉，谨按阴阳书，不得临丧。”文帝不纳。吉退而告族人萧平仲以“太子得政，隋其亡乎”之谶言，又云：“吾言信矣，汝其志之。”[⑤]

---

① 宋均注曰：“神，阳气，君象也。”《后汉书·郎𫖮襄楷列传》，李贤等注，中华书局，1965，第 1066 页。

② 《诗汎历书》云：亥为两际，其辞曰，“亥为革命，一际也，亥又为天门、出入候听，二际也”；卯为三际；午为四际（阳谢阴兴之意）；酉为五际。

③ 《汉书·眭两夏侯京翼李传》，中华书局，1962，第 3172 页。

④ 《后汉书·郎𫖮襄楷列传》，第 1065～1066 页。

⑤ 《隋书·萧吉传》，第 13～14 页。

及至清末民初，亦有学人深受“卯酉革政”说的影响。以“忧国心如焚”的章枚叔为例，由于激愤于甲午之败，1897年，太炎先生离开诂经精舍，任职于《时务报》。3月3日，他在《时务报》上发表《论学会有大益于黄人亟宜保护》一文，感叹儒术衰颓，“将不能保其种族”。因此他提出“审谛时务，深识行便……以革政挽革命”。为论争革政的合理性，他还在文中引用了“卯酉革政”说，其辞曰：

> 吾闻《齐诗》五际之说曰：午亥之际为革命，卯酉之际为革政，神在天门，出入候听。是其为言也，岂特如翼奉、郎顗所推，系一国一姓之兴亡而已。大地动搖，全球播覆，内奰中国，覃及鬼方，于是乎应之。方今百年之际，其殆与之符合也哉！[①]

虽然吕思勉先生认为，太炎先生在此引用“卯酉革政”说“亦未必信之，引之盖增加文字之色采而已”。但同时也承认，太炎先生多受“公羊学”之影响，而“公羊学”同样以阴阳五行、天人感应为本，阐发其微言大义。因此历来治“公羊学”者多有兼信谶纬之人。[②] 以上种种，皆证明“卯酉革政”说在中国历史上的影响力，自两汉至近代，从未断绝。

视线重新回到太平天国，需要注意的是，洪秀全虽信仰上帝，但在正式皈依之前，至少接受了20多年中国传统文化的熏陶。[③] 且据洪仁玕介绍，洪秀全十二三岁时已“经史诗文无不博览”，[④] 因此有极大的可能从各种经

① 章炳麟：《论学会有大益于黄人亟宜保护》，汤志钧编《章太炎政论选集》，中华书局，1977，第13页。

② 吕思勉：《从章太炎说到康长素梁任公》，《吕思勉自述》，安徽文艺出版社，2013，第343页。

③ 据洪仁玕回忆，洪秀全7岁入塾读书，据韩山文《太平天国起义记》，简又文译，中国史学会主编《太平天国》第6册，上海人民出版社，1957，第838页。洪秀全31岁时正式皈信上帝，参见《太平天日》，《太平天国印书》，第42页。其间约24年，洪接受传统教育，并攻读各种科举应试书目。

④ 罗尔纲、王庆成主编《中国近代史资料丛刊续编·太平天国》第2册，第407页。

史典籍中吸收到碎片式的谶纬思想。[①] 洪秀全大力布政维新的 1861 年，不仅正逢“酉”年，而且其中诸多改革措施皆与历史上依据干支节点所进行的革命、改政措施大致相当，让人不免对太平天国 1861 年改革与“卯酉革政”的谶纬思想的关系产生无限遐想。谶纬由于能够占测天道、操纵政治、预言吉凶，成为政治危机时代常见之政治工具。深陷危机多年的洪秀全，在巨大的心理压力与环境压力之下，将视线投向中国传统文化资源中神秘的谶纬思想，并非绝无可能。

三　“上帝”与“天命”：洪秀全的阅读书目与知识结构

前文已述，魏晋以降，谶纬历经禁毁，但历代官修史籍，以及《艺文类聚》《太平御览》《永乐大典》《四库全书》等官修类书，碎片化地收录了相当数量的谶纬，如郑樵所谓之“古书虽亡而实不亡”。[②]

到了明清时期，谶纬辑佚工作更是取得了巨大的成就。明人学风逞博空疏、好古资闻，因而对星散的谶纬思想十分关注，纬书辑佚工作自此而始。其中比较重要的有陶宗仪的《说郛》、孙毂的《古微书》三十六卷、杨乔岳的《纬书》十卷等。有清一代，谶纬辑佚工作远胜过往。除《四库全书》所收录的《永乐大典》中纬书八种之外，比较著名的纬书辑佚著作还有赵在翰的《七纬》、马国翰的《玉函山房辑佚书·经编纬书类》、乔松年的《纬捃》、孔广林的《通德遗书所见录》等。另有专辑一纬或加以训诂注解的，如皮锡瑞的《尚书中候疏证》《汉碑引纬考》、[③] 陈乔枞的《诗纬集证》等。清末还有廖平的《诗纬新解》《书中候弘道篇》、康有为的《孔子改制考》等，也都大量引用了纬书内容。另外，张海鹏辑刻的《墨海金壶》、钱熙祚辑刻的《守山阁丛书》、吴省兰辑刻的《艺海珠尘》等丛书性质的著作

① 谶纬文献中，除《四库全书》中所收《永乐大典》中的《易纬》八种尚可称得上完整之外，其余皆为断简残篇。而在众多史籍中，范晔之《后汉书》相对而言是保存汉代谶纬最多者。

② 郑樵：《书有名亡实不亡论》，《通志二十略》，王树民点校，中华书局，1995，第 1807 ~ 1808 页。

③ 潘斌选编《皮锡瑞儒学论集》，四川大学出版社，2010，第 306 ~ 307、314 ~ 315 页。

也收录了不少纬书，促进了谶纬文献的广泛搜集与流传。

综上可见，明清之际的谶纬辑佚工作成果颇丰，为时人与后人了解和运用谶纬提供了十分便利的条件。回到本文的语境中来，是否有明确的证据表明洪秀全曾经接触过谶纬文献呢？答案是肯定的，只是证据略显单薄而已。1864 年 10 月 25 日，也即天京陷落三个月后，幼天王洪天贵福在江西石城被湘军俘获。在他所留下的供词中有这样一段话，相当于讲述了他自己及其父洪秀全的一部分“阅读书目”：

> 读过天朝十全大吉诗、三字经、幼学诗、千字诏、醒世文、太平救世诏、太平救世诰、颁行诏书。前几年，老子写票令要古书，干王乃在杭州献有古书万余卷。老子不准我看，老子自己看毕，总用火焚。我见书这多，老子不知，我拿有三十余本，艺海珠尘书四五本、续宏简录卷四十二卷四十三共二本、史记两本、帝王庙谥年讳谱一本、定香亭笔谈一本，又洋人之博物新编一本，还有十余本书。自我登基之后写票要有四箱古书，放在楼上。老子总不准宫内人看古书，且叫古书为妖书。[①]

其中赫然有吴省兰所辑之《艺海珠尘》一书。这部书以搜奇集异为特点，收录古今著述 166 种，包括经学、小学、舆地、掌故、笔记、小说、天文、历算、诗文等，内容十分丰富。其中也收录有多种谶纬文献，包括汉郑玄注《易纬乾坤凿度》二卷、《易稽览图》二卷、《易纬是类谋》一卷等；还有“谶纬类”[②] 著作，包括宋蔡渊《易象意言》一卷、[③] 清曹仁虎撰《七

---

① 罗尔纲、王庆成主编《中国近代史资料丛刊续编·太平天国》第 2 册，第 425 页。

② “律历”等术数之学，皆可“经天验道”，占卜吉凶，张衡曾言，“立言于前，有征于后”者，皆谓之谶书。见《后汉书·张衡列传》，第 1911 ~ 1912 页。另按陈槃观点，谶纬之属，除谶、纬两词之外，还有图、候、符、书、录之称。七种形态，七种称谓，但异名同实。陈槃：《古谶纬研讨及其书录解题》，“国立编译馆”，1991，第 148 ~ 149 页。为便于比较，笔者在此还将与谶纬一样包含阴阳五行、天人感应思想的著作也纳入谶纬类著作当中。

③ 蔡渊，南宋西山学派代表人物之一，推崇《周易》及“律吕象数之学”，以象数讲解《洪范》。《易象意言》认为，“易者神之本，神者易之用”，观易象，感神意，遂通天下。见张岱年《中国哲学大辞典》，上海辞书出版社，2010，第 440 页。

十二候考》一卷、[1] 明陈士元撰《梦占逸旨》八卷、[2] 宋赵善湘撰《洪范统一》一卷、[3] 明杨慎撰《古今风谣》[4]《古今谚》各一卷、清戴鸿撰《翻卦挨星图诀考》一卷等。可见《艺海珠尘》对于包括洪秀全在内的晚清知识分子而言，就是一个内藏丰富谶纬思想的“知识仓库”。[5]

除了《艺海珠尘》，洪天贵福所提到的《史记》也需要特别关注。首先，司马迁排定《史记》一百三十篇，乃刻意为之，以取天地之成数，这与光武帝宣布谶纬八十一篇异曲同工。另外，《史记》中有大量的感生、异表、谶言、神授天书、梦受天命、祥瑞灾异等内容。其中最著名的当为“亡秦者胡”之谶，并且太史公认为此谶源出于《河图》。[6] 再如《史记》凡记述开基帝王，皆感天而生，且天赋异表。以汉高祖刘邦为例，其母休息于大泽之畔，梦与神遇，且有蛟龙缠绕其身，而后有孕。高祖出生后，天赋

① 节气物候，与历法关系甚密。《夏小正》《吕氏春秋》《淮南子》《礼记·月令》《易纬》《逸周书》等六书，是最主要的六部节候典籍。候应之说，上述各书均有记载，只是对应关系略有出入。详情可参见宛敏渭《二十四气与七十二候考》，《气象杂志》第1期，1935年；宛敏渭《二十四气与七十二候考（续）——Ⅲ七十二候研究》，《气候杂志》第3期，1935年。曹仁虎的《七十二候考》同样采用了《易纬通卦验》所开创的标准来考证节候。

② 《梦占逸旨》八卷，前两卷为《内篇》。卷一含《真宰篇》《长柳篇》《昼夜篇》《众占篇》《宗空篇》，卷二含《圣人篇》《六梦篇》《古法篇》《吉事篇》《感变篇》。《内篇》主要讲述梦、占梦及梦由等问题。其中，陈士元特别指出，“纬稗所载，足用资择”。《梦占逸旨》后六卷为《外篇》。纵览全书，陈士元援引了数百个梦例，分析梦兆，解读梦验，揭示了梦占与人心、世事之间的贯通关系。见赵洪联《中国方技史》，上海人民出版社，2013，第566～574页。

③ 《后汉书·五行志》载：“禹治洪水，得赐洛书，法而陈之，洪范是也。”洪范，即天授之统治大法，凡九种（畴），以五行为基。汉儒盛行之天人感应、五行灾异等说，常以《洪范》为理论依据。

④ 谶语种类繁多，其中尤以诗谶、谣谶、梦谶最为常见。《古今风谣》所载谣谶甚多。

⑤ 潘光哲从阅读史的角度，将晚清士人的阅读对象想象为一个“包罗万象，而时时刻刻都处于建设过程好似永无完工之日的‘知识仓库’（stock of knowledge）”。这个知识仓库为他们提供生活、治学、立身、处世所需的思想资源，从而方便他们踏上各自独特的思想旅程，或进而济世，或退而著书。并且潘光哲指出，晚清士人可资涉猎的“知识仓库”相当之丰富，古今、中外、新旧之思想资源不一而足。详见潘光哲《追索晚清阅读史的一些想法——“知识仓库”、“思想资源”与“概念变迁”》，《新史学》第19卷第3期，2005年，第137～170页。

⑥ 《史记·秦始皇本纪》，中华书局，1959，第252页。

龙颜，美须髯，左股有七十二黑子，应火德七十二日之征。[①] 如此等等，不胜枚举。因此《史记》也当纳入谶纬思想的“知识仓库”之中。

至于洪天贵福所提到的其他几种“古书”，则与谶纬无甚关联。至此，我们通过洪天贵福的片段描述，以管窥豹，大致还原了洪氏父子的阅读书目（或知识仓库）：中国传统典籍，尤其是谶纬文献，加上我们所熟知的《劝世良言》、《圣经》、《天理要论》（麦都思），以及不熟悉的《天路历程》（约翰·班扬）、《六和丛谈》（伟烈亚力）[②] 等基督教著作。这一并不完整的阅读书目，已足够反映洪秀全以“上帝信仰”和“天命思想”为主体的知识结构与精神世界。

需要补充的是，虽然《艺海珠尘》并未收录集中阐发“卯酉革政”说的《诗汎历书》等谶纬文献，但如前文所述，碎片化记录“卯酉革政”说的历史文本并不在少数，知晓并阐述这一谶纬思想的士人亦是如此。总而言之，洪秀全或直接通过我们不知晓的谶纬文献，或间接通过注解《诗经》等相关典籍，不难接触到“卯酉革政”之说，继而将其运用于太平天国晚期改革的历史实践当中。至此，我们可以确定，洪秀全依据“卯酉革政”的谶纬思想在 1861 年发动前述一系列改革的猜想，是具有心理状态和知识背景上的双重条件的。

余　论

在洪仁玕的《钦定士阶条例》中，还有一处细节值得关注，那就是规定所有科举新制皆待 1864 年甲子科再做执行。加上此条例颁布于辛酉年，使人不禁怀疑，这场科举改革，甚至整个 1861 年改革，究竟是否与“戊午革运、辛酉革命、甲子革政”的谶纬有关？事实上，洪仁玕的思想中也有很浓厚的谶纬色彩。除了《钦定士阶条例》中显示出来的“天命维新”思想，还有“历数”“感生”“异表”等典型的谶纬思想。例如他在被俘后的

① 《史记·高祖本纪》，第 341 ~ 343 页。

② 罗尔纲、王庆成主编《中国近代史资料丛刊续编·太平天国》第 9 册，第 264 页。

供词中，多次强调自己自幼习读经史、历数，"知识天文及风雨的事"。[①] 再如他在描述洪天贵福时，称其"诞生时有群鸟集于屋上飞鸣数日，众人皆知"，[②] 这是典型的"感生"异象。又如他在描述洪秀全、洪天贵福的才能和外表之时，也往往夸大其词，声明此二人乃天赋"异表"，有帝王之象。[③] 平民不可无故而据有天下，因此历代君王，尤其是开基帝王均运用谶纬来建立一个以"感生—异貌—受书—创业垂统"为核心的故事系统，声明其权力乃天授，有符印为据。以此核之于太平天国，一般无二。因此，可以说是洪秀全与洪仁玕共同造就了《钦定士阶条例》中内藏的谶纬色彩。

王莽好符命，光武以图谶兴，是故后起君王多效仿之。[④] 尤其每逢混沌、动乱之际，谶纬更借助其预测吉凶、占验天道的功用与力量，参与到种种复杂的政治运作当中。以1861年为中心的太平天国晚期改革，同样发掘出了太多不为人知的谶纬元素，如"天命维新""干支革命"等。虽然从理念性质上，谶纬思想与一神论的上帝信仰格格不入，但是在太平天国整体衰落而局部显露希望的历史背景下，洪秀全不免怀着扭转乾坤、振奋士气的急迫心态，"不择手段"地动用起所有他所能够使用的思想资源，包括本文所讨论的谶纬思想，来展望和创造一个"万象皆新"的美好未来，可谓"阴用其实而阳避其名"。东汉以后，谶纬已不再是官方神学，但它仍旧顽固地留存于民间百姓的日常生活与知识结构之中。[⑤] 同样的，谶纬也参与到了洪秀全的日常生活与政治决策当中，这一点是我们以往有所忽视却又十分重要的一处历史细节。

---

① 罗尔纲、王庆成主编《中国近代史资料丛刊续编·太平天国》第2册，第406、407、412页。

② 罗尔纲、王庆成主编《中国近代史资料丛刊续编·太平天国》第2册，第412页。

③ 在洪仁玕眼中，洪秀全"天亶圣聪，目不再诵"，自皈依上帝后，如获重生，"坐立行止肃然，以身正人，戒尽烟花酒癖等事。凡举监缙绅人等，各皆叹其威仪品概，故所至皆以身率教"。而洪天贵福在洪仁玕看来也是绝等聪明，"我看一行书，他看三行了"。详见《罗尔纲、王庆成主编《中国近代史资料丛刊续编·太平天国》第2册，第407～408、412页。

④ 如唐高宗"龙朔改革"，即应天降黄龙之祥瑞而作。之后武则天永昌元年所做的一系列改革，也大量利用谶纬造势。值得注意的是，唐高宗与武则天的变革措施都包含了改正朔、革官制、建禁军等基本内容，另外，武则天还改国号为周，定洛阳为神都。上述种种改革举措，恰与洪秀全的1861年改革有颇多相似之处。

⑤ 葛兆光先生将谶纬解释为一种"不绝如缕的一般知识与思想"，在秦汉时期，乃至整个中国历史中"流行的知识与技术、想象与经验"。葛兆光：《中国思想史》，复旦大学出版社，2013，第254、265页。

太平天国后期江南士人对其宗教的认识

——以《避寇日记》为考察中心

寇　刚*

摘　要　在《讨粤匪檄》中，作为士大夫的曾国藩以卫道者的形象积极抵抗宣扬基督教的太平天国。通过考察沈梓留下的《避寇日记》，可以看到士人对太平天国的反应各不相同。而对于太平天国的宗教，总体上沈梓以“教匪”目之，且将其与“夷人”归为同类，之所以如此，是因为他生活在传统社会，缺少对西方的认识。相对于文化冲突，一般士人考虑更多的是自身利害，这反映了中国传统社会下人们固有的思维方式。与太平天国宗教密切相关的西方基督教对儒教乃至中国近代史产生了深远影响。对于二者的关系，仍值得深入研究。

关键词　江南地区　《避寇日记》　儒士　太平天国　宗教

太平天国在中国近代史上具有重要的历史地位。自然，它得到了学术界高度重视。李泽厚在《中国近代思想史论》的开篇就写到太平天国，并认为“1949 年以来，中国大陆近代史研究成绩最大的应推太平天国。无论在资料的搜集、整理、出版上，或在论著的质和量上，都如此”。[①] 对于太平天国的宗教，冯友兰认为，“洪秀全和太平天国是主张向西方学习的，但所要学习的是西方的宗教，是西方中世纪的神权政治，这就与近代维新的总方

---

*　寇刚，西北大学中国思想文化研究所硕士研究生。

①　李泽厚：《中国近代思想史论》，生活·读书·新知三联书店，2008，第 1 页。

向和中国近代史的主流背道而驰了”。[①] 他还认为洪秀全和太平天国的对立面实际上是曾国藩，并指出“曾国藩和太平天国的斗争，是中西两种文化、两种宗教的斗争，即有西方宗教斗争中所谓‘圣战’的意义。这是曾国藩和太平天国斗争的历史意义”。[②] 冯友兰之所以下此结论，主要是依据曾国藩《讨粤匪檄》的内容。曾国藩在文章中疾呼：“举中国数千年礼义人伦、诗书典则一旦扫地荡尽，此岂独我大清之变，乃开辟以来名教之奇变，我孔子孟子之所痛哭于九原。凡读书识字者，又乌可袖手安坐，不思一为之所也?!”[③]

曾国藩的言论很容易让人联想到顾炎武所谓“保天下者，匹夫之贱，与有责焉耳矣”。[④] 顾氏在《日知录》“名教”一条中讲道：“汉人以名为治，故人材盛；今人以法为治，故人材衰。”[⑤] 所谓“以名为治”，是儒家思想的反映。顾炎武引用了范仲淹的话：“夫名教不崇，则为人君者，谓尧舜不足法，桀、纣不足畏……人不爱名，则圣人之权去矣。”[⑥] 在中国历史上，儒家与外来之佛教经过了长期的碰撞融合；而在西学东渐的时代潮流中，儒家又是如何认识西方宗教的，这很值得研究。在《讨粤匪檄》中，作为士大夫的曾国藩以卫道者的形象积极抵抗宣扬基督教的太平天国。[⑦] 那么，一般士人对此又是如何认识的呢？本文将以沈梓留下的《避寇日记》为考察中心，分析受太平天国影响甚深的江南地区的士人是如何认识太平天国及其宗教的。

---

① 冯友兰：《中国哲学史新编》下卷，人民出版社，2001，第406页。对于冯友兰的观点，王国平与之相对。参见王国平《太平天国政体与“神权政治”》，《太平天国史论》，苏州大学出版社，2011，第3～16页。

② 冯友兰：《中国哲学史新编》下卷，第418页。

③ 《曾文正公全集》卷2，转引自冯友兰《中国哲学史新编》下卷，第417页。

④ 顾炎武：《日知录校注》，陈垣校注，陈智超等整理，安徽大学出版社，2007，第723页。

⑤ 顾炎武：《日知录校注》，第735页。

⑥ 顾炎武：《日知录校注》，第735～736页。

⑦ 这里所说的基督教是经过洪秀全等太平天国领导人改造的，学界对此有所共识。然而如何称呼洪秀全等人创立的宗教，学界观点尚不一致。夏春涛认为太平天国宗教独尊上帝，称为“上帝教”最为妥帖，前面不应再画蛇添足加上“拜”这一动词。参见夏春涛《“拜上帝会”再辨正》，《天国的陨落——太平天国宗教再研究》增订版，中国人民大学出版社，2016，第397～405页。

一 儒士与乱世

《避寇日记》的作者是沈梓（1833～1888），字桑与，号北山，又号梦蛟，晚号退庵居士，秀水濮川（今浙江嘉兴）人。同治四年（1865）考入八旗官学教习，武英殿校录，授职内阁中书。他创建了濮院镇“翔云书院”“保元善堂”，擅楷书，工制艺，兼治诗。他为曾祖父沈廷瑞、父亲沈涛整理编辑了《东畲杂记》和《幽湖百咏》。他自己著有《养拙轩诗文稿》《养拙轩笔记》，还撰有《避寇日记》六卷，记载了大量太平天国史料。光绪时中举孝廉方正，未赴，居家敦行读书，以圣贤自励。[①]

沈梓是一位深受儒家思想影响的士人，这在《避寇日记》中有明显的体现。他有悲天悯人的情感。日记记载，寒冬之时，当他看到“乡间方刈稻，田下者水及膝，晨起冰棱棱，农人跣足而下，目击收稻情形，不禁恻然于心”。[②] 他也具有慎终追远的孝道丧葬观。当听闻太平军将攻占其乡时，他想到“家中人可走而避，独先父灵樑在堂，未出殡，闻贼所至辄放火烧民房，城邑村落为烬，乃计舁吾父灵樑先殡诸野”。[③] 对于其姐姐的丧事，沈梓办得也甚是用心。另外，沈梓也很重视女性的贞节。当他与妹妹、妻子走失后，认为“死则死耳，被掳当奈何”![④] 在他的思想里，女子被掳走，受到侮辱，可谓“失节事大”。从上述资料可以看到，沈梓生于书香之家，亦有功名，且有人生抱负，可谓一传统儒士。

《避寇日记》现收藏于嘉兴图书馆，共有六卷，前五卷为日记，在时间上从咸丰十年至同治三年（1860～1864），第六卷为杂记，收有其所抄奏折、布告以及文章等。日记起止时间基本为沈梓家乡被太平天国统治的时

① 何灿：《读〈续修四库全书总目提要〉札记》，《图书馆学刊》2017 年第 5 期，第 133 页。

② 沈梓：《避寇日记》，罗尔纲、王庆成主编《中国近代史资料丛刊续编·太平天国》第 8 册，广西师范大学出版社，2008，第 37 页。

③ 沈梓：《避寇日记》，罗尔纲、王庆成主编《中国近代史资料丛刊续编·太平天国》第 8 册，第 9 页。

④ 沈梓：《避寇日记》，罗尔纲、王庆成主编《中国近代史资料丛刊续编·太平天国》第 8 册，第 25 页。

期，主要记录了当时的战事情况，当地士绅、太平天国军队、清军的活动，虽有重复琐碎之处，文字亦有不少缺漏，但瑕不掩瑜，史料价值颇高。[①] 战乱之际，社会极为动荡，沈梓的日记中关于烧杀掳掠的情况十分常见。其间又发生瘟疫，沈氏痛失其姐姐、妻子、女儿，与弟弟失散，加之躲避太平军，同母亲也常分离。他在日记中感叹："噫！我母年已花甲，既罹祸难，家破人亡，茕茕独居，力不能避，守此蔽庐，日与此凶暴盗贼相接，恐惧忧愤，苦何如哉！"[②] 从这些文字可以看到，沈梓的遭遇很是悲惨，生活甚为凄凉。他安顿好家人后，又言"余□恢甚，惟呼天而已"。[③] 此情此景，斯为何世？

二　冷眼旁观：一位儒士的思想世界

沈梓在战乱时期虽然生活艰难，但思想较为活跃，对于外界有敏锐的认识。对于他的思想世界，笔者认为首先值得注意的是他对民间信仰的认识。当"有传关帝庙周将军之刀捏上一段，信者纷纷"时，沈梓说："此神道设教，以鼓舞团勇及乡人防御之心，固不可无也。"[④] 他又记有"四处贴条子，云观音菩萨显圣，令今后呼长毛为瘟毛。盖呼长毛则彼之势日以长大，呼瘟毛则彼将困于瘟疫以死。于是镇人皆群呼为瘟毛"。[⑤] 这些文字今人读来或觉得颇为可笑，而在当时人的眼里，却可能是一件严肃的事情，在一定程度

---

① 正因为《避寇日记》史料价值颇高，学界引用颇多，仅 2019 年就有两篇文章引用该日记。参见陈岭《咸同之际江南政治变动与市镇权力的格局转换——以吴江盛泽镇为中心》，《清史研究》2019 年第 1 期；刘晨《太平天国统治区的民变与政府应对研究》，《近代史研究》2019 年第 2 期。

② 沈梓：《避寇日记》，罗尔纲、王庆成主编《中国近代史资料丛刊续编·太平天国》第 8 册，第 42 页。

③ 沈梓：《避寇日记》，罗尔纲、王庆成主编《中国近代史资料丛刊续编·太平天国》第 8 册，第 30 页。

④ 沈梓：《避寇日记》，罗尔纲、王庆成主编《中国近代史资料丛刊续编·太平天国》第 8 册，第 11 页。

⑤ 沈梓：《避寇日记》，罗尔纲、王庆成主编《中国近代史资料丛刊续编·太平天国》第 8 册，第 11 页。

上起到了安稳人心的作用。另一处文字也颇可玩味："闻张帅各处遍请僧道至大营忏悔阵亡诸将士自向军门以下，余闻而叹曰：'百姓在水火之中，朝不及夕，张帅不以破城为急，而谄渎鬼神何为?'以是益知其不足办贼也。"[①] 在这里，可以看到儒家的鬼神观：对于普通百姓而言，需要神道来安抚人心；[②] 而对于主事者来说，应靠人力来积极面对现实。

从日记里也可以看到，沈梓经常到寺庙里求签问神，由此可见民间信仰对于以理性为特征的儒士不无影响。然而需要说明的是，这种影响是有限度的。当沈梓的家人生病而无药时，无奈之下，他认为"当衔哀极诚求神明而已"。[③] 作为儒士，沈梓并非盲目崇拜神明，而是在非人力可为的情况下出此下策。

中国传统社会的士绅在地方上发挥着重要的作用。当沈梓的家乡受到威胁时，他就认为"其势不得不早为防守。防守之计，莫若团练"。[④] 这就需要在当地士绅的倡导下捍卫里井。战乱中的江南地区，各方势力的关系颇为微妙。当太平军将要攻打沈梓的家乡时，当地士绅最先想到的是向太平军进贡以避免战争，而非武力抵抗。只是当听闻进贡者仍被掳走时，"于是知贼不足款，而吾镇始决然以团练御长毛矣"。[⑤] 在当时人们的观念中，保家是首要之义，而卫国的意识还很淡薄。

通过考察《避寇日记》，笔者认为沈梓的观点总体较为客观。他对各方势力都有自己的评价，称太平天国为"寇""长毛""贼"，称呼其官职时前加"伪"字，显然是站在不认同太平天国的立场上。而对于太平天国禁

① 沈梓：《避寇日记》，罗尔纲、王庆成主编《中国近代史资料丛刊续编·太平天国》第8册，第18页。

② 有学者指出，"正是鬼神信仰、占卜算卦之类的迷信形式，充当了广大农民群众安身立命的精神家园"。参见张茂泽《中国思想文化十八讲》，陕西人民出版社，2008，第175页。

③ 沈梓：《避寇日记》，罗尔纲、王庆成主编《中国近代史资料丛刊续编·太平天国》第8册，第27页。

④ 沈梓：《避寇日记》，罗尔纲、王庆成主编《中国近代史资料丛刊续编·太平天国》第8册，第3页。

⑤ 沈梓：《避寇日记》，罗尔纲、王庆成主编《中国近代史资料丛刊续编·太平天国》第8册，第10页。

绝赌博，他也“窃叹长毛号令，清时地方官所不逮也”。[①] 他还如实记下太平天国的告示，“劝人戒赌，戒鸦片……长篇累牍，居然苦口婆心”。[②] 虽然沈梓期盼清军的到来，但当他看到清军亦无纪律、将领不堪大用时，便发出“官兵亦长毛也”[③] 的不满之声。他还批评“我朝大僚作事往往如此，不思以兵力殄寇仇，徒知通赂饵贼，托名恢复，冒名邀赏，举动如此，真乃可笑”。[④] 日记中这样类似的批评并不少见。对于外国人，沈梓亦有评价。当他听闻“夷人遂入城放火烧民房，云将于城内筑夷馆”时，便认为“总之贼固贼也，而夷人亦贼也”。[⑤]

在太平天国的统治下，不少曾有清朝功名的士人归顺新的政权。对此，沈梓批评道：“遭此乱离，乃天怒神怨，反复消灭之时，亦既罹祸不死，苟足以糊口度日亦幸矣哉。身入红（黉）门，而甘心从贼，廉耻何在……鸣鼓何妨。”[⑥] 而对团练无功转而给太平天国纳贡的士绅朱氏，沈梓认为其“所以低首办此者，无非为举镇百姓作偷生旦夕之计”，[⑦] 并不是真心归顺新政权。对不能抗敌而自杀的人，他责备其“以一寒士受国厚恩，不能早练兵御贼，保卫苏、常数万生灵，而仅效一死，何益于事”，又怜悯其在“苏城乡宦家以千计，而官属自藩臬以下亦以千计，曾无一人倡义募兵守城，而相率逃”的情况下“独力难支，致以一门殉”。[⑧] 通过沈梓对外界的评价，

① 沈梓：《避寇日记》，罗尔纲、王庆成主编《中国近代史资料丛刊续编·太平天国》第8册，第143页。

② 沈梓：《避寇日记》，罗尔纲、王庆成主编《中国近代史资料丛刊续编·太平天国》第8册，第57页。

③ 沈梓：《避寇日记》，罗尔纲、王庆成主编《中国近代史资料丛刊续编·太平天国》第8册，第30页。

④ 沈梓：《避寇日记》，罗尔纲、王庆成主编《中国近代史资料丛刊续编·太平天国》第8册，第159页。

⑤ 沈梓：《避寇日记》，罗尔纲、王庆成主编《中国近代史资料丛刊续编·太平天国》第8册，第21页。

⑥ 沈梓：《避寇日记》，罗尔纲、王庆成主编《中国近代史资料丛刊续编·太平天国》第8册，第74页。

⑦ 沈梓：《避寇日记》，罗尔纲、王庆成主编《中国近代史资料丛刊续编·太平天国》第8册，第44页。

⑧ 沈梓：《避寇日记》，罗尔纲、王庆成主编《中国近代史资料丛刊续编·太平天国》第8册，第20页。

我们可以看到他虽持儒家立场，但也有自己的主见。从这些文字中，也体现了历史事件复杂的一面。

三　从儒士的视角看太平天国的宗教

沈梓还记录了一些关于太平天国宗教的情形。在太平天国统治下的沈氏家乡，有官员前来讲道的情况。“所讲说者，百姓皆要敬天，所以遭难者皆不敬天所致。”[①] 这里所讲的“天”应当就是上帝教[②]中的上帝。沈梓在经过白雀寺时看到太平天国的告示，内容为其宗教规条，“有十诫、十嘱、十除、十斩四十条，其说总以天主、耶稣为教主”，在沈氏的眼里，太平军“盖教匪也”。他将这些规条加以概括，认为“诫者，诫人犯教中之禁也。嘱者，劝人从其教也。除者，除去恶习，如乌烟、花酒、释道之类。斩者，斩违教者也”。在他看来，“所云皆不通文理，言天而不言地，言父而不言母，总之无人伦也”。[③] 从这里可以看到，深受儒家思想影响的沈梓对太平天国的宗教是陌生的。因此，当他看到太平天国的军官履历“所填三代脚色，一代父母、一代弟兄及妻，其母妻媳皆不曰某氏，而曰某妹，甚是奇怪”。[④]

通过与他人的交谈，沈梓了解到太平天国宗教的一些仪式，“每月朔、望则烧香烛，合馆子长毛跪念一赞[⑤]，则曰敬天父。……每日黄昏，其头目必往朗天义处听命。所谓令者，即于此赞中抽出二字写一条贴馆子中，合馆

① 沈梓：《避寇日记》，罗尔纲、王庆成主编《中国近代史资料丛刊续编·太平天国》第8册，第55页。

② 笔者认同夏春涛的观点，将太平天国的宗教称为上帝教。

③ 沈梓：《避寇日记》，罗尔纲、王庆成主编《中国近代史资料丛刊续编·太平天国》第8册，第57页。

④ 沈梓：《避寇日记》，罗尔纲、王庆成主编《中国近代史资料丛刊续编·太平天国》第8册，第147页。

⑤ “赞”的内容：赞美上帝为天圣父，天兄耶稣为救世人主。人主神圣，封为神灵，神灵三位，为合一真人。真道岂异，世道相同，能救神灵，享福无穷。智者踊跃，接主为福；愚者省悟，天堂路通。天父鸿恩，广大无边。不息太子，遣降凡间。捐命代赎，无灾罪孽。人主悔感，天子万年。沈梓：《避寇日记》，罗尔纲、王庆成主编《中国近代史资料丛刊续编·太平天国》第8册，第64页。

子皆知之，个个馆子皆同。明日见有面生可疑之人，则举所谓命（令）者询之，其人所说合符则已，否则奸细也，必定遭刑。念赞后，其先生念一奏章[①]，众长毛跪听”。沈氏引述完后，只是以“观此行径，长毛为教匪，与红夷相比无疑矣”[②]评价之。在这里，他将太平天国与外国联系起来。诚然，“太平天国宗教由洪秀全创建，其源头来自西方基督教”，[③]但是其终究与西方基督教有很大的差异，“上帝教在初期强烈受到《劝世良言》的影响，比较接近基督教，后来除了始终贯彻信仰唯一的神、否定偶像崇拜这一点之外，其他均转变，成为具有浓厚的民俗性、独自的宗教”。[④]因此，有很多外国传教士对太平天国的宗教提出异议。由于太平天国的政权一直遭受清军的威胁，其危机意识较强，进而也影响到宗教。例如上文引述的对陌生人的警惕意识，这让太平天国的宗教缺少一种祥和的氛围。另外，奏章内所谓“天嫂”等形象，是太平天国领导人创造出来的，这又反映了太平天国的宗教与西方基督教有很大的不同。

沈梓作为传统士人，对科举考试自然有所关注，他在日记中就提到了太平天国的科考内容。太平天国将考秀才称为考秀士。在一次考试中，“首题‘君君臣臣’，次题‘真天真主’，诗题‘四海一家皆兄弟’”，在沈梓看来，这些“皆教书中语也”。[⑤]在另一场考试中，所出的题目在他的眼里“皆天主妖书之语”。[⑥]众所周知，太平天国以独尊上帝、反对儒家经典著称，从

---

① 奏章内容：小子□□共同众小子一同跪在地，恳求天父上主皇上帝老亲爷爷，周扶大众小子，日日有衣有食，无灾无害。今世平安，时时看过，洪荒吾主，时时看过，永不准妖魔逆□。时时看过，永不准妖魔侵害。托救世主天兄天嫂天兵天将，受济攻难。再求天父上主主皇上帝在天圣旨诚行，在地如在天焉。俯遵所求，心诚所验，大吉大昌。沈梓：《避寇日记》，罗尔纲、王庆成主编《中国近代史资料丛刊续编·太平天国》第8册，第64页。

② 沈梓：《避寇日记》，罗尔纲、王庆成主编《中国近代史资料丛刊续编·太平天国》第8册，第64页。

③ 夏春涛：《天国的陨落——太平天国宗教再研究》增订版，第8页。

④ 〔日〕小岛晋治：《太平天国运动与现代中国》，徐曼译，社会科学文献出版社，2017，第34页。

⑤ 沈梓：《避寇日记》，罗尔纲、王庆成主编《中国近代史资料丛刊续编·太平天国》第8册，第116页。笔者颇感疑惑的是，为何“君君臣臣”也会被视作“教书中语”，暂且存疑。

⑥ 沈梓：《避寇日记》，罗尔纲、王庆成主编《中国近代史资料丛刊续编·太平天国》第8册，第192页。

《避寇日记》来看，这在其科举考试中确实有所反映。而另一方面，“士大夫阶层之所以拒绝接受上帝教，其根本原因是受两千年来被定为一尊的儒家孔学的左右”。[①] 上帝教与儒家思想的冲突，可能对太平天国的发展产生不利的影响。值得注意的是，考取者尚有已经考取清朝功名的人，还有许多人参加太平天国的科举考试是为利所驱。据日记中记载，“初闻考取后每名给洋六元，赐田十二亩，既而知洋则有之，而田则无之也，一时考者皆失望”。[②] 作为“旁观者”的儒士沈梓对太平天国的考试应该是不屑的，所考的内容违背他所接受的传统教育。他曾见到天王诰命及诏书，只用“俚鄙之极”[③] 四字来评价，这些经历或许会加深其对太平天国的轻视。

考察《避寇日记》，相对于对战争的描述，沈梓对太平天国宗教着墨不多。笔者认为，当战火在沈氏家乡蔓延时，战局已经朝着不利于太平天国的方向发展。太平天国为了生存，精力皆用在军事上，已无暇传播宗教教义。主观上，沈梓作为儒士，对上帝教教义具有排斥心理，可能无意去了解太平天国的宗教。他对上帝教虽耳闻目见，且持反对态度，但是在日记中没有详细解释。另外，沈梓的日记是如何完成的，是否有事后追记导致选择性记忆的情况；而且由于日记内容有重复、文字存在缺漏之处，该日记在流传过程中是否经过了后人的整理，这都是值得进一步考证的。

四　传统社会中的儒士

生于道光年间的沈梓，在笔者看来，仍旧是一个传统的士人。与其同时代、中国近代史上首位留学美国的学生容闳（1828～1912）则认为，“太平军战争之起，则视中国前此鼎革，有特异之点，非谓彼果英雄豪杰，以含有

① 夏春涛：《天国的陨落——太平天国宗教再研究》增订版，第276页。

② 沈梓：《避寇日记》，罗尔纲、王庆成主编《中国近代史资料丛刊续编·太平天国》第8册，第117页。

③ 沈梓：《避寇日记》，罗尔纲、王庆成主编《中国近代史资料丛刊续编·太平天国》第8册，第103页。

宗教性质耳”。[①] 对于太平天国的宗教，他评价其“皆甚浅陋而简单”。[②] 正是由于长期接触西方文化，容闳才能有这样的认识；而深受传统文化影响的儒士沈梓则缺少对太平天国宗教的敏感性，只是简单地将其与外国宗教归为一类，未看到两者的差异。

在日记中，他对满族将领胜保和汉人曾国藩做了比较，认为“以权势言之，则胜重于曾，以才力言之，亦胜过于曾”。很明显，沈氏认为胜保强于曾国藩。当清政府处死胜保时，他认为这种做法“实未审乎天下安危大局也”。[③] 在这里，暂且不论他的看法是否正确，从其言论中的“天下”二字，可以看到当时士人的观念还未从“天下”转向“国家”。对于外国人的认识，沈梓基本上只是听闻的。

冯友兰认为，曾国藩和太平天国斗争的历史意义是中西两种文化、两种宗教的斗争。笔者认为有待商榷。魏斐德认为，“受公羊学派的影响，洪秀全撷取了大同、太平的理论，创立了他的、也是中国独创的乌托邦理论”。[④] 也有学者指出，“无论是洪秀全或洪仁玕，他们掀起的宗教宣传运动与西方基督的传播存在颇大的距离”。[⑤] 总之，太平天国宗教有多少成分是来自西方，又有多少来自本土，是首先需要考虑的。

曾国藩在《讨粤匪檄》中强调了儒家与太平天国的文化冲突。通过考察沈梓的日记，笔者认为这种冲突是存在的。但是在一般士人的心里并没有强烈的文化紧张感。沈氏在太平天国的统治下独善其身，也有许多士人为了利益，转而归顺了太平天国。在《避寇日记》中收录了一份布告，称太平军到来后，“乡党中父兄妻女被其戮，屋宇资财被其焚”，号召

① 容闳：《西学东渐记》，沈潜、杨增麟评注，中州古籍出版社，1998，第122页。

② 容闳：《西学东渐记》，第123页。

③ 沈梓：《避寇日记》，罗尔纲、王庆成主编《中国近代史资料丛刊续编·太平天国》第8册，第198页。

④ 〔美〕魏斐德：《大门口的陌生人：1839～1861年间华南的社会动乱》，王小荷译，新星出版社，2017，第132页。

⑤ 崔之清、胡友臣：《洪秀全评传·附洪仁玕评传》，南京大学出版社，1994，第425页。

“平日椎胸泣血，恨不能报者，宜乘今日共复深仇”。[①] 从布告的文字来看，其强调了太平军对自家生命财产的危害，反映的更多是家仇，而没有过多渲染文化上的对立。正如上文提到的，当地方士绅听闻太平军到来时，第一反应是如何让个体生命不会遭受威胁，而不是大义凛然地充当卫道者。

生活在传统社会中的沈梓，西学尚未给他的思想带来巨大的冲击。他囿于自己接受的儒家教育来思考与生活、评判是非，没有意识到自己所处的时代正经历着前所未有的变局。对于太平军，他依靠常识斥之为“教匪”，将其与“夷人”归为同类。随着清军的节节胜利，太平天国的首都被攻陷，曾国藩尊奉的名教躲过了大劫。沈梓则在战后不负所学，考取了清朝的功名。然而，在中西碰撞的时代潮流下，更大的挑战还在等待着儒学去应对。

结　语

通过考察《避寇日记》，笔者认为沈梓深受儒家思想的影响，而其当时所生活的时代是一个朝不保夕的乱世。沈梓又是一个思想活跃的人，他对太平天国、清军、“夷人”乃至士绅都有评价，像一个生活在太平天国政权的统治下的“旁观者”。而其他士人对太平天国的反应各不相同，有主动归顺者，有不得已而从之者，也有抵抗而死者，更多的人则是选择躲避以保性命。从该日记中我们可以看到历史的复杂性。

对于太平军，沈梓通过耳闻目睹对其有所评价。总体上讲，他以“教匪”目之，且将其与“夷人”归为同类。从这些评价可以认识到，沈氏终究还是一位传统社会中的人，对西方国家缺少认识。至于冯友兰对太平天国运动的认识，笔者认为其从哲学的角度来概括评价，忽视了太平天国宗教的复杂性。曾国藩在檄文中强调了文化冲突，而一般士人考虑更多的

① 沈梓：《避寇日记》，罗尔纲、王庆成主编《中国近代史资料丛刊续编·太平天国》第8册，第254~255页。

则是自身利害，这反映了中国传统社会中人们固有的思维方式。

太平天国运动失败，在容闳看来，“其可称为良好结果者惟有一事，即天假此役，以破中国顽固之积习，使全国人民皆由梦中警觉，而有新国家之思想”。[①] 容闳接着列举了1894年、1895年等年份所发生的事情来证明自己的观点。众所周知，甲午战争后，年幼时对太平天国颇感兴趣、后来受到基督教影响的孙中山走上了革命道路。笔者要指出的是，虽然与西方宗教颇有关系的太平天国退出了历史舞台，但是西方对中国的影响却越来越大，两者的冲突和矛盾急剧加大。在炮舰的威力下，西方的宗教也传入了中国，之后教案频发，终于爆发了义和团运动。运动失败后，清政府不得已进行了改革，废除了科举制度。罗志田认为，“废除这样一种使政教相连的政治传统和耕读仕进的社会变动落在实处的关键性体制，必然出现影响到全社会各层次多方面的后果”。[②] 当人们的目光转向新学，与之相对，旧学自然被有意无意地忽视。对于儒学而言，这可谓沉重的打击。

纵观鸦片战争以来的近代中国历史，儒家可以轻视、排斥乃至战胜了以西方基督教为源头的太平天国宗教，但是回避不了真正的西方宗教的挑战，且后者对前者产生了重大的影响。毕竟，“中国儒教文明，和西方基督教文明，从文化形态上看，可以说都是非常成熟的文明形态”。[③] 在中西文化交流碰撞的今天，对于近代历史上儒耶两教的关系仍值得深入研究。

---

① 容闳：《西学东渐记》，第125页。

② 罗志田：《清季科举制改革的社会影响》，《中国社会科学》1998年第4期，第185页。

③ 张茂泽：《中国思想文化十八讲》，陕西人民出版社，2008，第327页。关于儒家学说是不是一种宗教，学界存在争议，夏春涛在著作中也认识到了这一点。他认为“儒教”在历史上的确是一个约定俗成的概念。其在谈到宗教层面时，沿用了这一概念。参见夏春涛《天国的陨落——太平天国宗教再研究》增订版，第55页注。

太平天国遗址遗迹的保护与思考

袁 蓉*

摘 要 现存太平天国的重要遗址遗迹大致分为馆衙故居、壁画彩画遗存、军事遗址、将士墓葬等，除全国重点文物保护单位保存较为完好外，部分遗址遗迹面临有效保护欠缺的现实问题。通过分类考察可见，只有制定科学的保护规划，确定合理的发展战略，注重文化资源整合，才能达到有效保护与合理利用的有机结合。

关键词 太平天国 遗址遗迹 文化遗产

太平天国起义历时14载，纵横十余省，其在所经之地曾留下丰富多样的历史遗存，其中又以广东 、广西、江苏、安徽、浙江等地遗存居多。其分布广泛，类型多样，有宏伟壮丽的王府馆衙，有绚丽多彩的壁画彩画，有悲壮萧瑟的军事遗址，还有悲凉肃穆的将士墓葬等。本文从列入全国重点文物保护单位的太平天国遗址遗迹入手，对分布在全国各地的重要遗址遗迹进行简略梳理分类，介绍其保护状况，回顾中国文化遗产保护事业与太平天国遗址遗迹保护的发展历程，探讨太平天国遗址遗迹保护的方法与思路。

一 太平天国遗址遗迹保护状况

1961年3月4日，国务院公布了第一批全国重点文物保护单位180处，广西金田起义地址、苏州太平天国忠王府两处太平天国遗址作为革命遗址及

* 袁蓉，太平天国历史博物馆研究馆员。

革命纪念建筑物列入其中。1964年10月，苏州忠王府的国保称号被撤销，直至1981年才得以恢复。1982年，第二批国保单位公布，南京太平天国天王府遗址（天朝宫殿）名列其中，此时距第一批国保单位的公布已有21个年头。1988年，国务院公布第三批国保单位，广东花县洪秀全故居、南京堂子街太平天国壁画、金华太平天国侍王府得以进入国保单位行列。2006年，广西蒙山太平天国永安活动旧址也被公布为第六批国保单位。

2013年，国务院核定公布第七批全国重点文物保护单位1943处，数量之多，创下历次之最。其中近现代重要史迹及代表性建筑达329处，但没有一处太平天国遗址遗迹。从这些太平天国历史遗存来看，其地理分布涵盖了太平天国策源地、建制地、定都地以及经略地。此外，还有一些太平天国遗址遗迹被列入省、市、县等各级文保单位，并得到了较为妥善的保护。但仍有不少文保单位的保护状况不容乐观，而大量未纳入文保名录的遗址遗迹的境遇更令人担忧。即使在保存尚好的历史遗迹中，门庭冷落者也为数颇多，与文物资源合理利用的要求相去甚远。

1. 王府馆衙、诸王故居

以南京天王府、苏州忠王府、金华侍王府为代表的太平天国王府建筑，规模宏大，均为全国重点文物保护单位，社会关注度高，其保护状况较好。以第一批进入国保单位名录的苏州忠王府为例，李鸿章曾惊叹其建筑之壮美，“琼楼玉宇，曲栏洞房，真如神仙窟宅”。其营建工程浩大，“匠作数百人，终年不辍，工且未竣，城已破矣”。[①] 1960年起为苏州博物馆所在地。曾为忠王府花园的拙政园则分属不同部门管理，亦为第一批全国重点文物保护单位，1997年与留园等9处苏州古典园林被列入《世界遗产名录》。南京天王府遗址历史上先后作为为明初汉王府、清两江总督署、太平天国天王府、孙中山临时大总统府、中华民国国民政府和总统府所在地，新中国成立后长期作为政府机关所在地，后对外开放。因其为明清及民国时期重要的历史遗存，文化积淀深厚，一直是南京最热门的旅游景区之一，是南京亮丽的

① 沧浪钓徒：《劫余灰录》，太平天国历史博物馆编《太平天国史料丛编简辑》（2），中华书局，1962，第154页。

城市文化名片。

曾为太平天国东王府、幼西王府和夏官副丞相赖汉英衙署的瞻园，在天京沦陷后遭到严重破坏。1957 年太平天国纪念馆迁址瞻园，1961 年改名为太平天国历史博物馆。建馆以来，瞻园经过三次大规模的整修，是南京首屈一指的古典名园，2006 年被公布为国保单位，为南京魅力独具的历史人文景点。

广东花都为天王故里。金田起义后，洪秀全故居及其幼年读书、后来讲学的私塾都被清政府焚毁。20 世纪五六十年代，广州市考古队发掘出房屋墙基，并参照客家民居形制重建后对外开放。位于广西桂平金田村的韦昌辉故居系 20 世纪 80 年代重修，为二进三开间四合院式的建筑。广西藤县为太平天国后期著名四王——忠王李秀成、英王陈玉成、侍王李世贤和来王陆顺得的故里，其中来王故居被清军焚毁后重新修复，至今尚存，其余三王故居空留遗址。

同样是文保单位，有保存状况较好者，也有境遇惨淡者，其中长期被居民、非文化、文物单位使用的历史建筑，状况尤其令人担忧。安庆英王府在 20 世纪 60 年代被文物工作者调查发现，1982 年在建筑墙壁上剥剔出 4 幅壁画后，即因“太平天国王府壁画”被公布为安庆市重点文物保护单位，2004 年，“太平天国英王府及太平天国英王府壁画”被列入省保单位。该处建筑系“利用清康熙任塾旧宅，阔面分中、东、西三路，以正中一列为正殿并附后殿，东西二侧各筑偏殿，进深均为四进，还有更楼、花园等建筑，组成一片完整的府宅建筑群。目前尚存的遗迹仅为正殿四进，占地约 14000 多平方米，建筑面积约 3600 平方米”。[①] 如此重要的大规模文物古迹却一直未能得到有效保护。20 世纪 80 年代末，新华社记者魏文华曾以《抢救安庆英王府》为题，呼吁社会各界保护安庆唯一的王府遗存。[②] 然而，20 世纪末，原本属于王府附属建筑的偏殿、更楼、花园等建筑在老城改造中被拆

① 方晓珍：《安庆境内太平天国遗址遗迹的保护与利用》，《中国太平天国史研究会第八次会员代表大会暨学术研讨会论文汇编》，2015。

② 曹志君：《安庆英王府》，金实秋、易家胜主编《太平天国王府》，南京出版社，2003，第 119 页。

除，而文保单位范围内的王府主体建筑一直为居民所占用，且因年久失修，早已被鉴定为危房。尽管学界对此处是否为英王府仍有不同意见，但其作为太平天国时期的重要历史遗存是没有争议的，对其进行有效的保护与修复也迫在眉睫。

漳州侍王府位于该市龙眼营通元庙，李世贤在1864年10月率兵入闽攻占漳州后曾居住于此。据当地媒体报道，“某些居民无视其历史文物价值，随意在古祠周围占地建房，甚至紧贴着古祠的外墙搭盖房子……更有一些居民拆毁古祠右边的围墙，以古祠大殿外墙作支撑建私房，致使古祠大殿的外墙成了违章建筑的支撑墙，不堪重负，岌岌可危。而后殿的厅堂前的梁柱也光彩无存，破败不堪，为防止梁柱倾塌，柱子前还用砖块垒起柱子，严重破坏庙宇的历史风貌”。[①] 尽管该建筑属于市级文保单位，但保护状况不容乐观。

2. 壁画、彩画遗存

壁画是与太平天国王府馆衙等建筑相伴而生的，大规模的壁画绘制是太平天国民众艺术的集中体现，成为太平天国战争中一段光辉的历史。据史料记载，安庆英王府“府屋颇多，不华美，亦不甚大，门墙皆彩画”。[②] 在嘉兴失守后，有人目睹王府“大厅及后面堂楼尚存，厅上亦各画五彩”。[③] 太平天国天京城破时，“阖城贼馆，不下千余处。曰伪府，则有辕门二，大门三，高可数丈，门内墙壁皆彩画鸟兽……若伪衙，则择民居之高大者，加以彩画”，天王府“梁栋俱涂赤金，文以龙凤，光耀射目，四壁彩画龙、虎、狮、象”。[④]

太平天国灭亡后，这些壁画彩画被清政府毁坏殆尽，目前所发现且确认为太平天国的壁画主要集中于江苏、浙江、安徽等地。由于江南地区气候潮湿，对于壁画保护极为不利，能存留至今的壁画寥寥无几。文物保护专家也一直在研究江南地区壁画的科学保护方法，并进行了积极的探索与实践。20

① 《通元庙濒临倒塌　古建筑亟待保护》，《闽南日报》2009年9月14日，第7版。

② 赵烈文：《能静居士日记》，罗尔纲、王庆成主编《中国近代史资料丛刊续编·太平天国》（7），广西师范大学出版社，2004，第110页。

③ 《避寇日记》卷5，太平天国历史博物馆编《太平天国史料丛编简辑》（4），中华书局，1963，第317页。

④ 毛祥麟：《甲子冬闱赴金陵书见》，孙文光编《中国历代笔记选粹》，华东师范大学出版社，1988，第88页。

世纪 90 年代，国家文物局曾派专家对南京堂子街的前厅壁画进行揭取保护处理，对壁画保护起到了一定作用。2012 年，陕西省考古研究院专家再次对壁画进行了保护修复。国家文物局专家也在 20 多年前对金华侍王府壁画进行过有机层表面封护保护实验，目前该馆正在和相关文物保护专业机构合作，调查壁画保存现状，进行病害调研和文物本体检测，试图探索壁画保护的有效手段。

彩画是太平天国王府馆衙的重要装饰。现存的太平天国彩画中，以苏州忠王府保存的彩画最为丰富经典，堪称清代苏式彩画的代表。2010 年，苏州博物馆邀请文物出版社对忠王府中路门厅、轿厅、前殿、后堂内目前可见的 341 幅彩画和后殿内的 9 幅壁画进行了全面拍摄，在此基础上将所有彩画的名称、位置、尺寸逐一标识，集成《太平天国忠王府彩画》一书，为文物保护积累了丰富翔实的资料。

3. 军事遗址遗迹

军事遗址遗迹由于大多散见于野外，地势险要，交通不便，长期以来，除少数列入文保单位的重要遗址外，并未得到足够的重视与保护，而任其自生自灭。

广西作为太平天国起义策源地，保存有大量太平天国遗址遗迹。金田起义地址被公布为第一批国保单位后，当地政府建立了太平天国金田起义陈列馆，1979 年又扩建为太平天国金田起义纪念馆。金田起义时的营盘、拜旗石、犀牛潭、练兵场、太平军前军指挥部旧址三界庙、古林社、傅家寨、风门坳古战场等，都是极为重要的历史遗迹。永安州（今蒙山县）是太平天国起义后攻占的第一座州城，太平天国军队在此驻留半年，留下了天王发布诏令处、东西炮台、长墙、营盘、古战场等军事遗迹。由于这些遗址遗迹分属不同市县，缺少统筹规划，保护水平参差不齐。其中既有国保单位，如首批进入国保名录的金田起义地址、2006 年跻身国保单位的永安太平天国活动旧址，又有多处保护级别较低或尚未列入文保单位的遗址遗迹，因经费匮乏，已濒临损毁状态，亟待抢救性保护。

安庆为太平天国上游重镇，一直是拱卫天京的西线屏障和粮源要地，曾经存留大量军事遗址。遗憾的是，该市“太平军驻军大营遗址、清水壕东段遗址、清水壕西段遗址、狮子山战壕遗址（市级文保单位）、大、小营盘山营垒遗址（市级文保单位）、杨家嘴太平军营垒遗址等均遭毁损”。① 如今，在安庆市区及周边乡镇还分布着十多处新近发现的太平天国营寨、碉堡等军事遗址，亟待相关部门的抢救性保护。②

4. 太平天国将士墓葬

太平天国历经十余年浴血奋战，牺牲者甚众，但所发现的墓葬很少。这一方面是由于太平天国最后被清政府镇压，所有与太平天国有关的遗迹都被视为“逆迹”而荡毁；另一方面与太平天国的死亡观念、丧葬礼仪也不无关系。

曾水源墓是迄今所发现的唯一一座太平天国高级将领的墓葬，新中国成立初期在南京挹江门睦寡妇山发现，1957年被列入江苏省文保单位。该墓曾几经维修，但长期处于封闭管理状态，被周围建筑所包围，几近荒芜，成为都市中被遗忘的角落。当地政府在近年的维修整治过程中，不仅考虑到对文物本体的保护，还将其与当地民众生活相融合，打造太平天国主题文化广场，为附近居民提供了一处休闲场所。此外，高桥太平军烈士墓（上海市文物保护单位）、武汉东湖九女墩（湖北省文物保护单位），都是在20世纪50年代被列入文保单位名录的历史遗迹，保存尚属完整。湖北半壁山还有一处葬有千余太平军遗骸的“千人塚”，尚有一块清光绪九年（1883）所立石碑，后为湖北省博物馆收藏。据碑文记载，此地“壕内死者不下数百人，土人复益以附近之尸，就而瘗焉，约略千计”。③

5. 太平天国其他相关遗址遗迹

一些时间跨度长、文化内涵丰富的文物古迹，如江西九江湖口石钟山唐代至民国古建筑及石刻、南京明代古桥七桥瓮、毁于太平天国战争的南京明代大报恩寺遗址等，均为全国重点文物保护单位，也是与太平天国直接相关

① 方晓珍：《安庆境内太平天国遗址遗迹的保护与利用》，《中国太平天国史研究会第八次会员代表大会暨学术研讨会论文汇编》，2015。

② 方晓珍：《安庆境内太平天国遗址遗迹的保护与利用》，《中国太平天国史研究会第八次会员代表大会暨学术研讨会论文汇编》，2015。

③ 郭存孝：《太平天国博物志》，广西人民出版社，1997，第214～215页。

的遗址遗迹。同时，对清方遗址遗迹的保护，为太平天国研究留存了重要实证。如镶嵌于南京太平门城墙湘军破城处的太平门缺口碑系曾国藩亲笔所书，记录了太平天国从金田起义到定都天京，直至天京被湘军攻陷的历史，从侧面反映了天京保卫战的艰难和壮烈。为纪念率军攻破天京的湘军主将、曾国藩之弟曾国荃所设的专祠“曾公祠”，目前保存尚好。这两处均为南京市文保单位。

位于江西石城的“桂花屋”，是当年幼天王洪天贵福被囚禁之所，也是目前仅存的一处与幼天王有关的历史遗存，现为江西省文物保护单位。四川、湖北、陕西等地散落着一些零星的历史遗迹，如四川合江石达开略蜀石刻、半壁山“铁锁沉江”摩崖石刻、汉中古汉台等，这些太平天国遗迹或因鲜为人知而渐渐湮没，或被文物遗迹本身蕴含的其他历史信息掩盖。

二　文化遗产保护历程与发展探索之路

太平天国遗址遗迹的保护历程，折射出新中国成立后文化遗产保护工作探索前行的曲折道路。1949 年 11 月，文化部文物事业管理局成立，地方政府也设立了各级文物行政机构。1950 年 5 月，政务院发布《古迹、珍贵文物图书及稀有生物保护办法》，明确规定：“各地原有或偶然发现的一切具有革命、历史、艺术价值之建筑、文物、图书等，应有各该地方人民政府文教部门及公安机关妥为保护，严禁破坏、损毁及散失。”1950 年 7 月，政务院又发出《关于保护古文物建筑的指示》，要求对“凡全国各地具有历史价值及有关革命史实的文物建筑……均应加意保护，严禁毁坏”。1953 年 10 月 2 日政务院发出《关于在基本建设工程中保护历史及革命文物的指示》，明确规定“具有重大历史意义的地面古迹及革命建筑物应予保护”。1956 年 4 月 2 日，国务院下发《关于在农业生产建设中保护文物的通知》，要求进行全国范围内的文物普查，建立文物保护单位制度。正是在政府积极宣传倡导下，一批曾经湮没无闻的太平天国历史遗迹得以被发现。南京堂子街壁画、如意里壁画、罗廊巷壁画、方山壁画、曾水源墓、绍兴来王殿壁画、安徽绩溪旺川乡曹氏支祠壁画等都被发现于此时。

1958年开始“大跃进”，在极左思想影响下，文物部门被要求“厚今薄古、古为今用”；在“大办人民公社”“大炼钢铁”的群众运动中，大量文物被损毁。1961年3月4日，国务院发布《文物保护管理暂行条例》，规定了全国重点文物保护单位、省（自治区、直辖市）级文物保护单位、县（市、区）级文物保护单位三级文物保护单位保护管理体制，并公布了第一批全国重点文物保护单位。这也是中国文物保护事业发展的里程碑。①

1966年“文革”开始，文物被视为“破四旧”的主要冲击对象，大量凝聚着中华传统历史文脉的珍贵遗产被破坏，文物保护工作遭受重创。1973年2月，国务院决定成立国家文物事业管理局，逐步恢复各地的文物保护工作。1974年8月国务院颁布《关于加强文物保护工作的通知》，破坏文物现象得到遏制。

与此同时，西方社会的文化遗产保护理论体系不断发展完善。1964年在威尼斯通过的《国际古迹保护与修复宪章》（威尼斯宪章）肯定了历史文物建筑的重要价值和作用，将其视为人类的共同遗产和历史的见证。1972年通过的《保护世界文化和自然遗产公约》，第一次明确了文化遗产的概念，要求缔约国最大限度地保护好本国的文化遗产。因其概念的权威性和保护措施的普遍性，成为世界各国普遍承认的世界遗产保护准则。

改革开放以来，西方文化遗产保护理念逐渐传入中国。1982年中国文物保护领域的第一部法律《中华人民共和国文物保护法》颁布实施，《文物保护管理暂行条例》的基本原则在这部法律中得以继承并延续。1985年，中国加入《保护世界文化和自然遗产公约》，“文物保护”开始走向内涵更为丰富的“文化遗产保护”。在此时兴起的大规模城市建设与旧城改造中，又有大量文物古迹被发现。在20世纪80、90年代发现的嘉兴中山中路壁画、南京黄泥岗壁画、竺桥壁画，最后不得不让位于城市建设，壁画建筑被拆毁。所幸竺桥6幅壁画被完整揭剥，珍藏于堂子街太平天国壁画艺术馆。嘉兴8幅壁画却成了一堆碎片，描绘太平军作战场景的黄泥岗人物壁画就此永远消失了，期待有朝一日文物修复专家的“妙手回春”。

① 姚远：《新中国文物保护的历史考察（1949～1965）》，《江苏社会科学》2014年第5期。

从1956年到1988年公布的前三批国保单位，按革命遗址及革命纪念建筑物、石窟寺、古建筑及历史纪念建筑物、石刻及其他、古遗址、古墓葬分为6类；1996年第四批国保单位公布时，将文保单位分为古遗址、古墓葬、古建筑、石窟寺及石刻、近现代重要史迹及代表性建筑、其他等6类，分类更趋科学、合理。与此同时，处在太平天国对立面的清方遗址遗迹开始受到重视和保护，曾国藩故居富厚堂、曾国藩墓、李鸿章故居、左文襄公祠等陆续入围国保单位。

2002年，《中华人民共和国文物保护法》经过全面修订，确立了“保护为主，抢救第一，合理利用，加强管理”的文物工作方针。2005年12月，国务院印发了《关于加强文化遗产保护的通知》，明确提出了加强文化遗产保护的指导思想、基本方针、总体目标和主要措施，标志着中国文化遗产保护事业进入了新的发展阶段。各级地方政府开始对文化遗产、文化资源给予更多关注。2006年，广东花都区政府启动洪秀全故居环境保护与展示扩展工程项目。2014年1月，广东花都洪秀全故居纪念馆新馆开放，对更好地保护和优化天王故里的文化资源起到积极作用。

2011年1月，中国太平天国史研究会专家实地参访了广西太平天国起义初期的主要遗址遗迹，与当地政府领导、专家和群众进行交流，并就保护、利用进行了深入探讨，达成共识，研拟《关于保护利用广西太平天国遗址遗迹的建议》，向广西壮族自治区政府领导提出申报太平天国遗址遗迹为国家物质文化遗产、拨付专款启动遗址遗迹保护工程等建议。该建议得到自治区领导的高度重视和积极回应，并启动金田起义遗址红色旅游经典景区建设项目。目前，作为该项目重要内容之一的金田起义博物馆已完工，并于2019年5月正式对公众开放。这些举措对太平天国遗址遗迹保护起到了积极作用，也非常值得期待。

三　困境与思考

近年来，党和政府对文化遗产保护给予了高度重视，全社会文化遗产保护意识不断增强。但在经济快速发展、城市化进程加快的过程中，某些地方政府和部门将经济发展与文化遗产保护对立，甚至不惜以牺牲文化遗产为代价换取眼前的短期效益；或因缺乏科学保护理念，对文化遗产施以不恰当的整治修复，保护成为变相破坏，反而加剧了历史遗迹的损毁；政府财政投入明显不足，致使文保经费捉襟见肘。而对于太平天国遗址遗迹这类近现代遗址遗迹的价值评估缺乏科学的评价体系，同时又受到负面评价干扰，其保护更是困难重重。

发布于2000年的《中国文物古迹保护准则》（下称《准则》）是中国文物保护工作的最高行业规则和主要标准。2015年最新修订的《准则》发布。根据《准则》，可从如下几方面对太平天国遗址遗迹进行保护。

1. 坚持真实性、完整性、可逆性原则，在保护时间、空间上加以拓展

早在20世纪60年代陈毅就强调，“在保护文物上，宁可保守，不要粗暴”，修缮文物“一定要保持它的古趣、野趣，绝对不允许对文物本身进行社会主义改造”。[①] 这与文化遗产原真性保护的理念不谋而合。新修订的《准则》在继续坚持不改变原状、最低限度干预、使用恰当的保护技术、防灾减灾等文物保护基本原则的同时，进一步强调真实性、完整性、保护文化传统等保护原则，体现了遗产保护原则丰富深刻的内涵。根据《准则》要求，文物保护措施与技术手段不能妨碍今后对文物的再保护，也就意味着在可能的情况下，应尽量采取可逆性的保护措施。以往存在的对遗址遗迹缺乏科学性保护修复的问题，应该能得到有效遏制。

《准则》强调，“纪念地的保护应突出对于体现纪念地价值的环境特征的保护”，具有标识性的环境特征是纪念地与相关事件关系的见证。太平天国运动是晚清史上的重大历史事件，对太平天国遗址遗迹的保护不应仅局限于这十几年，还要进行多方位的拓展，如加强对晚清相关人物、事件的历史遗址遗迹的保护等。不仅要保护单体的建筑、遗迹，还要保护整体的环境、地段、地区，形成“点”“线”“面”结合的保护空间。

2. 有效保护与合理利用结合，加强资源优化与整合

文化遗产保护需要全社会的共同参与，保护成果应当全社会共享。对于

① 国家文物局党史办公室编《中华人民共和国文物博物馆事业纪事》（上），文物出版社，2002，第177页。

太平天国遗址遗迹，首先应当制定科学的保护规划，确定合理的发展战略，注重文化资源整合，以实现有效保护与合理利用。

由于太平天国历史遗迹的特性，其可看性、艺术性或许逊于古代遗迹，需要通过相关历史、文化、社会、事件、人物及其关系的准确展示，让观众完整、准确认识其价值，对历史产生敬畏之心。《准则》提出，“鼓励对文物古迹进行展示，对其价值做出真实、完整、准确地阐释”，但“不提倡原址重建的展示方式”，而鼓励根据考古和文献资料，通过图片、模型、虚拟展示等科技手段和方法对遗址进行展示。金田起义遗址旅游开发中提出“参观遗址、听故事、欣赏电影、演唱歌曲、参与模仿攻城、寻找战场遗址，以及品尝当地特色小吃等方式”[①] 的思路，都是提升展示感染力的重要手段。

在金田起义遗址的保护与开发中，还提出“整合周边区域旅游资源，规划经典路线”，“金田起义遗址周边旅游景区已逐渐发展成熟，有全国著名佛教圣地桂平西山、大藤峡生态旅游区、龙潭国家森林公园、白石山公园、北回归线标志公园等景区”，通过合理规划，形成“南北响应、东西互动、中心突出、强强联手、极具吸引力的广西旅游经济圈”。[②] 对金田起义遗址这一重要文化资源的合理利用有着较为明晰的思路与定位。

3. 工作重心从文物保护拓展到对文化的保护与研究

文化遗产的保护目的，不仅是保存历史见证物，更要保存人类创造性活动和文化成就的遗迹，继承和弘扬优秀传统文化。修订后的《准则》第一次将文物的社会价值、文化价值和历史、科学、艺术价值一同写入保护范畴。“如何从单纯对文物的保护，逐渐发展成展示、利用与保护并重，综合考虑文化遗产保护的社会效益，更加强调保护对社会发展的促进作用，是当今文化遗产保护要重点解决的问题。”[③] 文化遗产保护应与当地的风土人情、

① 傅诚金：《红色旅游文化与太平天国起义遗址的保护与开发》，《中国太平天国史研究会第八次会员代表大会暨学术研讨会论文汇编》，2015。

② 傅诚金：《红色旅游文化与太平天国起义遗址的保护与开发》，《中国太平天国史研究会第八次会员代表大会暨学术研讨会论文汇编》，2015。

③ 童明康：《树立科学保护理念　完善保护理论体系——〈中国文物古迹保护准则〉修订前言》，《中国文物报》2015 年 4 月 17 日，第 2 版。

地域文化相结合，激发其在当代社会的文化活力。安徽三河镇是三河大捷的发生地，现存“三河大捷”遗迹有太平军城墙、太平军驻三河大本营等。三河是典型的水乡古镇，又是著名的古战场，历史悠久，人文荟萃，当地政府将古镇开发与文化遗产保护相结合，打造“三河大战风云馆”，使游客在畅游千年古镇的过程中品味其独特的历史文化。其实际成效尚待检验，但也不失为遗产保护与旅游开发相结合的一次尝试。

敬畏历史，敬畏文化。让历史照进现实，使文化融入生活，创新途径，“让文化遗产活起来”，让大众分享文化遗产保护成果，是遗产保护的价值体现，也是今后太平天国遗址遗迹保护的发展趋势。

晚清社会研究

“无益桑梓而大害切身”：太平天国时期的苏常团练及其历史意义

罗晓翔*

摘　要　在太平天国史与晚清地方社会史研究中，团练一直备受关注。但无论是将团练视为“反动地主武装”还是“地方军事组织”，都夸大了团练的作用与影响力。在苏常地区，团练组织者的构成相当复杂，士绅只是其中一小部分。地方军事化非但没有提高他们的社会威望，反而加深了办团董事与地方民众之间的矛盾与隔膜。太平天国战争前后的官绅关系，也未发生根本转变。地方团练从开始到解体都受到官府支配，组织者并不掌握绝对主动权。绅权始终处于正式权力的外围或辅助地位。苏常一带的地方军事化未引发“绅民关系”与“官绅关系”的实质性变化。太平天国战争对晚清江南社会的影响，不能简单以“绅权扩张”或“精英能动主义”加以概括。

关键词　太平天国　江南团练　地方军事化　绅权　官绅民关系

团练是太平天国史与晚清地方社会史研究中的重要议题。国内早期研究将团练定性为“反动地主武装”，关注其如何与清政府及列强势力相勾结，颠覆太平天国政权。[1] 而美国学者孔飞力（Philip Kuhn）则以华南为中心，从社会史视角审视晚清地方武装导致的社会政治结构变化。孔飞力指出，清廷在利用精英－绅士度过战争危机的同时，也付出了权力下放的代价。在县

* 罗晓翔，南京大学历史学院教授。

① 贾熟村：《太平天国时期的地主阶级》，广西人民出版社，1991。

以下的地方社会，官员权力旁落、绅权扩张成为农村社会的主要特征，这也标志着传统政治模式的崩溃与社会转型。[①] 在对清末浙江地区的精英与政治转型研究中，萧邦齐（Keith Schoppa）、冉玫铄（Mary Rankin）等学者又进一步阐发了“精英能动主义”（elite activism）的概念。[②] 这一理论在国内外学界影响深远。此后革命史叙事日渐式微，团练研究多以讨论绅权、国家与社会关系、地方权力结构为研究取向。[③]

值得注意的是，尽管研究视角不同，以上两种研究范式事实上都肯定了地方团练的“成功”。前者认为地主武装是太平天国政权失败的重要外因之一；后者则强调绅士办团与晚清地方自治、社会转型之间的因果关系。然而战争期间，地方团练究竟以怎样的形式存在，扮演了何种角色，发挥了哪些作用，要对地方团练及其历史意义做出客观评价，还应回到这些基本问题上。

明清之际，江南士绅“是整个士绅阶层中最为活跃、影响最大的一个群体”。[④] 太平天国战争期间，江南也是太平军与清军激烈对抗的主战场之一。但江南地方团练的形象却是模糊的。正如张德顺指出的：“在太平天国风暴波及的江南，团练并未取得预期效果。绅民亦未表现出积极响应态势，反而采取消极随缘的心情，这也是江南政治脱序与吏治败坏的实际写照。”[⑤] 在战争期间及战后涌现的大量私人笔记、日记与回忆录中，对团练局及相关

---

① 〔美〕孔飞力：《中华帝国晚期的叛乱及其敌人：1796～1864年的军事化与社会结构》，谢亮生等译，中国社会科学出版社，1990。

② Keith R. Schoppa，*Chinese Elites and Political Change*：*Zhejiang Province in the Early Twentieth Century*，Cambridge：Harvard University Press，1982；Mary Rankin，*Elite Activism and Political Transformation in China*：*Zhejiang Province*，*1865 – 1911*，Stanford：Stanford University Press，1986.

③ 近期研究包括任建敏《咸同年间广西浔州的“堂匪”、团练与地方权力结构的变动》，《近代史研究》2020年第1期；崔岷《游移于官绅之间：清廷团练办理模式的演变（1799～1861）》，《史学月刊》2019年第7期；舒满君《晚清官绅在地方防卫中对民间势力的整合——以太平天国运动下的徽州团练为例》，《贵州师范大学学报》2018年第3期。

④ 徐茂明：《江南士绅与江南社会（1368～1911年）》，商务印书馆，2006，第61页。

⑤ 张德顺：《士与太平天国》，南京出版社，2003，第47页。

士绅的评价实以负面居多。如无锡守备蒋志善称"团练具文，徒劳无益"；[①]常熟小地主柯悟迟指出，乡勇"不过趋利避凶、贪生恶死之徒而已"，甚至对团练局董事之死拍手叫好；[②] 常州绅士赵烈文则表示，"司局者进无尺寸之柄，退则家族不保，訾议丛生，积毁销骨，无益桑梓而大害切身，是从井救人之类，仁者所不为"。[③] 这些议论或者体现出地方团练军事能力的局限性，或者反映出地方人士对团练不认同的立场，似乎都不能以既有范式加以解释。

本文试以苏常地区为中心，梳理地方团练在战争期间的作用，以及办团绅士与其他群体间的社会关系。在此基础上，进一步讨论军事化、绅权与晚清江南社会之关系。

一 团练的两个阶段及特征

研究团练精英与地方社会之关系，首先需要了解江南团练的模式及特征。贾熟村曾指出："在1853年太平天国定都天京之后，形成了兴办团练的第一个高潮。至1860年，江南大营被太平军彻底粉碎，又形成了兴办团练的第二个高潮。"[④] 对比这两次团练高潮，不难发现其在组织模式、领导者身份与行动策略上都有着明显区别。

在团练的第一个阶段，即咸丰三年至十年，江南大部地区仍掌握在清政权手中。自咸丰三年二月金陵、扬州、镇江相继失陷，江南震动，绅民避难纷纷，各地奉檄紧急组织团练。崔岷将这一时期的办团模式定义为"官督绅办"。[⑤] 此时的团练多以城市为中心，向四乡辐射。在府县官员督办下，

① 佚名：《平贼纪略》，咸丰三年三月"锡金团练"条，太平天国历史博物馆编《太平天国史料丛编简辑》第1册，中华书局，1961，第256~257页。

② 柯悟迟：《漏网喁鱼集》，中华书局，2008，第44、47页。

③ 赵烈文：《能静居日记》第1册，咸丰十年闰三月二十七日条，岳麓书社，2013，第134页。赵烈文（1832~1892），字惠甫，号能静居士，阳湖人。

④ 贾熟村：《太平天国时期的地主阶级》，第36页。

⑤ 崔岷：《游移于官绅之间：清廷团练办理模式的演变（1799~1861）》，《史学月刊》2019年第7期。

地方设局防堵，称团练局、保卫局、盘查局、军需局等，名有差异，实则相同。总局皆设于城中，既便于官绅理事，也可巩固城防。如常州保卫局，总局设于府城龙城书院，下设十四分局，遍布城厢内外，“择绅耆有威望者主之”，在乡则“举其董事廉干者为长”。[①] 而一般属县的团练局规模则要小得多，有些甚至只有城局，四乡不设分局。团练绅董以在籍告养绅士为多，且由朝廷任命。如苏州为翰林院编修冯桂芬、谪戍赦还之程庭桂；[②] 常州为浙江布政使汪本铨、詹事府左赞善赵振祚；[③] 无锡为吏部侍郎侯桐；[④] 常熟为内阁中书丁云瑞、国子监助教曾彬文。[⑤] 局中帮办者则为地方举贡生监。

咸丰十年之前，以江南大营为屏障，苏常地区并未遭受战火侵扰，故而这一时期的地方武装基本没有参与军事活动。规模颇大的常州保卫局曾策划过一次突袭战，但以失败告终。咸丰四年初，局董汪本铨自淮、徐、河南一带招募武勇三千余人，糜饷银数万两，计划由北固山暗袭镇江城。至日“前队已到，因与潮勇不和，枪炮齐施，阳为助威，阴使贼知。以至镇逆出拒，州勇遂退，迄无成功，回常州”。汪本铨因此抱郁成疾，不久身亡，局事尽归赵振祚主持。[⑥]

---

① 《武阳团练纪实》卷 1，光绪《武阳志余》，《中国地方志集成·江苏府县志辑》第 38 册，江苏古籍出版社，1991，第 712 页。

② 冯桂芬（1809～1874），字林一，号景亭，苏州府吴县人。道光二十年（1840）进士，授编修。程庭桂（1795～1873），字芳仲，号楞香，苏州府吴县人。道光六年进士，官至都察院左副都御史。以咸丰八年（1858）戊午科场案获罪，谪戍黑龙江，后赦还。后为苏州紫阳书院山长。

③ 汪本铨（？～1854），字衡甫，常州府阳湖县人。道光九年进士。曾任礼部主事、顺天府丞、光禄寺卿、顺天府尹、宗人府丞、浙江布政使。赵振祚（？～1860），字伯厚，号芝舫，常州府武进县人。道光十五年进士，授编修，道光二十二年迁升詹事府左赞善。

④ 侯桐，字叶唐，号玉山，常州府无锡县人。为曾国藩座师。侯桐对团练并不热心，“年老不任事，城乡少壮绅士代之，贤否参半”。参见施建烈、刘继曾《纪无锡县城失守克复本末》，中国史学会主编《中国近代史资料丛刊·太平天国》（5），上海人民出版社，1957，第 245 页。

⑤ 丁云瑞，字芝亭，道光十九年举人。内阁中书。曾彬文，字德钧，号仲才，昭文副贡生，国子监助教。参见光绪《重修常昭合志》卷 28《人物志七·忠节》，《中国方志丛书·华中地方》第 153 号，成文出版社，1985，第 1792 页。

⑥ 佚名：《平贼纪略》，咸丰四年甲寅三月“州勇回常州”条，《太平天国史料丛编简辑》第 1 册，第 224 页；《武阳团练纪实》卷 1，光绪《武阳志余》，《中国地方志集成·江苏府县志辑》第 38 册，第 712 页。

而赵振祚指挥的一次成功“战役”，竟然是对付锡金一带的“抗租顽佃”。咸丰三年秋收大有，但金匮县三坝桥地总费九如（又名费阿庆）却唆使其弟费继祖与平阿方、唐阿大、林阿大等在雷尊殿聚众抗租。二坝桥赵氏开仓收租，被抢掠一空。赵氏至金匮县首告，地总费九如被拘拿。租佃双方不接受调停，阳山一带鸣锣聚众数千人，扬言要抢大户，并指明要抢新渎桥钱勖家。[①]

钱勖原为无锡盘查局董事，本可调动民团弹压，但无锡民团皆羸弱龙钟、疲癃残疾之人，并不足恃。[②] 于是钱勖向常州保卫局局董赵振祚求援。其时常州保卫局兵强马壮，募有洲勇、练勇、帮勇及亲兵，[③] 正需要一场战役来提升士气，于是赵振祚欣然应允。咸丰三年十二月初七，赵振祚亲率洲勇六百名至无锡。是时金匮令高凤清亦募勇二百名，每人给毛竹枪一支。保卫局兵勇、金匮县募勇及县役营兵近千人水陆并进，前往三坝桥捉拿不法之民，气势如虹。《勾吴癸甲录》中记载：

> 是日乘船数十，整队下乡，旗帜鲜明，前往阳山一带，示威于各乡镇。过新渎桥，有吴增寿者出言狂悖，立擒之。增寿父某，诸生，即钱之业师也。阳山人闻风远飏，遂往三坝桥。彼处约众抗拒，沙勇火枪并举，烧毁村庄，村人始惧，逃遁一空。顾凤仞以酒肉迎犒，遂回城。赵骑马，穿大红斗蓬（篷）入城，观者以为贼。[④]

赵振祚当日抓获费继祖、平阿方，并将地总费九如一并带回县城。最终费九如被释，费继祖、平阿方正法枭示。新上任的无锡县令王汝林亦将倪孟

---

① 参见佚名《勾吴癸甲录》，《太平天国史料专辑》，上海古籍出版社，1979，第 80 页；佚名《平贼纪略》，咸丰三年癸丑十月“土匪伏诛”条，《太平天国史料丛编简辑》第 1 册，第 222～223 页。

② 佚名：《平贼纪略》，咸丰三年三月“锡金团练”条，《太平天国史料丛编简辑》第 1 册，第 256～257 页。

③ 《武阳团练纪实》卷 1，光绪《武阳志余》，《中国地方志集成·江苏府县志辑》第 38 册，第 712 页。

④ 佚名：《勾吴癸甲录》，《太平天国史料专辑》，第 77～78 页。

寿、孙杏寿、吴增寿立枷，“数日不死，乃杀之”。[①] 此次常州保卫局参与镇压无锡佃户暴动，的确显示出团练士绅在维持地方秩序中发挥的作用。然而绅士作为官民之中介，本当以中立之态度调和纠纷。尽管费九如等在丰收年份鼓动佃户抗租的确居心不良，但暴力镇压只会加剧官绅民之间的矛盾与误解。无锡盘查局董事钱勖更为自保身家而令老师失去爱子。这些不合民情之举都削弱了团练局的合法性。

咸丰十年（1860）初，李秀成两破江南大营，随后挥师东下，丹阳、溧水、句容、宜兴相继失守。四月初一，太平军逼近常州，两江总督何桂清不战而逃。初六日，常州城陷，知府平翰、武进知县冯誉驹、署阳湖知县何庆澄“弃印绶而逃”，“游击张得禄、千总曾某不战而出城投降”。[②] 十三日，苏州亦失，江苏巡抚徐有壬殉难，署江苏布政使候补道蔡映斗、苏州知府吴云、元和县令冯树勋皆逃往上海，吴县县令沈伟田逃往浙江，长洲县令李文翰奉差在外，不知所踪。随后吴江、昆山、太仓、江阴守官纷纷弃城，苏常二府唯常熟一隅尚存。七月，常熟在籍士绅、内阁学士庞钟璐[③]被任命为江南团练大臣，掀起江南团练的第二次高潮。

与前一阶段相比，咸丰十年之后的地方团练展现出新特征。首先，以城市为中心辐射四乡的格局消失了。随着府县城渐次沦陷，地方团练开始向乡镇转移。一些乡镇也正是在此时才真正开始组织民团。因太平军以“红色绸布帕首，民以白布系头别之”，故有“白头民团”之称。[④] 其次，咸丰十年之后的民团领袖构成极为复杂，既有乡绅，也有土豪与匪帮。这一时期较有势力的民团，有长洲徐佩瑗团、江阴王元昌（又作王源昌）团、金匮华翼伦团、无锡杨宗濂团，及杨宗濂麾下梁国泰领导的陡山局团。

华翼伦与杨宗濂可谓乡绅办团的代表。华翼伦曾是无锡盘查局老董，县

① 佚名：《平贼纪略》，咸丰三年癸丑十月“土匪伏诛”条，《太平天国史料丛编简辑》第1册，第222～223页。

② 《武阳团练纪实》卷1，光绪《武阳志余》，《中国地方志集成·江苏府县志辑》第38册，第710页。

③ 庞钟璐，字宝生，常熟人。道光二十七年一甲三名进士，授编修。咸丰八年擢内阁学士，署工部侍郎，以父忧归。

④ 佚名：《平贼纪略》，咸丰十年庚申四月“白头”条，《太平天国史料丛编简辑》第1册，第264～265页。

城失守后，在其老家荡口镇继续办团自守。杨宗濂为“在籍户部陕西司额外行走员外郎”，团练据点在无锡东北界江阴之河塘桥镇。华、杨“二局称最强”。[①] 杨宗濂手下有名梁国泰者，山东郓城人，骁勇敢战，被命为陡山局团长。咸丰十年五月，与太平军交战数次皆胜，人呼为梁将军。“团练大臣内阁学士庞钟璐闻梁国泰名，赏以四品功牌。”但与梁会面之后，庞钟璐“悟其轻躁，非大器，姑令率所部守顾山”。[②] 咸丰十一年后，华翼伦、杨宗濂亦逃往上海，地方武装中几乎无士绅主持者。

民团体系的第二层，则为地方土豪。在与荡口镇接壤的长洲境内，有苏常一带规模最大的民团——永昌徐团。核心人物徐佩瑗，字少蘧，庶民地主出身。据沈祥年《借巢笔记》，徐氏为苏州齐门外永昌镇富户，“兄弟数人，狡而横，好习拳棒，乡里畏之。田亩数千，纳粮则短价捏荒，收租则丝毫不准蒂欠。咸丰十年，贼逼苏城，徐恐乡人乘乱修怨，出资雇募无业之徒数千人，制造机械，为保卫计”。[③] 江阴民团领袖王元昌，字克仁，亦为庶民地主。光绪《江阴县志》称其“孔武有力，里中剽悍少年皆与之游”。[④] 太平军占领苏常后，王元昌即逃亡江北。随着绅士华翼伦、杨宗濂等避难离乡，永昌徐佩瑗团成为苏常民团的主力。[⑤]

在民团体系的最底层，则是贼匪不分的乡团。这些乡团既不保卫民众，也不完全顺从太平军，而是趁机掳掠烧杀，同时经营赌场烟馆、设卡收厘，润身肥家。只因其常与太平军交战，故保留了部分白头民团的属性。枪船因民团拒贼而起，咸丰六、七年间，“苏、嘉、湖一带人心渐觉浮动，桀骜不驯之辈，以保卫乡里为名，打造枪船，结党横行”。[⑥]

---

① 施建烈、刘继曾：《纪无锡县城失守克复本末》，《中国近代史资料丛刊·太平天国》（5），第251～252页。

② 施建烈、刘继曾：《纪无锡县城失守克复本末》，《中国近代史资料丛刊·太平天国》（5），第253页。

③ 沈守之：《借巢笔记》，“永昌徐”条，江苏省立苏州图书馆，1940，第21页。

④ 光绪《江阴县志》卷29《忠义总纲》，《中国地方志集成·江苏府县志辑》第25册，凤凰出版社，2008，第9页。

⑤ 关于永昌徐氏的活动，另参见罗晓翔、张景瑞《地方团练与家族沉浮：以永昌徐氏为中心》，唐力行主编《江南社会历史评论》第13期，商务印书馆，2018。

⑥ 万流：《枪船始末》，《江浙豫皖太平天国史料选编》，江苏人民出版社，1983，第125页。

与前两类武装组织相比，枪船团伙最无道德纪律，是彻底的“骑墙派”。时人称“枪船素无大志，既非助清，亦非助洪，与两方俱通声气”。[①] 苏常一带最大的枪船头子为周庄费玉成、费金绶父子。咸丰十年太平军逼近苏州时，江苏巡抚徐有壬情急之下任命费玉成为苏州葑门水营防务。苏城陷落后，费氏枪船队曾与李秀成军队数次交战。后太平天国苏福省守将熊万荃“改剿为抚”，费玉成接受招安，被封为“镇天豫”。费玉成死后，其子费金绶又受江苏巡抚李鸿章招抚，旗下枪匪被改编为清抚标水师新后营。同治元年，李鸿章亲率部队攻打金山，派淮扬镇总兵黄翼生统带炮船，“潜往周庄，以拒西路援贼”，不料在周庄遭到费金绶袭击。李鸿章始深刻意识到“费姓本系下流，素不安分”的本质。[②]

除吴江费氏外，其他地方武装中也有枪船依附，如“长州（洲）徐氏、无锡金玉山、金匮华瑞芳皆有之”。[③] 其中金玉山为无锡扬名乡人，乳名阿狗。城陷时缘事系狱，未能逃。后被太平军封为保卫局乡官，[④] 但并不安分，常暗中劫掠太平军。[⑤] 其部下中有宋小庆者，草庵人，“尝率民团拒贼，辄胜。以枪船夜入太湖，劫往来贼船，沿塘亦劫之，名曰剥毛皮，以所获充其饷。小庆守大小溪港，玉山守大小渲港及独山、吴塘门等处，凡有警报，带勇登岸拒敌，以故贼不敢犯”。[⑥] 同治二年五月，金玉山枪船队大败于太平军。[⑦] 玉山转投清军，“充水师向导，扰民不减于前。后为营务处道员符信设法散之”。[⑧]

---

① 万流：《枪船始末》，《江浙豫皖太平天国史料选编》，第126页。

② 《复少蘧》，徐佩瑶等：《双鲤编》，《近代史资料》总34号，中华书局，1964，第14~15页。

③ 佚名：《平贼纪略》，咸丰十年庚申四月“枪船”条，《太平天国史料丛编简辑》第1册，第265页。

④ 施建烈、刘继曾：《纪无锡县城失守克复本末》，《中国近代史资料丛刊·太平天国》（5），第253页。

⑤ 佚名：《平贼纪略》，咸丰十年庚申九月“扬名乡设保卫局”条，《太平天国史料丛编简辑》第1册，第273页。

⑥ 佚名：《平贼纪略》，咸丰十年庚申五月“扬名乡创立枪船”条，《太平天国史料丛编简辑》第1册，第268页。

⑦ 佚名：《平贼纪略》，同治二年癸亥五月“金玉山枪船败”条，《太平天国史料丛编简辑》第1册，第293页。

⑧ 佚名：《平贼纪略》，咸丰十年庚申四月“枪船”条，《太平天国史料丛编简辑》第1册，第265页。

华瑞芳，乳名阿怀，为华翼伦荡口局勇目。其部下有名周景高者，“帮办枪船勇约数百人，于大场上搭设木圆堂，与顾阿八等开场聚赌，无分晓夜”。太平军于三公祠设捐局，“景高垂涎，欲议立北局以分其捐”，为太平军所杀。[①] 时人认为，“军兴后，民团无处无之”，但皆不长久，“至苏、浙之枪船，名虽拒贼，不过聚众肉食而已”。[②]

同治二年（1863），苏常逐渐克复。江苏巡抚李鸿章在镇压太平军的同时，亦着手整顿混乱的民团组织，对以永昌徐团为代表的一批地方武装，采取收编方式，命其随营作战。与此同时，在逃难上海的苏常士绅中择人督办团练，由李鸿章总揽全局。苏州人潘曾玮受命主持团练总局，无锡华翼伦、杨宗濂等“奉檄督办常、昭、锡、金、江阴五邑团练，立局常熟城”。[③] 同年八月，李鹤章撤团练局，檄华翼伦等主持文报局。[④] 此后苏州团练局的日常事务主要围绕善后重建展开，其余民团逐渐解散。

概言之，咸丰十年之前，团练的军事化程度较低，更多介入的是地方治安事务，也因此招致民怨。咸丰十年之后，民团组织者的构成日益复杂，加之他们在清政府与太平军之间来回摇摆，大大削减了团练的合法性与正当性，更难以获得地方认同。

二　团董与地方社会

在强调“精英能动主义”的叙事框架下，团练常被视为地方利益共同体的守护者。正如孔飞力指出的，尽管有资料显示“团练事实上的确常常为阶级利益服务，并且增加了它的创办人的财富”，但不可否认“在团练中，绅士

① 佚名：《平贼纪略》，咸丰十年庚申五月“杀帮带荡口枪船周景高”条，《太平天国史料丛编简辑》第1册，第268页。

② 佚名：《平贼纪略》，咸丰十年庚申四月“白头”条，《太平天国史料丛编简辑》第1册，第264～265页。

③ 佚名：《平贼纪略》，同治二年癸亥五月“金匮黄监军投诚”条，《太平天国史料丛编简辑》第1册，第293页。

④ 佚名：《平贼纪略》，同治二年癸亥八月“设锡金文报局”条，《太平天国史料丛编简辑》第1册，第297页。

能够发挥他们作为村社保护人的作用，同时设法使法律和秩序（即地方体制的安全）能被保存下来。主张团练理论的人一致强调它对外防御和对内控制之间的完整结合。因此，保护财产的作用应放在关心共同利益这一背景中来考察”。①

然而从地方视角来看，团练能否真正发挥“对外防御和对内控制”的功能？在江南地区，很难发现二者“完整结合”的情况。相反，很多局董及团练领袖的公众形象被贴上自私、贪酷、无能的标签。常熟城中流传的《虞山宝塔歌》中言：“局，啥局，弗成局，吃局骗局，个个无格局，助饷银钱到局，如狼如虎像打局，偷鸡剪绺要想抢局，历看宝塔图才是弗局，算到底来总归是弗终局。”②

咸丰十年前，团练局与地方社会的矛盾主要集中在经费上。团练耗资之巨，是地方常办的赈灾、济贫等事务所无法比拟的，因此劝捐对象也全面扩大。在苏州办团的冯桂芬就指出，“捐办防堵，与捐赈不同。放赈若干，有一定之期，防堵则贼一日不平，防即一日不撤”，故而“捐赈必甚有力者始可为之，小康之户无与也；防堵则苟有身家，即应保卫。凡百产业，凡百贸易，似无一项不在应捐之列。广有田房者固宜捐，稍有衣食者亦宜捐”。这种大规模、无休止的募捐势必引起民间反感。自咸丰三年至十年初，苏常一带并未遭遇兵燹，但团练局募勇养兵、装备武器，各类开支十分庞大。团练经费“取之则逆水行舟，用之则乘风扬土，事甚无谓，且易为出钱者所借口”。③

在这种情况下，劝捐、收捐的团练局董自然成为众矢之的。咸丰三年三月，常熟设军需局于城隍庙，常昭知县请绅董发印贴劝捐。杨绅④所撰劝捐

① 〔美〕孔飞力：《中华帝国晚期的叛乱及其敌人：1796～1864年的军事化与社会结构》，第222～223页。

② 《虞山宝塔歌》，佚名辑录《粤匪杂录》，国家图书馆藏清抄本，第74页。

③ 冯桂芬：《与当事论捐办防堵书》，《显志堂稿》卷5《书》，《续修四库全书》第1535册，上海古籍出版社，1995，第573页。

④ 笔者推测这位杨绅是杨希铨或杨希钰。杨希铨，字砚芬，嘉庆十六年（1811）进士。“入翰林，分校乡会试，典河南、四川试，累迁陕西、广东、京畿道监察御史，擢礼科、刑科给事中，出为四川潼州州府，丁父忧。服阕补广东惠州知府，署肇庆府、惠潮嘉道，以母忧归，遂不复出。”杨希钰，字砚培，屡踬科场，绝意仕进。咸丰二年，子杨泗孙会试中式，殿试一甲第二，授翰林院编修。参见光绪《重修常昭合志》卷27《人物志六・耆旧（国朝）》，《中国方志丛书・华中地方》第153号，第1736～1737页。

文中有“官衔翎顶，荣施可如愿以偿；银米钱洋，捐数必以多为贵”一句，[①] 最为时人所鄙。柯悟迟甚至嗤其将为后世奇谈，且慨叹道：

> 嗟乎！功名原国家之名器，今而后愈趋愈下。前道光三年，水灾捐输，恩邀议叙，以为罕有。近来动止，无不借资民力，如绅富家已邀恩重叠，虽襁褓之孩，已得奖励。假有身不清白，如数捐输者，亦居然衣冠众人矣。[②]

故面对“常、昭军需局董沿乡劝捐，挜请议叙”，柯悟迟“皆辞”。[③]甚至到咸丰十年五月太平军已杀入常昭地区时，很多人宁愿携家逃难，也不愿捐资防堵。据载，常熟县令周沐润“勒捐硬派，稍不遂意，拳殴喝叱锁杀。支塘分设乡局，白茆巡厅刘司之，遴选狠恶董事，逐户逼勒，殷实之家，尽遭其毒”。[④] 当时城中商富都逃避乡间，“名避地，实避捐耳”。县令乃委县丞、主簿“迹其居以劝捐，出示招归，限十日，不归者封屋居勇。语如是激，归者尚寥寥”。[⑤]《虞山宝塔歌》中骂道：“局，龌龊，心肠毒，吞图口腹，劝捐忙碌碌，不论亲不论族，少捐枷得地方哭。”[⑥] 反映出矛盾激化之程度。

为解决经费问题，无锡盘查局董事还使用了罚没、抽厘等手段。无锡盘查局于咸丰三年五月始设于黄埠墩。[⑦] 黄埠墩又名太保墩，位于无锡城西门外的梁溪之上，为通往太湖的重要水道。选址于此显然是为了盘查过往船只。盘查局设局之初，即规定“除收捐项外，客货如苏木等以为犯禁，查出充公。又凡船载绸缎杂有红、黄之色在内，以为必与贼市，一概起存，变价留用”。当年八月，局董孙元楷、华翼伦商议收纳船料钱，凡有锡金乡间往江北贩货贸易之船，“量其长短大小，定其纳钱之多少，给与本局执照放

---

① 陆筠：《海角续编》，中华书局，2008，第117页。
② 柯悟迟：《漏网喁鱼集》，第18页。
③ 柯悟迟：《漏网喁鱼集》，第19页。
④ 柯悟迟：《漏网喁鱼集》，第43页。
⑤ 顾汝钰：《海虞贼乱志》，《中国近代史资料丛刊·太平天国》（5），第353页。
⑥ 《虞山宝塔歌》，佚名辑录《粤匪杂录》，第69页。
⑦ 佚名：《勾吴癸甲录》，《太平天国史料专辑》，第77~78页。

行”。乡民大为不满，与局董争执，几乎构讼，后经人调停得解。但局董华翼伦、周汝立“大肆咆哮，不以解之为德，而反以诅（沮）之为怨矣”。[①]

咸丰四年，侍郎雷以諴奏准，于江苏各地推广厘金。无锡盘查局立刻行动起来。五月，在南水仙庙[②]增设盘查局，设卡抽取鸦片厘头，由孙元楷主事。[③] 当时无锡聚集大量庐州米商，间贩杂货与烟土。盘查局于水仙庙、放生池南北二局抽厘，意味着“庐州人在浒墅完税，望亭栅验放，至南水仙庙抽厘，越宿过北卡而扣留，重须抽厘。庐州人以百里三关，南捐北劫，控于督辕”。[④] 盘查局绅士甚为恼火。局董华翼伦在未知会县令的情况下，私自联络巢湖盐枭围攻庐州商船，“凡杀十三人，伤八人”。案发后，锡金二县奉宪严查，对巢湖盐枭与盘查局进行惩处。盐枭总领刘正宇（又作刘正裕）及凶犯二名被枭示。[⑤] 同时“县示本邑商店酌捐助饷，凡船载货物禁止抽厘”，并谕裁撤南局。不久北局亦奉檄裁撤。布政使陶恩培于批详内严厉斥责盘查局曰：“盘查奸细，原所以保卫地方，全在经理得人。如任事者孳孳为利，按船抽捐，假公事以饱私囊，扰累商民，怨声载道。是外患未至，内讧将作，尚复成何世界？”[⑥]

团练局不仅与地方民众矛盾不断，局董内部也时有纷争。如常州保卫局局董赵振祚与赵曾向素不相能。咸丰七年，赵曾向座师、前浙江巡抚何桂清升任两江总督，驻节常州，保卫局内形势大变。时人记载：“侍读赞善赵振祚奉旨保卫，编修赵曾向为何督保留，在籍团练。三（二）赵意见不合，共相排阻，而曾向恃何势，尤为凌铄。”[⑦] 咸丰十年战事最为紧迫时，保卫局内部

① 佚名：《勾吴癸甲录》，《太平天国史料专辑》，第78页。

② 无锡有两水仙庙，黄埠墩有水仙庙，南水仙庙在南门外。

③ 佚名：《勾吴癸甲录》，《太平天国史料专辑》，第81~82页。

④ 佚名：《平贼纪略》，咸丰三年癸丑八月“锡金立卡抽厘”条，《太平天国史料丛编简辑》第1册，第221~222页。

⑤ 佚名：《勾吴癸甲录》，《太平天国史料专辑》，第82页。另参见《平贼纪略》，咸丰五年乙卯六月“盐枭劫案”条，《太平天国史料丛编简辑》第1册，第229页。

⑥ 佚名：《勾吴癸甲录》，《太平天国史料专辑》，第83页。九月，复设北局，新董顾凤仞等八人主事。

⑦ 吴下遗黎：《哀江南》，《咸同广陵史稿》卷首，汪廷儒编纂《扬州地方文献丛刊》，广陵书社，2011。吴下遗黎即吴晋壬。参见罗尔纲《南京图书馆太平天国史料摸底记》，《罗尔纲全集》第4卷，社会科学文献出版社，2011，第311页。

斗争也进入白热化。老局董赵振祚与新势力赵曾向“各有羽翼交构之”。后赵曾向在总督何桂清的支持下离开保卫局，另设团练局，时称“新局”，“尸之者查前臬文经[①]，自常守平翰以下，皆日赴新局，而旧局可张罗矣”。[②] 作为“旧局”掌门人的赵振祚万分失意。赵振祚族弟、当时已逃亡在外的赵烈文听说此事后，却平静而豁达地表示：“以物出物为之楔，新局之张，旧局之楔也。伯厚兄以此而去，天之厚儒者至矣。人方为之嚄唶，我则为之欣快。”[③]

赵烈文的看法反映出一部分士人以团练局为是非之地，避之唯恐不及的态度。常州保卫局内部“二赵”之争究竟为何，我们不得而知，但纷争数年不解，绝不会仅为公务。团董们的私心，在关于无锡盘查局的史料中有更为直白的表述。

无锡盘查局成立之初，即有人指出：“时在籍礼（吏）部侍郎侯桐奉旨团练，屡办未就。周汝立与王言铸谋以军功起用，另设盘查局。”[④] 可见期待“以军功起用”是办团的重要目的之一。前文数次提到的华翼伦，曾于咸丰元年随天津镇总兵长瑞至广西镇压太平军，后任江西永新知县，因县城失守被革职回籍。[⑤] 华氏对“以军功起用”的渴望必不亚于周、王二人。而局董中的生员之辈，则希望以军功受到议叙。于是在盘查局成立不久，局董间就为争抢军功、议叙而爆发矛盾。

无锡盘查局成立后的第一桩“业绩”，是抓捕到无为教徒张宝与教首陈汤元。然而局董们并未因此受到官府奖励。咸丰四年正月，急不可耐的局董孙元楷及其子孙勋立竟然冒用侯桐之名上书呈县，请求“以训导孙元楷加同知衔，其子孙勋立用中书”。事情败露后，侯桐大为震怒，向县令告发。董事王言铸、秦树业、华翼伦等则“连名控府。府下之县，饬令查复，彼此哓哓”。自知理亏的孙元楷请人调停，“案悬而事遂中缀”。在这场闹剧

---

① 查文经（1792～1871），字耕六，湖北京山县人。道光六年进士。曾任常州知府、苏州知府、江宁知府。道光二十五年任江宁布政使，后授福建按察使，咸丰三年任江苏按察使。

② 赵烈文：《能静居日记》第1册，咸丰十年闰三月二十七日条，第134页。

③ 赵烈文：《能静居日记》第1册，咸丰十年闰三月二十七日条，第134页。

④ 佚名：《勾吴癸甲录》，《太平天国史料专辑》，第77～78页。

⑤ 参见贾熟村《太平天国时期的地主阶级》，第113页。

中，局董汪望求站在孙元楷一边，“助孙大诟于市”。[①] 局董之间为争功而翻脸至此，令人啼笑皆非。

从常州保卫局与无锡盘查局的事例来看，办理团练虽为“地方公务”，但其背后也有“私利”考量。绅董们非但缺乏民众与“局外人”的支持与信赖，相互之间也难以合作。因此在对外防御与对内控制上，团练都不能真正有所作为。咸丰十年初苏常地区的迅速沦陷，就是团练失败的证明。随着中心城市失守，团练逐渐向腹地乡镇转移。尽管市镇人口较少，社会结构较中心城市简单，但团练在对外防御与对内控制方面依然效果有限。

位于元和、昆山两县交界处的甪直镇，约有镇民三千户。咸丰十年三、四月，该镇亦开始创办团练。附生严兴鳌上请札谕，募勇六十人。但里人不愿输捐，只以排门抽丁法自相为团，“严主事[②]所募遂不行”。其时甪直合镇共有八团，分八局，“群情踊跃，举国若狂，宛有众志成城之势。富者略助灯烛、火药、茶汤、粥米之费，贫者但身任其劳。事既公平，费亦减省，故无不乐为之”。四月十一日，镇人与粤兵交战大胜，杀五十余人，并缴获粤兵船中财物。起初镇人商议将缴获财物按局分派，暂时堆于同善堂内，“既而强者先取去，弱者无所得，纷纷争夺，几至酿变。县佐钱公号令不行，遂遁去”。此后事态逐渐失控，镇绅严兴鳌、金辂“两家素以多财敛怨，至是亦为众拳所碎。于时市井小民以杀人为戏，以分物为利，凡在衣冠之列者，但为好言笼络之，亦无从驾驭”。[③] 可见财富能瞬间改变人们的心态，分裂“众志成城”的共同体。

咸丰十年苏常失守，大批乡绅死于非命。各地团练局的核心人物被难不多，但少数身亡者的死因扑朔迷离。如常州保卫局老局董赵振祚，在城陷当日被杀。《清史稿》记载，其时“北乡石堰土盗蜂起”，赵振祚“遂领众往捕，以众寡不敌，战失利，力竭死之”。[④] 太平军兵临城下，赵振祚却往北乡捕盗，实不合常理。常熟绅士徐日襄日记中称，赵振祚“恐城不守，急

① 佚名：《勾吴癸甲录》，《太平天国史料专辑》，第81页。

② 严兴鳌为捐职主事。

③ 杨引传：《甫里被难纪略》，国家图书馆藏清抄本。

④ 《清史稿》卷493，中华书局，1977，第13634～13635页。

下乡号召民兵，冀保郡城。行至三山石堰，乡民以平日之宿愤，指为逃窜，投以乱石死”。[①] 相较于《清史稿》，徐日襄的说法至少可以自圆其说。然而佚名著《平贼纪略》，对赵振祚的死因却有更为惊人的爆料。其称城陷日，赵振祚“带勇退焦垫，因民怨过深，为乡众所戕”。[②] 也就是说，赵振祚既非战死，也未下乡招勇，而是临阵脱逃，为乡民所杀。

常熟军需局董事丁云瑞、曾彬文，亦于城陷日身亡。光绪《重修常昭合志》将二人列为“忠节”，称当日丁云瑞“在西南乡防堵，率勇回救，众寡不敌阵亡”，曾彬文“城陷犹指挥团勇巷战，力竭被执，遂遇害”。[③] 而龚缙熙日记中则载，丁云瑞在“施桥张氏，被土人砍死，悬首门上，投尸河中”，并非阵亡。[④] 汤氏《鳅闻日记》中对丁云瑞之死的记载亦与方志不同。[⑤] 至于曾彬文，《海虞贼乱志》中清楚记载，其于常熟老城隍庙旁香店前被俘，后在家中被杀，并未参与巷战，不可能“力竭被执”。[⑥]

尽管丁云瑞、曾彬文之死并非方志或家传中描写的那般英勇壮烈，但正如龚缙熙所言：“官无一死，而绅士多殉难，吾邑亦有光也。”[⑦] 但在一些民众眼中，这些团练局董之死是罪有应得。如《漏网喁鱼集》作者就认为，常熟、昭文两县“在城大小董事，举人曾仲才、丁子（芝）亭，数十年设局以来，所有捐项，悉归彼手，开销支付，尽由彼出，而养尊处优，固不必问。其肥家润室，不可名言，皆民间之膏髓。及破城后，恶贯满盈，被贼活捉，将曾开膛破肚，丁身首异处，试问金银何在耶？”[⑧]

---

① 徐日襄：《庚申江阴东南常熟西北乡日记》，《中国近代史资料丛刊·太平天国》(5)，第425页。

② 佚名：《平贼纪略》，咸丰十年庚申四月“常州失守”条，《太平天国史料丛编简辑》第1册，第259页。

③ 光绪《重修常昭合志》卷28《人物志七·忠节》，《中国方志丛书·华中地方》第153号，第1796、1792页。

④ 龚又村：《自怡日记》，《太平天国史料丛编简辑》第4册，第363页。

⑤ 汤氏辑《鳅闻日记》，《近代史资料》总34号，第85页。

⑥ 顾汝钰《海虞贼乱志》记载，常熟城破后，太平军佐将营天义李远继过老城隍庙，“遇曾仲才于香店前，喝声：‘妖头走那里！’仲才未及回言，后面步贼赶到向马上说：‘此大妖头也，押他到家里去！’”参见顾汝钰《海虞贼乱志》，《中国近代史资料丛刊·太平天国》(5)，第355页。

⑦ 龚又村：《自怡日记》，《太平天国史料丛编简辑》第4册，第365页。

⑧ 柯悟迟：《漏网喁鱼集》，第47页。

咸丰十年八月后，太平军全面掌控苏常地区，并在此建立苏福省。然而各类地方武装并未停止活动。如逃亡江北的常熟县令周沐润，在团董杜垌[①]等人的怂恿下，于咸丰十年十月招募沙勇数百人渡江，“由浒浦口进剿至梅里镇，事既不成，反伤百姓，民间几有绝望官兵之意矣”。[②] 杜垌最后一次带团渡江，乃在咸丰十一年五月中旬。《逃难纪略》作者以冷酷而充满忿恨的笔调记述道：“董浜人杜少愚，在江北带勇数百，进白茆口，名为剿贼，实图抢掠，勒令居民剃发。十八日，常熟贼目钱桂仁带贼数千，半由支塘，半由海城蜂拥而下，白茆一带尽遭荼毒，其剃发而未及避者，杀死无算。是带勇者非所以爱民，实所以害民也。”[③]

苏常一带留守本地的团练，以土豪徐佩瑗率领的永昌徐团为中坚。夹缝中求生存的徐佩瑗一方面与苏州太平军守将熊万荃议和，一面将其弟徐佩瑞“质于上海，奉兵备道薛焕札，就近出团，集捐杀贼。户部侍郎宋晋为其特奏，钦加道衔，五品军功，赏戴蓝翎”。[④] 尽管清政府在没有选择的情况下对徐佩瑗采取基本信任与支持的态度，但后者两面讨好的做法招致民间物议，仇家更是借机大做文章。同治元年三月，龚又村即见“吴门戈申甫茂才（清祺）《蠡湖异响》，知专讽永昌徐局，骈四俪六，叙事详明，可以警世。闻上海已经刻板，似怨家所为”。[⑤] 同时又有佚名作《蠡湖乐府》，对永昌徐团降贼一事极尽揶揄讽刺。[⑥] 随着永昌徐团势力的扩大，徐佩瑗手下也开始胡作非为，地方不满之声日益强烈。当身在上海的徐佩瑞得知有人在李鸿章处控告永昌徐团“欺压平民、严行勒捐、私自管押，种种作为藐法已极”时，感到万分悚惧。其在信中提醒兄长徐佩瑗道：“弟思我处办捐以来，招怨既多，积忌亦复不少。现虽局外人造言生事，而局中人不得不加意谨慎也。”[⑦]

---

① 杜垌，字少愚，一些史料中写作“少虞”。

② 佚名：《避难纪略》，《太平天国史料专辑》，第 57 页。

③ 佚名：《避难纪略》，《太平天国史料专辑》，第 57 页。

④ 陆筠：《海角续编》，第 116 页。据原书注，薛焕时已官至江苏巡抚。

⑤ 龚又村：《自怡日记》，《太平天国史料丛编简辑》第 4 册，第 439 ~ 440 页。

⑥ 参见佚名《蠡湖乐府》，《近代史资料》总 34 号，第 171 页。

⑦ 《致少蘧》（九月初四日，第十四号），徐佩瑞等：《双鲤编》，《近代史资料》总 34 号，第 32 页。

而那些半勇半匪的民团，更是乌合之众，成员之间相互猜忌、暗算、厮杀屡见不鲜。如枪船头目金玉山杀害部下宋小庆，[①] 荡口局的华瑞芳陷害部下周景山。[②] 更为讽刺的是，无锡杨宗濂麾下最骁勇善战的团长梁国泰，竟然死于华翼伦民团刀下。据载，“常熟陷，国泰走甘露镇，索饷募勇。甘露（为）华翼伦所控制，不识国泰，遂不礼焉。且察其从者多无赖，疑通贼为前导。夜半率勇围其舟，列刃相向。国泰投水，众以长矛钩出，碎其尸，分其资装马匹，从人歼焉。时杨宗濂设局陡山，国泰死，远近村镇皆纳款于贼，众亦瓦解”。[③]

概言之，团练尽管在名义上保护地方，但在实际中却不可避免地与地方利益相冲突。办团没有拉近绅董与乡里的关系，反而使二者渐行渐远。地方视角下的绅董，绝非地方利益的代言人。太平天国战争后期，在“沦陷区”活动的民团、白头勇、枪船队，多由土豪率领，永昌徐氏、周庄费氏是其中的代表。这些在地势力从未被传统士绅认可，在民众眼中也只能算是豪强土匪，更谈不上凝聚地方。那么，团练董事或头目与官僚体制之内的官员，尤其是掌握实权的督抚，又有着怎样的关系呢？

三　团董与官员

在有关晚清国家－社会权力关系的讨论中，一个常见观点是团练或地方军事化推动绅权上升，以至于危及甚至对抗“正式权力”。这在太平天国战争后演变为“地方自治”的兴起，并直接导致清政权的崩溃。[④] 刘晨在近期研究中则将太平天国政权对江南士绅的政略引入晚清“绅权”的讨论，并对孔飞力的看法提出修正。他指出，由于乡官制度约束及战争造成的伤亡逃离，“在太平军主要活动和控制的江南地区”，绅权“呈现被‘压缩’的另面镜

① 佚名：《平贼纪略》，咸丰十年庚申九月“扬名乡设保卫局”条，《太平天国史料丛编简辑》第1册，第273页。

② 佚名：《平贼纪略》，咸丰十年庚申五月“杀帮带荡口枪船周景高”条，《太平天国史料丛编简辑》第1册，第268页。

③ 施建烈、刘继曾：《纪无锡县城失守克复本末》，《中国近代史资料丛刊·太平天国》（5），第253页。

④ 〔美〕孔飞力：《中华帝国晚期的叛乱及其敌人：1796～1864年的军事化与社会结构》，第229页。

像”。太平天国失败后，清政府有意识地继承了这一趋势，“意在约束并重新压缩已被释放的绅权，激发了国家权力与地方社会的新一轮角逐”。而国家权力真正丧失优势地位则发生在更为晚近的时期。[①] 但无论持何种看法，“绅权”似乎都被视为“地方权力”的代表，且与“国家权力”形成对抗关系。

然而在此议题之中，“地方官员”似乎是个定义模糊的群体。事实上，晚清“地方权力”的上升，并不仅指绅权上升。由于厘金、在外候补等新制度设立，督抚、布政使、按察使在财政与人事权上有了更大的主动权，这也使地方官僚体系的正式与后备成员整体受益。可以说，地方官员是最大的获益者。如果将“地方官员”视为“国家权力”的代表，那么绅权的具体对手即为“官权”。如果将前者亦纳入“地方权力”之中，那么在绅权与官权同时上升的情况下，二者呈现怎样的关系？无论如何，在讨论绅权与国家权力关系之前，都应首先考察士绅与地方官员之间的关系。

在苏常地区，地方团练与官员之间始终保持着密切的联系。自咸丰三年江南大规模办团开始，团练就被定位为“官督民办”组织，各地团练局的核心人物基本都由朝廷指派。尽管局务由绅董主持，但县令仍有“督办”之责。在无锡、金匮二县，每日操练时局董所率民团皆列队于县令所带兵勇之后，地位上的高低一目了然。[②] 咸丰十年太平军攻入苏常地区后，县城纷纷失守，地方武装也变得较为混乱。但官员与地方团练之间的督管关系并未完全失效。如苏州于四月初沦陷后，腹地乡镇的士绅、土豪很快便与逃往上海的官员取得联系。四月中，时驻上海的江宁布政使薛焕即至周庄一带视事，后“委元和令冯树勋来周庄，办理民团，管带费玉枪船等因”。廿七日，冯树勋“自上海奉委来周庄督带枪船，劝办乡团，带有鸦片烟土四十余个，交费玉变卖以为枪船经费”。又有前苏州知府吴云“札谕数道，分送车坊、谢塘、角直、陈墓等处”。[③]

① 刘晨：《太平天国应对社会危机的政略实践及得失——兼谈太平天国的评价问题》，《史学集刊》2020年第1期，第83页。

② 参见佚名《平贼纪略》，咸丰三年三月“锡金团练”条，《太平天国史料丛编简辑》第1册，第256～257页。

③ 吴大澂：《吴清卿太史日记》，《中国近代史资料丛刊·太平天国》(5)，第332～333页。

在督抚眼中，地方团练有利用价值，但必须谨慎对待。当事关权力与资源分配时，几乎寸步不能相让。咸丰十一年起，各地陆续裁撤团练大臣。朝廷命曾国藩、薛焕体察情形，并对江北团练大臣晏端书、江南团练大臣庞钟璐的裁留做出提议。两江总督曾国藩在复奏中不仅指出团练少则无用、多则费饷，且特别强调“其团局经费，若取之丁漕厘捐四者之中，则有碍督抚生财之道；若设法于四者之外，则更无丝毫措手之处。事权既无专属，刚柔实觉两难”。故建议撤去晏、庞二人的团练差使，回京供职。[①] 这一建议被朝廷采纳。

如果团练大臣都受到督抚排挤，地方士绅更不可能与之对抗。孔飞力也意识到：“毫无疑问，团练局日益卷入正规的征税过程的趋势（这种做法有时完全取代了官方的税收机构），导致高级地方官员如胡林翼和曾国藩等人反对把任何直接的税收权力给予这些机构。”[②] 当李鸿章于同治元年（1862）接任江苏巡抚一职后，对地方民团的管控愈加严格。这就意味着，在太平天国战争后期，省级官员已经开始有意收缩团练规模。

李鸿章到任之初，即派下属前往江北沙洲地区视察，发现“民力已竭，筹捐匪易”，遂下令“沙洲地瘠民贫，残破之余，不必办捐”。[③] 这体现了李鸿章要全面掌控“丁漕厘捐”四大财源的态度。而禁止办捐，也在很大程度上遏制了士绅、土豪随意募勇办团的行为。随着李鸿章与淮军的到来，人们对苏常克复重新燃起希望。在建立军功、投机获利、早日归乡等各种复杂心态影响下，地方人士办团的积极性越发高涨。在两种心态与目的的较量中，士绅显然无法与官员相抗衡。

柯悟迟《漏网喁鱼集》记载，同治元年九月，常熟官绅翁心存之孙翁曾荣[④]“于抚臬两辕投词，于江北设局曰密团。内有翁祖二[⑤]线索，致信于

---

① 曾国藩：《复奏裁撤江南团练大臣片》，《曾国藩全集·奏稿》，岳麓书社，1987，第1840页。

② 〔美〕孔飞力：《中华帝国晚期的叛乱及其敌人：1796～1864年的军事化与社会结构》，第94页。

③ 《禀复曾中堂》，徐佩瑗等：《双鲤编》，《近代史资料》总34号，第16页。

④ 翁同爵次子。

⑤ 即翁心存。

余及瞿静渊表弟，预为布置埋伏。并转饬被胁伪职人等料理粮饷，俟大兵登岸时，节节联络”。[①] 然而柯悟迟对此将信将疑。十月二十日，又收到“江北分办密团局函及照会文一角，着就近觅团，俟大兵进剿，随同助杀”。柯悟迟认为“此事万难举行，究不知此局出自何宪？又不知各处如何办理？”[②] 二十五日，柯悟迟径至上海，“于大辕上探问底细，到沪盘桓二十余日，抚辕内并无密团二字之说，故疑信不定”。[③]

事实上，这股办团风潮早在九月之前就已显现。不仅是逃亡士绅，一些土豪势力也摩拳擦掌，希望分一杯羹。如原依附永昌徐团的马春和，拉同无锡枪船头子金玉山赴江北沙洲，共商办团之事。后金玉山等两次向抚按具禀办团，皆被驳回。至八月，办团之事仍未获准，江苏按察使刘郇膏批文中只令其“照旧密团”。[④] 但此时一批中坚分子已经由江北来沪，设局在“大东门外王家嘴角张协济（锡邑人）长兴客栈内，局中已有五六人”。永昌徐团对该局颇有戒心。徐佩瑺向其兄徐佩瑗汇报道：“设局之名为侦探苏、松、常、太贼情，以便上达起见。至其用意，总忌我处将来独成大功。所以我处未便从中说话，诚恐积忌成嫌，反为不美。成否听之可也。”[⑤] 由柯悟迟记载可知，直至十一月，密团之事仍未得到李鸿章批准，最终不了了之。

至于被众人嫉妒的永昌徐团，虽然自咸丰十年后一直与官方合作，但徐氏出身庶民地主，缺乏政治背景与身份，处处受到官员牵制。自徐佩瑺赴沪为质后，很快就接受了一次教训。咸丰十一年，永昌徐团派局员周绍濂与陆起带银前往江北募勇，并购买枪支。同治元年正月，陆起领勇三十余名回局，周绍濂则迟至二月回沪。周氏自称在江北为团练大臣庞钟璐招勇，然而庞钟璐却称并无此事，因此双方构讼。周绍濂回沪后不久即病逝。其在江北

① 柯悟迟：《漏网喁鱼集》，第72页。

② 柯悟迟：《漏网喁鱼集》，第73页。

③ 柯悟迟：《漏网喁鱼集》，第74页。

④ 《致少蘧》（八月十五日，第七号），徐佩瑺等：《双鲤编》，《近代史资料》总34号，第24页。

⑤ 《再复少蘧》（八月十一日，第六号），徐佩瑺等：《双鲤编》，《近代史资料》总34号，第23页。

招募之兵勇如不立即遣散，“诚恐别滋事端”。[①] 周绍濂原为永昌徐局中人，身故之后，遣散之事便落在徐氏兄弟身上。

周绍濂与庞钟璐本系姻亲，其往江北出公差必然要会见庞某，而后者也极有可能顺势请周为其募勇。但咸丰十一年底正是朝廷裁撤江南团练大臣之时，庞钟璐在离职交代之际，自然不愿再招丁勇，于是将责任推给周绍濂。最终为此事埋单的徐氏昆仲更为无奈：周绍濂已死，庞钟璐更不能得罪，只得忍气吞声。

最初，徐佩瑺与江苏布政使、署扬州知府杨靖商议，由永昌徐局出银五六百两，请泰州知州代为遣散。[②] 然而协议未定，即有人构讼，向庞钟璐告发徐氏于遣散之资分文不出。[③] 后经杨靖、刘郇膏调解，徐局出银千两，“径解藩署，即由臬司札饬遣散，多少悉听官为经理”。[④] 最终在李鸿章的介入下，泰州知州许道身[⑤]同意代为遣散。但李鸿章又谕徐氏“格外再筹数百金，津贴泰州，以便将此事圆全过去”。尽管吃了如此大亏，徐佩瑗还是宽慰其兄道：“弟意抚宪此批，于我处总算分外调停。倘执定抑彼伸此，泰州未必平服，且渠族在京亦多照应，将来恐于我处益增嫌隙。看来此事除已解藩库一千两外，又须筹措四五百金，抚宪面上似较过得去。”[⑥]

尽管一再委曲求全，永昌徐团依然未能躲过政治风暴。李鸿章就任江苏巡抚后，为打击薛焕、吴煦集团，着手清查江苏藩司账目。不久发现“所有永昌团练一事，前据苏藩司单禀，系由上海绅商公捐拨给，并未回明动用司道库款。现在此项银两为数甚巨，且系司道各库正款”，故命徐佩瑗等“按数缴还归款”。且严厉表示“现值军饷支绌之时，未便任其延宕”。[⑦]

① 《复泰州州厅许缘仲（道身）并伊令兄荀仲（美身）》（六月廿六日），徐佩瑺等：《双鲤编》卷1，《近代史资料》总34号，第13~14页。

② 《致少蘧》（六月九日），徐佩瑺等：《双鲤编》卷1，《近代史资料》总34号，第11页。

③ 《致少蘧》（五月廿八日），徐佩瑺等：《双鲤编》卷1，《近代史资料》总34号，第10页。

④ 《致少蘧》（六月九日），徐佩瑺等：《双鲤编》卷1，《近代史资料》总34号，第11页。

⑤ 许道身（1816~1871），字缘仲，号蕉林，国学生。道光二十年补丰县知县，咸丰十年九月以沿江集团助剿，在事出力，奏请补知府。

⑥ 《致少蘧》（七月廿九日，第三号），徐佩瑺等：《双鲤编》卷1，第17~18页。

⑦ 《禀复札查前领银数月日并目下无力措缴乞恩缓追由》，徐佩瑺等：《双鲤编》卷1，《近代史资料》总34号，第19~20页。

事实上，徐佩瑗在上海领款一事，地方早有各种传言。《蠡湖乐府》中写道：“徐局之领上洋饷银也，始有委员杨绥臣，杨去后，又有陈农部倬培之为之介绍文饰，计所领不下数十万矣。”其实攻打苏州只是虚张声势，“盖其意不过欲报销上洋饷银耳”。[①] 但当时薛焕、吴煦地位稳固，徐氏对此类传言亦不在意。而李鸿章突然责令全额缴还，令徐氏兄弟措手不及。

同治元年七月，徐佩瑞禀复：“职等自咸丰十年四月十一日起，设局办团，召募勇丁，赈济贫户，采买军火，置备器械，添设巡船，钉筑桩坝，一切经费皆系自备。一载有余，罗掘殆尽。嗣蒙前抚宪薛、兼署苏藩司吴委办苏城事务”，自咸丰十一年五月至十一月，“统计前后共发银十二万五千两，均经具有领结兑收在案”。[②]

如此表述即承认十二万五千两拨款皆用于团练。这可能并非实情。同治元年正月，安庆大营幕僚赵烈文曾听蒋光焴言：“苏州贼伪约十一月中献城，实无其事。前苏府吴沄（云）力保其必成，费抚恤银甚多。”[③] 殷兆镛奏折中亦称，徐佩瑗至上海“请饷十万，云购贼线，人皆知其济匪肥己”。[④] 因此这十余万两款项中最大的开支，可能是薛焕等收买太平军将领钱桂仁等的“抚恤银”。徐氏兄弟借机“肥己”虽然不可避免，但不会是整条利益链中的唯一受益人，薛焕、吴煦、吴云等上海官绅也必然参与其中。然而当李鸿章以拨款“未回明”为由要求全数退还时，徐氏兄弟却不敢牵扯他人，只得哀求道：“职等家资半毁于逆贼，半耗于团防，窘蹙情形，实难言状。筹思昕夕，无计可施。惟有吁恳大人，俯念职等委因办公费用，格外施恩。容俟苏城克复后，职等自行设法变产，陆续赔缴，断不敢使库款久悬，致烦宪廑。”[⑤] 这虽然是缓兵之计，但在此后相当长时间内，十余万两库款之奏

① 《龙门史》，佚名：《蠡湖乐府》，《近代史资料》总34号，第175页。

② 《禀复札查前领银数月日并目下无力措缴乞恩缓追由》，徐佩瑞等：《双鲤编》卷1，《近代史资料》总34号，第20页。

③ 赵烈文：《能静居日记》第1册，同治元年正月初七日条，第464页。

④ 曾国藩：《附录廷寄 饬密查殷兆胪陈在籍闻见五条事·附殷兆镛原折》，《曾国藩全集·奏稿》，第2353页。

⑤ 《禀复札查前领银数月日并目下无力措缴乞恩缓追由》，徐佩瑞等：《双鲤编》卷1，《近代史资料》总34号，第19～20页。

销，一直是徐氏家族最大的隐忧。

太平天国后期，曾经办理团练的江南士绅多逃亡在外。其中很多人游幕于各营、局或抚宪藩司麾下，以李鸿章、曾国藩为核心的上海与安庆成为两个大本营。这种主客关系，体现出士绅对官员的依附。太平天国战争结束之后，这种依附也依然存在。

以曾国藩、李鸿章幕僚团为跳板，很多办团乡绅进入了官僚体系，达到了“以军功起用”的目的。李鸿章到上海后，“杨宗濂与秦缃业、施建烈等无锡绅士俱佐戎幕。杨宗濂旧部练勇还改编为‘濂字营’，加入淮军序列。杨李之间亦称师生”。[①] 杨宗濂后随李鸿章北上镇压捻军，积军功升道员，历任湖北荆宜施道、北洋武备学堂总办、直隶通永道、山西河东道、署山西布政使、署山西按察使、长芦盐运使、三品京堂等官职。[②] 荡口民团董事华翼伦，也在无锡失守后逃亡上海。后将其子华蘅芳、同乡徐寿举荐给曾国藩，二人在安庆军械所与江南机器制造局干出一番事业。无锡盘查局董事钱勖，即咸丰三年镇压“顽佃抗租”事件中的关键人物，也在同治初年以内阁中书参李鸿章幕府，并被荐为知府。后从剿捻军，死于营中。[③] 前文提到的无锡盘查局董事孙元楷，即钱基博外祖，则在战后重回官场。孙元楷于道光二十年补博士弟子员，旋纳资为训导，叙选教谕。咸丰三年太平军攻克南京时，孙元楷为溧水县教谕。后受县令之命回本籍办理团练。咸丰十年太平军攻克苏常，孙元楷出奔苏北。同治三年返乡后，参与办理善后，由教谕加光禄寺署正衔。后以知县分发浙江补用，加同知衔并赏戴蓝翎，卒于任。[④]

当然，还有一个庞大的“复员绅士”群体在太平天国战争后回归乡里，他们常被视为“公共领域”或“地方自治”的中坚力量。值得注意的是，投身善后事业中的“绅董”在地方口碑不一。薛福成就指出，善后局局董

① 贾熟村：《太平天国时期的地主阶级》，第121页。

② 《清史稿》卷452，第12574页。

③ 参见李鸿章《为钱勖请恤片》，顾廷龙、戴逸主编《李鸿章全集·奏议（三）》，安徽教育出版社，2008，第118页。钱勖著有《吴中平寇记》八卷。

④ 参见刘桂秋《无锡时期的钱基博与钱锺书》，上海社会科学院出版社，2004，第21页。

“平居皆习为奸利，至无行义之辈。其中或有稍公正者，上官使主其事，亦以乡党亲故，莫能相禁。以故岁縻巨万，报销于上官，不啻以一为五，道路嗟叹，以为不如其已”。[①] 与此同时，参与地方事务不能简单地等同于“绅权上升”，并以此推导出地方权力与国家权力的对抗。日本学者夫马进在对太平天国战争后出现的杭州善举联合体进行研究后，发现冉玫铄所描述的“那种开辟新天地的地方精英形象半点都找不到”。杭州善举联合体，“若从不依靠官治这个意义上来说确实是将‘公共’性的方面发展到了极限状态，但是，从运作方式到财务报告，公共的性质与官方的性质这两者混淆在一起，让人难以区分的部分实在是太多了”。[②] 对此现象，夫马进以“善举徭役化”概念加以描述。事实上，在太平天国战争后大量的地方重建事务中，士绅的参与都体现出明显的“徭役化”特征。就此而言，太平天国时期的地方军事化并没有造就新的“地方精英”，只是给“新官僚精英”的社会上行流动提供了机会。官绅之间也没有呈现新的权力格局，绅权依然处于正式权力的外围或辅助地位，谈不上真正的对抗。

结　语

在对太平天国时期地方团练的研究中，革命史叙事关注地主阶层与清王朝的合作，地方史叙事强调办团士绅对地方社会控制力的增强。这正反映出士绅/精英阶层身处官员与民众之间的特殊身份。如果以地方军事化为切入点讨论绅权与晚清社会转型之关系，也应将其置于“绅民”与“官绅”这两对关系下进行讨论。在“绅权扩张”与“精英能动主义”的逻辑下，地方团练一方面强化了精英阶层对地方的支配，另一方面削弱了地方官员的“正式权力”。这一变化趋势在太平天国战争后继续推动“地方自治”力量的兴起，最终导致清政权的覆亡。然而地方军事化是否真的引发了“绅民”

① 薛福成：《上曾侯相书（乙丑）》，《庸庵文编·外编》卷3，《续修四库全书》第1562册，第222页。

② 〔日〕夫马进：《中国善会善堂史研究》，伍跃、杨文信、张学锋译，商务印书馆，2005，第517～518页。

及“官绅”关系的实质性变化？这是首先需要回答的问题。

就咸同之际苏常地区的团练而言，组织者的构成相当复杂，士绅只是其中的一小部分。乡绅办团的时间集中在咸丰十年之前。此时太平军尚未突破江南大营防线，苏常一带的民团极少与太平军正面交锋。但由于组织混乱、滋扰闾阎，办团士绅与地方民众之间的矛盾与隔膜反而因此加深。团董之间的利益纠葛，也造成局外人对董事的猜忌与不信任。苏常沦陷之后，上层士绅多逃亡外地，在地民团的组织者以豪强与土匪为主。这一群体从未被士绅与民众接受，更不可能进入政治核心。就绅民关系而言，战争的影响更多是负面的。即便地方士绅在太平天国战争后更多介入地方事务，也无法凝聚地方。①

而太平天国战争前后的官绅关系，也未呈现根本性转变。不少乡绅的办团初衷就是“以军功起用”，这表现出该群体对既有体制的认同。整个战争期间，地方官员对民团的约束与监管始终存在，威慑力也从未减弱。地方团练从开始到解体都受到官府支配，无论士绅还是土豪都不掌握绝对主动权。在太平天国战争后的重建过程中，士绅参与公共事务也体现出较强的“徭役化”特征。就此而言，太平天国战争对晚清江南社会的影响及其历史意义，仍有待进一步讨论。

① 参见罗晓翔《晚清江南社会的绅权与信任危机：以常熟为中心》，《中央研究院近代史研究所集刊》第103期，2019年。

陈光亨与晚清湖北漕政改革

方华康*

摘　要　晚清积重难返的漕弊使漕粮征集区的农民饱受盘剥，苦不堪言。咸丰七年，湖北巡抚胡林翼开始推行大刀阔斧的漕政改革，力图解决漕弊造成的军饷危机，并在与太平军的对抗中争取民心。这场改革最终取得了良好效果，为其后有漕各省的类似实践树立了典范。抚鄂以来，胡林翼对湖北漕弊早有体察。掌握湖北军政实权后，他一度下决心裁漕，然而促使其将裁漕决心付诸实践的却是致仕御史陈光亨。陈光亨提出兴国州裁漕的建议，被胡林翼采纳。兴国州裁漕是湖北漕政改革的先声，其倡导者陈光亨在咸丰初年湖北漕政改革中发挥了重大作用。

关键词　陈光亨　胡林翼　湖北　漕政改革

"漕者，水转谷也。"① 漕运是指中国帝制时代利用水道（海道或河道）将征自田赋、田租的部分粮食运输至京师或其他指定地点，以作皇室用度、官员俸禄、军饷防务等的一种物资调度方式，它涉及的是一整套保证王朝国家正常运转的重要经济制度设计。自其产生（早于战国时期）以来，② 历代统治集团往往极为重视，力图使之趋于严密、稳健。到了帝制时代末期，明代始在中央设置权大威重的漕运总督，统管各地

*　方华康，上海师范大学人文学院硕士研究生。

①　许慎：《说文解字》卷11，中华书局，1963，第237页。

②　关于漕运制度萌芽及产生时期的具体考证，参见沈颂金《秦汉漕运初探》，《中国经济史研究》2000年第4期。

漕运事务。清人则常将“漕运”与“河工”、“盐政”并称为“三大政”“巨政”,[①] 可见是时漕运在王朝行政事务中占据着举足轻重的特殊地位。

自南方地区得到广泛开发以来，湖北一直是重要的粮食产地，且地理位置优越，水陆交通便利，因此在清代成为十分重要的漕粮征集地。[②] 然而发展到清末，湖北漕弊日益凸显。[③] 太平天国起义（1851 ~ 1864）爆发后，情况更为严重，漕粮征收困难，各地抗漕事件蜂起，大批流民倒戈，导致军饷日绌，财政入不敷出。面对如此困局，咸丰七年（1857），湖北巡抚胡林翼开始在湖北推行一场大刀阔斧的漕政改革，其间制定了一系列裁漕措施，一定程度上减轻了农民的负担，也暂时缓解了清王朝迫在眉睫的财政危机。

漕运制度作为一项学术议题，久以其重要性和复杂性引起史学界诸多学者的关注。[④] 近年来，针对有清一代漕政制度所做的断代或专题研究也颇为

① 江藩等撰《嘉庆重修扬州府志》载“东南三大政，曰漕，曰盐，曰河”，转引自倪玉平《陶澍与清代“东南三大政”》，《江苏社会科学》2008 年第 1 期。“巨政”说另参见《清史稿》卷 486《文苑三 · 包世臣传》，中华书局，1977，第13417 页。

② “通计湖北有漕州县，武昌府属之十州县，汉阳府属之汉阳等五州县，安陆府属之潜江、天门二县，德安府属之安陆等五州县，黄州府属则黄冈、蕲水、蕲州、黄梅、广济、罗田，荆州府属则江陵、公安、松滋、石首、监利，荆门州及所属当阳县，凡三十五处。”见胡林翼《奏陈湖北粮道历年旷废情形乞敕部抄发档案疏》，《胡林翼集》（一），岳麓书社，1999，第 119 页。

③ 参见倪玉平《嘉道之际的漕弊问题》，《石家庄师范专科学校学报》2003 年第 4 期；周健《嘉道年间江南的漕弊》，《中华文史论丛》2011 年第 1 期。吴琦在《漕控与清代地方社会秩序——以匡光文控漕事件为中心的考察》（《华中师范大学学报》2009 年第 2 期）一文中通过对一起控漕（合法闹漕）事件的考察，侧面揭示出清代中后期漕政危机在地方社会的普遍发生。另，产生于 19 世纪中叶并在湖北崇阳一带流传的汉族民间长篇叙事山歌《钟九闹漕》也在一定程度上真实反映了当时漕弊深重引起农民反抗的社会现实。参见陈晓云《〈钟九闹漕〉的文本和历史记忆》，《商丘职业技术学院学报》2018 年第 3 期。另参见郑民德、孙园国《清代山东运河区域的闹漕案——以道光咸丰年间的朝城县为视角的历史考察》，《德州学院学报》2015 年第 1 期。

④ 相关成果梳理参见胡梦飞《近十年来国内明清运河史及漕运史研究综述》，《聊城大学学报》2012 年第 6 期；高元杰《20 世纪 80 年代以来漕运史研究综述》，《中国社会经济史研究》2015 年第 2 期；陈锋《近四十年来中国财政史研究的进展与反思》，《江汉论坛》2019 年第 4 期。

可观。[①] 随着清代漕政各方面研究的深入，咸丰初年胡林翼在湖北推行的漕政改革开始进入学界视域，一些学者从不同角度对其进行了详尽探讨。《1857年湖北漕改》[②] 一文较早地对晚清漕弊的相关史实及胡林翼推行的漕改做出初步梳理，尽管在论述深度上有所欠缺。武汉大学洪均教授《危局下的利益调整——论胡林翼整顿湖北漕政》[③] 一文从湖北漕弊背景、整漕经过、绩效成因三方面对胡林翼整顿湖北漕政进行了充分讨论。周健《改折与海运——胡林翼改革与19世纪后半期的湖北漕务》[④] 一文深刻阐发了这场湖北漕运改革的示范作用及对整个清代财政制度转变造成的深远影响。上述研究成果通常将时任湖北巡抚胡林翼置于改革的中心位置，认为胡是这场改革的发起者与主导者，鲜有提及参与其中并对胡林翼下决心裁漕产生重要影响的另一人物——陈光亨，从这个意义上说，陈光亨在后世对这场改革的历史书写中成了“失踪者”。本文从陈光亨门人为其整理的文集《养和堂遗集》中“其尤著者，沥陈兴国征漕规费，请裁减以纾民困，当道如其议以行，阙后胡公疏裁鄂省钱漕，百年积弊，一旦廓清，实启于此”[⑤] 这一线索性记载出发，捃诸官史、文集、方志等多方史料，力图考察陈光亨在咸丰初年湖北漕政改革中发挥的作用，以使这场改革的历史图景更加完整、清晰。

一　晚清漕弊与军饷危机

漕粮素有“天庾正供”之称，运输漕粮的漕运是历代王朝安危所系的

① 代表性成果有李文怡、江太新《清代漕运》，中华书局，1995；彭云鹤《明清漕运史》，中华书局，1995；倪玉平《清代漕粮海运与社会变迁》，上海书店出版社，2005。另参见洪均《近七十年晚清两湖漕政研究综述》，《中国经济与社会史评论》2011年；戴鞍钢《晚清湖北漕政述略》，《江汉论坛》1988年第10期；樊树志《明清漕运述略》，《学术月刊》1962年第10期。

② 吴晓斌、李雪亮：《1857年湖北漕改》，《华章》2007年第5期，第97页。

③ 洪均：《危局下的利益调整——论胡林翼整顿湖北漕政》，《江海学刊》2012年第6期。

④ 周健：《改折与海运——胡林翼改革与19世纪后半期的湖北漕务》，《清史研究》2018年第1期。

⑤ 陈光亨：《养和堂遗集》，清光绪十九年刻本，第4～5页。

经济命脉。唐宋以降，漕粮需求量越来越大，漕运也愈加受到统治者的重视。明清两朝均在北方建都立国，对南方粮食的依赖程度与前代相较有增无减。清初，漕运“悉仍明旧”，采用官办河运的方式进行，其流程大体为“粮户输之州县，州县兑于旗丁，而旗丁领运于南，斛交于北”。[①] 所谓旗丁，指清代负责漕粮运输的八旗兵丁。清代漕粮征收种类主要有四种：正兑、改兑、改征、折征。正兑指漕粮中运往京仓供八旗、三营兵食之用的部分；改兑指运往通州仓的部分；改征指以其他粮食代替原征漕粮；折征指以钱折粮。每年，有漕各省完成既定数额漕粮的征收后，负责运输的运弁旗丁率领水手领各省漕粮沿运河（咸丰后，受各种因素影响，海运取代河运成为主要的运输方式[②]）北上，将其送往京师粮仓或其他指定地点供皇室消费和发放俸禄、兵食等之用。当然，伴随近代化进程的启动，晚清成为漕运制度寿终正寝的一个历史时期。“洎乎海禁大开，轮舶通行，东南之粟源源而至，不待官运，于是漕运悉废，而改征折漕，遂为不易之经。”[③]

随着清代漕运的发展，漕弊也开始日益凸显。“承平日久，漕弊日滋。东南办漕之民，苦于运弁旗丁，肌髓已尽，控告无门，而运弁旗丁亦有所迫而然。”[④] 运弁旗丁是清代漕粮运输的主要承担者，这一角色为他们欺压民众、勒索贪腐提供了便利，漕粮区百姓不堪其扰。道光十三年，给事中金应麟奏称：“江、浙内河一带漕船，讹诈商民，有买渡、排帮等名目。州县以兑米畏其挑剔，置若罔闻，滞运扰民，为害甚大。”[⑤] 负责漕兑运输的漕运弁丁常常以米色不纯为借口肆意勒索州县。若地方官不向其行贿，则拒绝受兑，甚至与运军沆瀣一气，将空漕船径直开行。地

① 葛士濬辑《皇朝经世文续编》卷40《户政十七·漕运上》，清光绪上海久敬斋印，第7页。

② 《清史稿》将漕粮由河运改为海运的原因总结为“会通河塞，而胶莱故道又难猝复，借黄转般诸法行之又不能无弊”，“夫河运剥浅有费，过闸过淮有费，催趱通仓又有费。上既出百余万漕项，下复出百余万帮费，民生日蹙，国计益贫”。参见《清史稿》卷122《食货三·漕运》，第3581页。由此可见，运输方式的变革在一定程度上有利于漕弊的缓解，甚或可以认为清人将其视作解决漕弊的一种方式。

③ 《清史稿》卷122《食货三·漕运》，第3581页。

④ 《清史稿》卷122《食货三·漕运》，第3581页。

⑤ 《清史稿》卷122《食货三·漕运》，第3581页。

方官唯恐担负延误漕运的罪责，往往只得遂其贪欲。而实际上，“帮丁重在索费，并不着意米色”，[①] 以致征收的漕粮参差不齐，很大一部分为不合格的劣米。

除漕运弁丁在漕粮征收、运输过程中利用职务之便大肆勒索、盘剥外，各级地方官员趁机浮收压榨、中饱私囊也是造成晚清漕弊深重的重要原因。一方面，在运弁旗丁等胥吏的压榨胁迫下，地方官员“势不得不浮收勒折以供其求”；另一方面，他们利用浮收所得，满足一己私欲。在这种情形之下，地方官员与运弁旗丁实际形成了相互勾结营私的利益共生关系。此外，清代漕粮征收中还有大户、小户之别。本来各省漕粮，岁有定额，然而在实际的征收过程中，大户依仗权势不按定额缴纳，小户则需多缴纳数倍漕粮以补大户之缺。大户或以“告漕”或以鼓动小户“闹漕抗粮”的形式威胁、勒索地方官，参与浮收的分肥。

其实清朝统治集团对漕弊多有认识，并且试图革新。乾隆帝多次发布上谕申斥负责漕运的官员、胥吏贪墨横行，致使漕弊积重难返；道光帝也曾发上谕：“着有漕各督抚及漕运总督加意稽查，认真整顿……使弊实不生，丁胥知畏，以肃漕政。”[②] 许多地方督抚大员也曾提出救弊之策。然而由于漕弊背后潜藏着复杂的利益纠葛，历次整漕措施都收效甚微。康熙年间“给事中徐旭龄亦疏陈赠耗之弊。然贪官污吏，积习相沿，莫能禁也”，[③] “州县往往仍借改折浮收，虽有明令，莫能禁也”。[④] 面对愈演愈烈的漕弊，统治者最终无计可施，漕区百姓生路渺茫。每当遭逢饥馑之年，在当地缙绅的鼓动下，各地很可能发生严重的闹漕事件，危及王朝统治的稳定性。

至咸丰初年，漕运之弊更为深重，作为重要漕粮征集区的湖北亦深陷其中。湖北的漕粮征收分为本色和折色两类。本色指征收漕米（实物税），折色指以钱折米。根据湖北巡抚胡林翼的调查，当时的本色、折色在实际征收

---

① 刘锦藻：《清朝续文献通考》卷75《国用十三》，商务印书馆，1935，第8326页。

② 刘锦藻：《清朝续文献通考》卷75《国用十三》，第8326页。

③ 《清史稿》卷122《食货三·漕运》，第3581页。

④ 《清史稿》卷122《食货三·漕运》，第3581页。

时都未按定额，普遍存在肆意浮收现象。“此外，又有耗米、水脚等项。又有由单券票样米号钱等名，多端需索。”[①] 在繁重的漕粮征派压力下，民生凋敝。胡林翼认识到“东南数省，积弊相同，而湖北几有不可挽回之势”，[②] 遂有彻底革除这一百年积弊的决心。然而由于久陷兵间，无暇及此，直到咸丰七年，其想法才得以付诸实践。

漕粮是朝廷军饷（兵食）的重要来源，漕政弊端丛生的局面必然造成严重的军饷危机。咸丰初年，太平天国起义的爆发使江南地区陷入连年战乱。在与太平军的对抗中，湖北的军事地位显得十分重要，几为天下之枢纽，胡林翼曾指出“保楚则不攻吴而吴自破”。[③] 在持续的战争消耗下，清廷军费日增，而漕粮却难以足额征收。自战端突启，湖北粮道旷废。“有漕州县，无不残破。”[④] 且许多州县文书典册在战火中被焚毁殆尽，应征应解额数无案可稽，以致漕政延宕无期。此时湖北的军费支出又居高不下，“湖北自军兴以来，征调频仍，水陆马步，数万余众，支用浩繁”。[⑤] 如此情形之下，纵然将各种钱粮杂税收入用以充饷，依然“饷馈兵饥，万分支绌”。[⑥] 咸丰七年四月初五日，胡林翼在一封陈说湖北盐法章程的奏折中言辞恳切地指出：“目前民力凋残，饷项日绌，凡有资军饷之事，搜刮靡遗。”[⑦] 咸丰七年以降，湖北的军事形势依然严峻，[⑧] 军饷紧张的局面越发窘迫。“时外省尚肯应饷，则弟尚能支撑，否则，强兵弱兵同一欠饷，久而久之，同是饥馈也。此湖北必然之势也。”[⑨]

---

① 胡林翼：《革除漕务积弊并减定漕章密疏》，《胡林翼集》（一），第365页。

② 胡林翼：《革除漕务积弊并减定漕章密疏》，《胡林翼集》（一），第366页。

③ 汪士铎：《胡文忠公抚鄂记》，岳麓书社，1988，第99页。

④ 胡林翼：《奏陈湖北粮道历年旷废情形乞敕部抄发档案疏》，《胡林翼集》（一），第119页。

⑤ 胡林翼：《请拨漕折等银资济军饷疏》，《胡林翼集》（一），第429页。

⑥ 胡林翼：《请拨漕折等银资济军饷疏》，《胡林翼集》（一），第429页。

⑦ 汪士铎：《胡文忠公抚鄂记》，第90页。

⑧ 咸丰七年四月至七月，胡林翼、李续宜、唐训方等与太平军大将陈玉成在湖北展开了最后的大规模军事对抗。同年八月，陈玉成率部退往安徽，清军在湖北取得暂时胜利。参见贾熟村《太平天国时期的湖北地区》，《临沂师范学院学报》2006年第1期。

⑨ 胡林翼：《致李续宾》，《胡林翼集》（二），第162页。

二　晚清政坛上的陈光亨

兴国州（今湖北阳新县）人陈光亨[①]是晚清政坛上的重要人物。他是江州义门陈氏家族[②]的直系后裔。义门陈氏作为高门大族在唐宋时期曾经烜赫一时，因其人丁兴旺、家业鼎盛而被誉为“天下第一家”。这一家族在北宋中期散居析产，不复当年盛况，[③] 但特殊的出身（“起身翰苑”[④]）和家庭环境依然对陈光亨的早年成长产生了难以磨灭的影响。通过科举考试走上仕宦道路的陈光亨以从政守正不阿、直言敢谏赢得了良好官声，人称“铁御史”。道咸年间他颇受朝廷倚重，屡履要职重任。咸丰帝即位前，陈光亨还担任过这位未来天子的老师，可想见是时陈光亨声名之显达。他与同时代的曾国藩、胡林翼、郭嵩焘等名臣贤达过从甚密，甚至在很大程度上可以说陈与他们一起推动了晚清政局的革新、中兴。

清嘉庆二年（1797），陈光亨出生于兴国州东南部一个殷实之家。[⑤] 其曾祖父经商起家，祖父陈敬亭曾入国子监学习，贡生出身。父亲陈晓泉死后

---

① 陈光亨（1797～1877），字衡书，号秋门，出生于兴国州兴教里漆家坊（今阳新县枫林镇漆坊村）。清道光年间沉浮宦海二十余载，历任武英殿协修道纂修官、山东道监察御史、户科掌印给事中等职，在官场多有建树。晚年回乡修撰《兴国州志》20 卷。其主要著作收入《养和堂遗集》。参看夏贤甫等主编《历史名人与黄石》，中国广播电视出版社，2006，第 367 页。

② 江州义门陈氏是发源于江西德安县的一个江右民系家族。《宋史·陈兢传》记载：“昉家十三世同居，长幼七百口，不畜仆妾，上下姻睦，人无间言。每食，必群坐广堂，未成人者别为一席。有犬百余，亦置一槽共食，一犬不至，群犬亦皆不食。建书楼于别墅，延四方之士，肄业者多依焉。乡里率化，争讼稀少。”《宋史》卷 456《陈兢传》，中华书局，1977，第 13391 页。

③《德安县志》引《义门记》记载：“自唐至宋，聚族三千九百余口，并未分异，朝廷屡次旌表。（北宋）嘉祐七年（1062），以义门盛大，下矜存保全之诏。江南东路转运使谢景初、郡牧吕诲、湖口镇巡检范彬，临门监护分析。”见沈建勋主修、程景周纂《德安县志》，清同治十一年刻本。

④ 石荣暲编《陈秋门先生年谱》，《北京图书馆藏珍本年谱丛刊》第 149 册，北京图书馆出版社，1999，第 407 页。

⑤ 关于其家世、出身，均见于民国阳新人石荣暲根据其文集等资料所编《陈秋门先生年谱》。

被加封为中宪大夫。陈光亨的家庭明显有着浓厚的诗教传统且生活堪称殷实，这为其日后通过参加科举考试走上仕途奠定了物质和文化基础。家族的重学风气对陈光亨的早年成长起到了重要的引导作用。祖父陈敬亭对年幼的陈光亨十分喜爱，但管教严格，祖父待孙辈如子，以至为他们在科举上的成功欣喜至“拊掌而舞”。其门生何璟撰写的《陈秋门先生行状》记载：“先生幼颖慧，敬亭公甚爱之，而课读綦严。”[①] 非凡的天资加之严格的家庭教育使得年岁尚轻的陈光亨在同辈中卓尔不群。

嘉庆十一年陈光亨十岁时，拜入游居兴国的大儒柯道（息园）门下刻苦学习儒家经典。[②]《陈秋门先生行状》中谈到他的勤奋好学时说：“先生性敏好学，经史研究甚精，尤工制艺辞赋，在词垣交际，名藉甚然。”[③] 天资聪颖的他十五岁应童子试，即补弟子员（俗称“中秀才”），其后他又先后跟随钟翰圃、陈治策两位先生学习。陈光亨不仅才情满腹，且性情温和敦厚，待人宽仁，颇有气度，凡挚友、同僚请求之事，他往往未及迟疑即慨然应允。孝感人沈祥祖在给陈光亨的一封书信最末处提到：“前承通融之项，近欲奉还，适以家用次第告乏，用济眉急，是以为得带呈。容俟冬间即图归赵，尚希谅之。”[④] 可以想见在他极尽困厄之时，陈光亨慷慨借资，解其燃眉之急，不料欲归还之日，突遭变故，遂无法如期奉还。江夏人童濂在《致陈秋门给谏书》中用“不以前事之疏见责”[⑤] 表达对陈光亨不计前嫌的感激和对其为人处世气度恢廓的钦佩之情。

陈光亨终生传承着义门陈氏家族“崇文修德”的精神根脉，与众多名臣贤达交游甚密，一同切磋学问义理，探求济世安民之法。晚清名臣郭嵩焘曾在《冯树堂六十寿序》中记述：“兴国陈秋门给谏尝语嵩焘‘楚北人才不足与比方楚以南，有由然矣。南士游京师者，类能任事，务实行，以文章气

① 陈光亨：《养和堂遗集》，第 2 页。

② 参见石荣暲编《陈秋门先生年谱》，《北京图书馆藏珍本年谱丛刊》第 149 册，第 412 页。

③ 陈光亨：《养和堂遗集》，第 3 页。

④ 沈祥祖：《致陈秋门给谏》，湖北省人民政府文史研究馆、湖北省博物馆整理《湖北文征》第 10 卷，湖北人民出版社，2014，第 47 页。

⑤ 《湖北文征》第 10 卷，第 433 页。

节相高。人心习尚如此，欲无兴，得乎？’楚人奋起，事业功名，震动天下……而秋门给谏独先知其然。”[①] 陈光亨自己正是“铁肩担道义，妙手著文章”的楚南士人中的杰出代表。在江南崇学重教之风尚的熏陶滋养下，陈光亨孜孜不倦的刻苦求学精神和饱读诗书的早年经历奠定了其以后在晚清政坛的作为。

清道光六年（1826），三十岁的陈光亨在科举会试中表现优异遂得中进士，道光帝钦点其为翰林院庶吉士，开启了其仕宦生涯。道光十七年，他被任命为专司监察的御史。围绕朝廷内外诸多亟待解决的时务，他频上奏折，针砭时弊，有力推动了朝廷内外风气、制度之重振与革新。他所上奏章内容周密翔实，往往切中肯綮，所提建议多具体可行，且用词考究得体，颇具文采。《陈秋门先生年谱》载，其奏章“凡所指陈，皆国计民生之大事，谏草一出，人争传诵”。[②] 江夏人童廉在给他的书信中也称赞“东壁之文昌久耀，西台之奏议争传”。[③]

陈光亨为官清廉，处事干练公道，全无半点私心。对于朝廷每年徒然浪费的银钱，他往往锱铢必较，必使其裁汰以挪作他用。他很早便对漕运问题有所留意。在高中进士的次年，陈光亨补山东道监察御史，召见奏对称旨。是年十二月，他上奏《运河挑工有名无实请饬认真办理》一折，针对运河疏浚的巨额耗费尖锐指出“恐推诿之意流为因循，因循之弊遂成废弛，甚非所以利漕运而经久远也”。值得注意的是，陈光亨与其他官员一样是通过研习儒家经典，参加科举考试而走上仕途。但从其呈举的奏折来看，其并非迂腐不通实务，举凡财政、水利、刑罚、吏治、治安等方面，无不显示出其所学精于经世致用。“然先生立志务实用，雅不欲以文章自见。”[④] 他对社会、官场现象的洞察往往细致入微，对实学的尊崇是陈光亨思想中的重要部分。

陈光亨初任御史之时，其父陈晓泉在家信中告诫他：“今既为之（御

---

① 《郭嵩焘全集》第 14 册，岳麓书社，2012，第 402 页。

② 石荣暲编《陈秋门先生年谱》，《北京图书馆藏珍本年谱丛刊》第 149 册，第 407 页。

③ 《湖北文征》第 10 卷，第 433 页。

④ 陈光亨：《养和堂遗集》，第 3 页。

史），敢缄默以窃禄哉？为言必期有用。”[①] 在十余年的仕宦生涯中，他始终以黎民苍生为念，深入体察国运民情，所上奏折每每切中肯綮，针砭时弊。他一心讲求实务而不重浮名虚利，告老还乡后，“办理赈务、团练、牙厘、接征、均输等事几二十年，从未受薪俸分文，而所计资费以数十万金计”。[②] 道咸年间正是清朝国门洞开、时局艰危的关头，也是社会变革、转型的前夜。陈光亨在晚清历史舞台上，以其敏锐的政治眼光和卓越的处事才干，辅佐曾国藩、胡林翼等名臣力图除弊救亡。他的眼光及作为既反映了其对时局的洞若观火，也在一定程度上推动着晚清社会的缓慢革新。

三 从兴国州裁漕到湖北漕改

道光二十六年，年方五十正在户科掌印给事中任上的陈光亨毅然挂冠归田，回到兴国州的家乡。根据其文集的相关记载，促使其做出此决定的原因主要有两方面。

其一是陈光亨在宦海沉浮中逐渐厌倦了官场复杂的权力斗争和政治角力。在被擢升为御史后，他“守正不阿权要，屡遭嫉忌”。[③] 晚清官员腐败现象层出不穷，官场乱象丛生，政治生态一度持续恶化，这一点从清人李伯元所著的谴责小说《官场现形记》中可见一斑。为官正直的陈光亨在晚清官场上自然会受到权臣奸佞的排挤，但此时的他毕竟已在官场沉浮多年，懂得急流勇退、明哲保身的官场哲学。从险恶的官场斗争（绝大多数是官员个人、小集团的利益或意气之争）中及时抽身出来，将更多的精力用来为百姓造福，亦是一种明智的选择。以其一己之力显然无法改变昏暗险恶的官场现实，既知如此，陈光亨毅然选择离开烈火烹油的权力场，回到鄂东家乡实实在在为百姓造福。

其二，除因在朝廷屡遭不虞谗言外，他也念及家中双亲年事已高，希望

① 陈光亨：《养和堂遗集》，第 3 页。

② 石荣暲编《陈秋门先生年谱》，《北京图书馆藏珍本年谱丛刊》第 149 册，第 451 页。

③ 石荣暲编《陈秋门先生年谱》，《北京图书馆藏珍本年谱丛刊》第 149 册，第 437 页。

能尽早抽身官场，回乡侍奉双亲以尽孝道。而就在此时，其弟陈春谷赶赴京城参加会试时不幸身染重疾，思乡心切。陈光亨决意辞官偕弟共归故里。在血浓于水的亲情面前，对于利禄功名，陈光亨并不太在意。这一点与其骨子里深厚的儒家宗法思想不无关系。[①] 在为《旌孝录》作的序中，他写道："自授书至仕宦至归养，六十年中所以事我两人者，无不有惭于先生，则抚此一编，益深不可为子之憾矣。"[②]

回乡后的陈光亨一心以造福桑梓为己任，劳碌奔波于鄂东地方社会建设。《陈秋门先生行状》记载："先是鄂属征收钱漕，上下规费日积日深，先生将兴国州钱漕中饱积弊胪陈胡公（胡林翼）。以谓是时檄办团练，又开捐输，又征正供，民力实为不支，请裁减以纾民困。"[③] 参照《陈秋门先生年谱》的相关记载，可推知陈光亨向胡林翼提出兴国州裁漕建议应在咸丰七年闰五月。陈光亨的这一建议被胡林翼采纳，甚至直接推动了同年胡林翼主持的湖北漕政改革。"当道如其议以行，阙后胡公疏裁鄂省钱漕，百年积弊，一旦廓清，实启于此。"[④] 这样的评价侧面揭示出陈光亨建议的兴国州裁漕实为咸丰初年整个湖北地区漕改的重要开端。

咸丰七年闰五月初八日，陈光亨写信（《答胡詠芝中丞论钱漕规费书》）给胡林翼请求革除兴国州钱漕积弊。尽管陈、胡二人间的往来书信多数已不存世，但根据该信标题及行文内容可推知，此前二人有过多次通信，这是其中一封陈光亨给胡林翼的回信。信中，陈光亨认为因钱粮"久为利薮"，故一旦开征，则上下规费必然愈加繁杂，这是难以避免的现象。但就兴国州当时的情况而论，钱漕已到了不得不变革的境地。为打消胡林翼之所以犹豫不决的种种顾虑，陈光亨一方面在提出"上费不能减"和"后任再议加"两

① 陈光亨强烈的宗法观念从其一生寻找江州义门陈发源地（所作《义门故址考》录其事），并致力于恢复义门陈氏家族上也可以看出。道光三年，他曾为续修的家谱作序。"后之人抚此一编，当何如郑重焉。"（陈光亨：《庚申续修宗谱序》）他在《义门旺公祠重修缘起》中记载："适从弟履亨往来庐幕阜间，间因访义门遗址。"

② 陈光亨：《养和堂遗集》，第 104 页。

③ 陈光亨：《养和堂遗集》，第 15 页。

④ 石荣暲编《陈秋门先生年谱》，《北京图书馆藏珍本年谱丛刊》第 149 册，第 441 页。

大问题的解决之策后，指出“窃见古之清风亮节，总是独行”,[①] 以此鼓励胡林翼抓住“兵燹之后”的大好时机；另一方面他知晓胡林翼有心整顿吏治，将其视作安民之本，便申言“若不及此时申明而约束之，诚如前论，其困弊有不可胜言者”,[②] 陈光亨以整顿吏治的紧迫性提醒胡林翼及时将漕政改革付诸实践。

在痛陈钱漕规费之弊给兴国州州民带来的沉重负担后，陈光亨不厌其烦地详细列举了兴国州上下规费，并单独注出其认为可裁可减之项。指出“窃谓陋规何能尽除？要当去其太甚”,[③] 以之作为兴国州裁漕的基本指导思想，嘱咐胡林翼“一经核定，即望施行”。胡林翼读到这封信时已是去信六日以后，从其所写的复信来看，陈光亨提出的裁漕建议及施行步骤显然给他带来了一定的心理触动和观念改变。他在复信中称赞陈光亨所提建议上有益于国，下有益于民，并且直言坦陈心绪，“漕政弊端尤大，亦乞预谋总之。此意蓄于心意已久，无人发端”。[④] 胡林翼一方面对陈光亨的理解、勉励十分感动，希望在改革中能得到陈光亨及其他楚地士人的帮助；另一方面，他又委婉表达了自己的忧虑，希望这场改革以渐进、温和的方式推行。[⑤] 值得注意的是，胡林翼在文末提及“倘楚事能于珂里发端，渐次汲引正士，多办十余州县，必于民生有济”，并认为陈光亨的建议“坚定以行之，推行以利之，则功在楚国，亦当不朽”,[⑥] 表明其有意将兴国州裁漕作为湖北漕政改革的先行实践。

尽管受到陈光亨来信的触动，但胡林翼对是否应当立刻在湖北推行裁漕实践仍然犹豫未决。《养和堂遗集》中收录有一封陈光亨于咸丰七年六月二十八日答复胡林翼的信。他再次提及兴国州裁漕之事，言辞间透露出对胡林翼延宕拖沓的不满。他将裁漕视为最紧要的事务，认为兴国州裁漕若成，益

① 陈光亨：《养和堂遗集》，第 119 页。

② 石荣暲编《陈秋门先生年谱》，《北京图书馆藏珍本年谱丛刊》第 149 册，第 442 页。

③ 陈光亨：《养和堂遗集》，第 117 页。

④ 陈光亨：《养和堂遗集》，第 122 页。

⑤ 胡林翼表示：“林翼立志以……又以有利于国有利于民而无大损于官为用。”参见陈光亨《养和堂遗集》，第 123 页。

⑥ 陈光亨：《养和堂遗集》，第 122 页。

处将不只是这一州一地所独享。一边责怪胡“总以后任为辞”，一边又以理解的口吻写道：“亨思大君子自有权衡，不必与争旋。”[①] 胡林翼在回信中态度颇为诚恳，表示“至钱漕应裁应减之事，侍一力担承，必成此善举，以慰荩念”。[②] 他将同陈光亨的来往书信妥善保存，加以整理，作为制定裁漕措施的重要参考。此时的胡林翼已经下定了进行漕运改革的决心。

咸丰七年六月二十九日，胡林翼在给督粮道张曜孙的札子中指出湖北的漕务已然积弊深重。主要表现为肆意浮收，无所节制，且以丁船杂费和衙门陋规的形式被地方官员和运粮漕运弁丁中饱私囊，令财政收入流失。胡林翼令其“刻日束装，亲诣各地体察情形切实清厘，删裁浮勒，核其征收，兑运实数”，[③] 督促他在九月前办理。胡林翼在札中申言此次改革漕务的目的是“取中饱之资分益上下”，既纾解民困，又增加国家收入，充实军饷，实于国计民生皆有裨益。咸丰七年八月，陈、胡在富池口商议团练及裁减规费事宜。同年九月十九日，胡林翼饬令两司道府，核减漕价。十月十四日，胡林翼向咸丰帝上《革除漕务积弊并减定漕章密疏》，提出湖北漕务积弊亟待革除。咸丰帝朱批“汝能不顾情面，祛百年之积弊，甚为可嘉”，[④] 可见其裁漕意图得到朝廷认可。咸丰八年六月十六日，胡林翼又上《奏陈漕务章程办有成效疏》向咸丰帝报告其与部下夙夜筹议拟定的漕运新章。胡林翼认为湖北漕弊的根源在于冗费太多且与日俱增，因此提出“定价改折”“暂提北漕充饷”“南粮折解折放余银”“裁革州县冗费”等有力的漕政改革措施。经其计算，这一系列措施的推行，为民间减省钱一百四十万余两，为朝廷筹银四十二万余两。这场改革的效果十分显著，“民情极为欢愉，完纳俱行踊跃”。[⑤]

综上，陈光亨与胡林翼同为晚清重臣，二人关系甚密，从书信措辞间可见出胡林翼对陈光亨这位致仕老臣颇为敬重。陈光亨一生推崇经世实学，对

---

① 陈光亨：《养和堂遗集》，第125页。
② 陈光亨：《养和堂遗集》，第128页。
③ 汪士铎：《胡文忠公抚鄂记》，第110页。
④ 胡林翼：《革除漕务积弊并减定漕章密疏》，《胡林翼集》（一），第366页。
⑤ 胡林翼：《奏陈漕务章程办有成效疏》，《胡林翼集》（一），第499页。

国计民生体察入微，其裁漕思想对胡林翼产生了重要影响。事实上，胡林翼很早便萌生了在湖北推行漕运改革的想法，只是他一直以为时机尚未成熟，且有其他诸多顾虑。陈光亨的兴国州裁漕建议提出后，当地州民交口称赞，甚至编为歌曲以颂之。湖北漕运改革在咸丰七年终付诸实践，堪为兴国州裁漕经验的推广，并被认为是胡林翼抚鄂期间的第一美政。而此善政之最终施行，是与陈光亨的推动密不可分的。

浙江省博物馆藏晚清厘金文书初步整理

倪　毅*

摘　要　厘金是清政府镇压太平天国时，为应对军费开支所创办的筹款制度，战后各省将其作为经常性税收固定下来。厘金文书是体现厘金制度的实物。浙江省博物馆藏有部分晚清厘金文书，包括护票、运货护照、验单、捐票等，20世纪50年代征集收藏，从未整理发表。现将这批文书初步整理，希望从实物角度出发，为浙江晚清厘金制度研究提供补充性资料。

关键词　厘金文书　浙江省博物馆　文献整理　晚清

厘金是清政府镇压太平天国时，为应对军费开支所创办的筹款制度，战后各省将其作为经常性税收固定下来。厘金最早在咸丰三年（1853）试行于江苏里下河地区，随后在全国大部分省份迅速推行。浙江所有捐局名目，“除先设捐输局，次设助饷局而外”，咸丰四年巡抚黄宗汉劝办厘捐，咸丰五年巡抚何桂清劝办茶捐，咸丰七年在杭州设立集饷局，办理坐贾厘捐，后并入捐厘总局。咸丰十一年四月，太平军进攻浙江，占领浙江大部地区，原有厘捐机构在战火中受到重创。同治元年（1862）左宗棠由江西入浙，在衢州设牙厘总局，主要为湘军筹集军费，并于同治二年颁布《浙省百货捐厘章程》。同治三年，清军攻下杭州城后，牙厘总局移设杭城，全省设八个府局隶属于省局，原衢州局改为府局，并于各县境冲要市集普设厘卡，浙江

* 倪毅，浙江省博物馆副研究馆员。

厘金规制开始逐渐完备。①

关于晚清厘金的研究，较为系统的是罗玉东的《中国厘金史》。② 郑备军根据此书及浙江省财政税务志编纂委员会编写的《浙江省财政税务志》，写成《浙江省厘金制度简史》，收录于《中国近代厘金制度研究》一书。近年来以区域为单位的研究，主要有徐毅对江苏及上海地区的厘金研究，侯鹏对清代浙江厘金的研究，等等。③

这些研究以文献档案为基本史料，考察了厘金制度的起源、推广、性质及影响等，但对于体现厘金制度的实物——厘金文书，则鲜少涉及。厘金文书主要是厘金执照，又称护票，简单地说是行商缴纳厘金后付与的过往关卡通行证。罗玉东《中国厘金史》附录内收录的各省厘票及厘报式样，未见收有浙江省厘票。赵大川《龙井茶图考》中公布有五张光绪十三年运茶护票。④ 安徽省档案局藏有部分徽商护票，⑤ 其中有些是徽商来往浙皖的运货执照。

浙江省博物馆藏（以下简称“浙博藏”）晚清厘金文书，包括护票、运货护照、验单、捐票等，系20世纪50年代征集入藏。现将这批文书初步整理，希望从实物角度出发，为浙江晚清厘金制度研究提供补充性资料。

一　浙江博物馆藏晚清厘金执照概述

浙博藏晚清厘金执照50余份，除一件因残损无法确认时间外，其余最早为同治五年（1866），最晚为宣统元年（1909），大部分时间在光绪元年（1875）至光绪三年（1877）。按时间、运输货物、签发厘卡及执照种类列为表1。

① 顾家相：《浙江通志厘金门稿》卷上，1919年铅印本，第6页。

② 罗玉东：《中国厘金史》，商务印书馆，2017。

③ 徐毅：《清代江苏厘金制度的起源与推广实态考——以1853～1865年为背景》，《历史档案》2006年第3期；徐毅：《晚清上海的厘金制度与地方社会——以咸丰朝为背景》，《中国社会科学院研究生院学报》2007年第6期；侯鹏：《清代浙江厘金制度的创办与衍生形态论述（1854～1866年）》，《苏州科技学院学报》2012年第4期。

④ 赵大川：《龙井茶图考》，杭州出版社，2007，第266～268页。

⑤ 王国键：《光绪徽商护票及其价值》，《安徽史学》2005年第3期。

表1　浙博藏晚清厘金执照所反映的内容

时间	运输货物	签发厘卡	执照种类
时间残损	杂药一单	兰溪厘局	护票、验单(联票)
同治五年十一月初三日	靛青	东关厘局	护票
光绪元年二月二十日	烟草二担	西安厘局	护票(同治版)
光绪元年二月二十三日	烟草四担	常山厘局	护票(同治版)
光绪元年二月二十三日	烟草四担	常山厘局	护票(同治版)
光绪元年二月二十日	烟草五担	西安厘局	护票(同治版)
光绪元年二月二十日	烟草五担	西安厘局	护票(同治版)
光绪元年二月二十三日	烟草五担	常山厘局	护票(同治版)
光绪元年二月二十四日	烟草五担	西安厘局	护票(同治版)
光绪元年二月二十四日	烟草四担	西安厘局	护票、验单(联票)
光绪元年二月二十四日	烟草四担	西安厘局	护票(同治版)
光绪元年二月二十七日	烟草四担	常山厘局	护票(同治版)
光绪元年三月十七日	黄粉	宁郡北门局	护票(同治版)
光绪元年三月二十日	黄粉	曹娥厘局	护票(同治版)
光绪元年三月二十六日	黄粉	义桥厘卡	护票(同治版)
光绪元年四月初一日	黄粉	兰溪厘局	护票
光绪元年四月十七日	烟草	常山厘局	护票、验单(联票)
光绪元年五月十八日	烟草三担	常山厘局	护票
光绪元年五月十八日	烟草二担	常山厘局	护票
光绪元年五月二十日	烟草二担	西安厘局	护票
光绪元年五月二十日	烟草二担	西安厘局	护票
光绪元年五月二十日	烟草二担	西安厘局	护票
光绪元年五月二十日	烟草二担	西安厘局	护票
光绪元年五月二十三日	烟草六担	常山厘局	护票
光绪二年正月三十日	杂药	兰溪厘局	护票、验单(联票)
光绪二年四月初二日	陈皮、茯苓、粗药	义桥厘卡	护票
光绪二年四月初五日	陈皮、茯苓、粗药	兰溪厘局	护票、验单(联票)
光绪二年五月十五日	土丝子	义桥厘卡	护票
光绪二年五月十九日	土丝子	兰溪厘局	护票、验单(联票)
光绪二年六月十一日	防风、香花草	义桥厘卡	护票

续表

时间	运输货物	签发厘卡	执照种类
光绪二年六月十三日	防风、香花草	兰溪厘局	护票、验单(联票)
光绪二年六月十八日	苦参等药材	义桥厘卡	护票
光绪二年六月二十五日	苦参等药材	兰溪厘局	护票、验单(联票)
光绪二年十一月十二日	麦冬、槐米等药材一单	兰溪厘局	护票、验单(联票)
光绪二年十二月初四日	柴胡、丹皮、骨皮等药材	义桥厘卡	护票
光绪二年十二月初四日	连吕、沙参、附子等药材	义桥厘卡	护票
光绪二年十二月十一日	柴胡、丹皮、骨皮等药材	兰溪厘局	护票、验单(联票)
光绪二年十二月十一日	附子、首乌、地榆等药材一单	兰溪厘局	护票、验单(联票)
光绪二年十二月十一日	茯苓、百合、桂枝等药材一单	兰溪厘局	护票、验单(联票)
光绪二年十二月□日	茯苓、百合、桂枝等药材一单	义桥厘卡	护票
光绪三年七月初九日	烟草四百斤	招贤分局	护票、验单(联票)
光绪三年十一月初五日	茯苓	义桥厘卡	护票
光绪八年三月初四日	沈太和(药材)	义桥厘卡	护票
光绪十六年三月二十一日	皮硝	兰溪厘局	护票、验单(联票)
光绪二十六年六月十七日	猪蹄壳	兰溪女埠卡	运货护照、捐票
光绪二十六年六月十七日	草凉鞋	兰溪女埠卡	运货护照、捐票
光绪二十六年六月十七日	草凉鞋	兰溪女埠卡	运货护照、捐票
宣统元年十月初十日	瓷小盆	浙西厘局	护票、验单(联票)
宣统元年十一月初七日	灰边布等	硖石厘局	护票、验单(联票)
宣统元年十一月十八日	豆油	残损	护照、验单(联票)

罗玉东《中国厘金史》所录各省厘票，提到浙江厘票为四联式，第一联为缴核，按月汇缴省局；第二联为护照，用于核对税收及缴核，由抽厘局卡与验单一并填发交给商人，待其到下站应完厘金局卡，“一面完纳厘金，

一面将上局所发护照缴与该收厘局卡，由其按月汇解总局”；第三联为验单；第四联为尾照。[①] 目前已发表的浙江厘票及浙博藏厘票中未见完整的四联票。浙博藏厘金执照包括四种类型，分别是护票、验单、运货护照、捐票。其中一部分护票与验单以联票形式保存，从护票右侧的半截中缝编号可知在护票前尚存一联，但验单后并骑缝无编号。从实物角度看，以护票形式签发的厘票并不存在与验单相联的第四联。如光绪二年五月十九日兰溪厘局发放的一份护票及验单，蓝色石印，红色戳记，具体内容墨笔填写。内容如下：

护票

浙江通省厘捐总局为给发护照事：今据县行商贩运土丝子一件一百四十斤到局，照章完纳厘金钱二百八十文。除遵旨解充军饷外，合给票护行。为此，照给该商收执。如过关津卡口，验照盖戳方行，毋得阻延。如无此票，即以私论。须至护票者。此票给行商收执。

光绪二年五月十九日

准限五日出卡，逾期不准

验单

今据字号　县行商贩运土丝子一件一百四十斤，照章收厘金钱二百八十文，除给护票外合给验单，该商经过前卡将此单呈验截存，汇缴总局，须至单者。

光绪二年五月十九日兰溪厘局给

中缝处为编号“兰溪爱字四百三五号完厘钱二百八十文”。从内容上看，护票由行商收执，验单由厘卡截存并汇缴总局。这类联票由省局或总局印发，照千字文编号，每字印一万张左右，周而复始。票上骑缝处由总局加盖关防，其年月日及银钱数上，则于填写时钤用各局卡关防。这件光绪二年

① 罗玉东：《中国厘金史》，第 101 页。

所发护票，钤“浙省厘捐总局关防”。

值得注意的是，浙博藏同治五年护票上捐局名称为“浙江通省捐输牙厘总局”，钤“浙省捐输牙厘总局关防”。而光绪元年一月至三月的所有护票仍沿用同治年间印制的票单版式，前文表1将此类护票称为“同治版”护票，只是用墨笔将“同治”二字改为“光绪”，所钤印章也与同治五年护票上的印章一致。但从光绪元年四月起启用“光绪版”护票，名称也由“浙江通省捐输牙厘总局”改为“浙江通省厘捐总局”，钤印改成“浙省厘捐总局关防”满汉文印。另有宣统元年联票两份，内容及形式与光绪年间护票一致，但钤印为“浙省厘捐联票关防”汉文印。

顾家相在《浙江通志厘金门稿》中记捐局沿革，“初名牙厘局，因兼办捐输或称捐输牙厘总局，后改厘捐总局，最后将善后局并入兼发军饷则称厘饷局，宣统间裁并各局，改藩司为分科办事，而内容仍无异”。[①] 罗玉东《中国厘金史》记同治三年牙厘总局从衢州移至杭州，与善后局合并后改称厘饷局，专门负责各府厘金的收解。[②] 浙博藏护票实物上名称及钤印的变化，可以为浙江捐局机构沿革提供一份时间上的佐证资料。

与“护票”之名不同，一份宣统元年十一月十八日之联票，名称为“护照”与“验单”，公文内容也与其他护票略有不同。其捐厘钱数的“完厘钱十二千文”并未出现在护照正文中，而是列在联票的中缝处。抄录如下：

护照

浙江布政使司督办厘金收支总局为给发护照事：照得嘉属土产各货，现经饬据票定一律发给护照行运。今据客商在南公和行收买豆油四十担，运赴上柏销售，发给联票一张，呈请换给护照前来，合行给护。为此，□护商收执。所有经过杭嘉湖各卡，验明货照相符，即便盖戳放行，不得留难阻滞。倘货照不符，照章捐罚。如司巡人等有意勒捐，准

① 顾家相：《浙江通志厘金门稿》卷上，第8页。

② 罗玉东：《中国厘金史》，第263页。

其指禀提究。须至护照者。

宣统元年十一月十八日

验单

今据客商在南公和行收买豆油四十担，运赴上柏销售，计联票一张。除核明给护外，合给验单。该商经过前卡，将此单呈验截存，汇缴总局。须至单者。

宣统元年十一月十八日

该护照中的“厘金收支总局”，是光绪三十二年浙江防军支应局与浙江厘饷局合并后的机构。“局中分设文案、收支二所，酌留得力之员分任其事”，“务在统筹出纳，酌济盈虚”。①

另一种形式的厘金执照是“运货护照”和“捐票”。浙博藏三份运货护照和捐票都是光绪二十六年兰溪女埠卡签发。运货护照字迹漫漶，难以辨认，正文内有“督办浙江通省厘捐总局……捐票一张”字样，钤“浙省厘捐联票关防”。与运货护照对应的捐票，字迹相对清晰，择其一件抄录如下：

捐票

浙江通省厘捐总局为给发捐票事：照得浙省货物奉旨抽厘助饷，久经遵办。二十一年钦奉上谕，饬令先抽厘金，方准运出等因。钦此。现经变通办理，详奉抚宪批准。本地所产暨外省入浙之货，统于运存行栈时，由各府首卡按照起验捐数，核收填给捐票。俟出运时将此票呈缴，换给护照，沿途各卡不再收捐等因。兹据行栈报明，进行栈草凉鞋五千双，到局完纳厘捐钱一千三百五十文，合行填票给执。须至票者。

光绪廿六年六月十七日兰溪女埠卡给

① 中国第一历史档案馆编《光绪朝朱批奏折》第 75 辑，中华书局，1996，第 68 页。

上文中“二十一年钦奉上谕”，指的是光绪二十一年敕“江浙等省筹于出产处先抽厘金谕”。[①] 捐票上共有两枚“查验讫”章，分别是兰溪女埠卡起验并收捐讫、严州东关水卡查验放行，说明这批货物采用首卡起验并捐的方法，在兰溪女埠卡将起捐与验捐收足，运至严州东关水卡时查验放行。这依据的应当是光绪二十二年《重订宁绍金衢严五府各局卡起验并收处所条款》：“自兰溪办货者兰溪并收初起初验，严州义桥照票。”[②]

二　对浙江省博物馆藏晚清厘金护票的分析

从运输货物来看，浙博藏护票中数量最多的是药材类货物，其中有好几组是同一批药材在不同厘局征收时所留凭证。分析其签发厘局、捐厘性质、所抽厘金及护票上的钤印，可以窥见相应的征厘程序、厘金数额及厘卡设置（见表 2）。

表 2　浙博藏药材类护票所反映的内容

时间	货物	厘局	捐厘性质	厘金	钤印
光绪元年三月十七日	黄粉四件	宁波北门厘局	初次起厘	240 文	宁郡北门局初次起厘讫 □□□小港□□验票讫 北门河卡查验讫
光绪元年三月二十日	黄粉四件	曹娥厘局	初次验厘	160 文	曹娥局照票讫 本局查讫
光绪元年三月二十六日	黄粉四件	义桥厘卡	二次起捐	240 文	义桥二次起捐 义桥外卡查验 北门厘卡 义桥船局查验 东关巡船查验放行 收存验讫

① 张之洞：《张之洞诗文集》，庞坚点校，上海古籍出版社，2015，第 733 页。

② 顾家相：《浙江通志厘金门稿》卷上，第 14 页。

续表

时间	货物	厘局	捐厘性质	厘金	钤印
光绪元年四月初一日	黄粉四件	兰溪厘局	二次验厘	160 文	兰溪厘局 二次验讫 常山河卡查验放行 兰溪马弓嘴卡验票放行 兰溪下卡查号 西安局照票
光绪二年五月初五日	土丝子一件 140 斤	义桥厘卡	初次起捐	420 文	义桥初次起捐 义桥外卡查验 下卡挂号 义桥船局查验
光绪二年五月十九日	土丝子一件 140 斤	兰溪厘局	初次验捐	280 文	兰溪厘局 初次验讫 收存义卡验照 兰溪下卡查验捐讫
光绪二年六月十一日	防风 43 斤、香花草 30 斤	义桥厘卡	初次起捐	154 文	义桥初次起捐 义桥外卡查验 义桥船局查验 下卡挂号
光绪二年六月十三日	防风 43 斤、香花草 30 斤	兰溪厘局	初次验厘	103 文	兰溪厘局 初次验讫 收存义卡验讫 兰溪中卡照验 兰溪下卡查验捐讫
光绪二年十二月初四日	柴胡 52 斤、丹皮 45 斤、骨皮 10 斤、君子 10 斤、炒乌 10 斤、木瓜 20 斤、地榆 20 斤、澄茄 5 斤、独活 56 斤、川芎 30 斤、加皮 15 斤、槐米 50 斤	义桥厘卡	初次起捐	706 文	义桥初次起捐 义桥船局查验 外江查验讫 下卡挂号

续表

时间	货物	厘局	捐厘性质	厘金	钤印
光绪二年十二月十一日	柴胡 52 斤、丹皮 45 斤、骨皮 10 斤、君子 10 斤、炒乌 10 斤、木瓜 20 斤、地榆 20 斤、澄茄 5 斤、独活 56 斤、川芎 30 斤、加皮 15 斤、槐米 50 斤	兰溪厘局	初次验捐	471 文	兰溪初次验捐 兰溪下卡查验捐讫 兰溪中卡照验

通过考察同一批货物经过不同厘局留下的护票，可以更直观地了解复杂的征厘程序。浙江行厘征收的主要方法是起验制，“各卡设于要津以待行商，见货抽厘，兼综百货，此初制亦通制也”。[①] 同治二年百货捐厘章程规定两起两验，相间而行。“如客商过卡，该卡即查验前局厘票。如前局系起票，该局即抽验厘，前局是验票，该局即抽起厘。如无前局厘票，即从该局起抽，各局俱另刻起厘捐讫、验厘捐讫戳记二颗，分别盖印，并于缴局存查及照根各票上一并盖用。如经过不收起验，各局即盖照票戳记，以杜弊混。”[②] 此处征收方法主要针对百货厘，在实际征收中，丝厘和茶厘等又另行他法。在具体程序上，浙江省的规定是首次抽厘局卡填给护照、验单，由商人持赴下站应完厘金处。该处局卡于商人完厘后，除仍填给护照、验单外，应将上局所发护照扣留，按月汇解总局。至于验单，则仍由商人收执。以下递经各局，俱系如此办理。若系验票放行之卡，即扣留护照，于验单上盖戳放行。至收落地及出境厘金后并不再经由别卡者，即由该处局卡扣留，自填护照，仅将验单交给商人。[③]

① 顾家相：《浙江通志厘金门稿》卷上，第 7 页。

② 浙江通省盐茶牙厘总局辑《浙省新定筹饷百货捐厘章程》，光绪铅印本，第 3 页。

③ 罗玉东：《中国厘金史》，第 105 页。

表2中的前四张护票，恰好反映了两起两验的程序及所缴厘金数额。这是一批从宁波运出的货物——黄粉四件，第一张护票显示光绪元年三月十七日，货物从宁波北门厘局初次起捐，捐厘240文，护票上钤印宁郡北门局初次起厘讫。三天后，货船行至曹娥，在曹娥局初次验厘，缴纳验厘金160文，得到第二张护票。三月二十六日，这批货物运送至义桥，在此二次起捐，缴厘金240文。四月初一日，至兰溪厘局，第二次验厘，缴验厘金160文，经西安局照票，常山河卡查验放行。这是四张护票体现的内容。四张护票对应两起两验的程序，也反映出两次起厘和验厘时分别缴纳相同的厘金。比对顾家相《浙江通志厘金门稿》中备录局刊各局卡上下水起验处所条款，有“上水自宁波办货者，宁波起，百官验；义桥起，兰溪验，西安、常山俱照票”,[①] 可见就这条运输路线而言，初验厘卡除百官局外，还可选择兰溪局进行验厘。

此外，浙博藏一份宣统元年硖石厘局护票及验单，上钤印“硖石起验捐讫”。硖石属于浙江海宁，这份钤印体现了与两起两验不同的浙西杭嘉湖三府起验厘捐程序。“浙西杭嘉湖三府属地方河港分歧，非若浙东金衢严宁绍等府一水直达，可以分别起验，间卡抽收。厘捐应于货物经过之头卡照章并收起、验厘捐一次，以后经过浙西各卡照票放行。”[②]

除了能反映征厘程序及缴厘数额，护票上的各种钤印和戳记也能反映出当时厘局与厘卡的设置情况。厘局设置各省略有不同，通常各省总局之下，在全省各府县及口岸设立各局卡。通商要路上设正局或正卡，在其之下根据不同的职能分设相应机构，如负责征收的分局、分卡，负责稽查和缉私的分巡、巡卡或巡船等。根据罗玉东的统计，浙江省经光绪二十四年裁定后，主要正分局卡有102个，包括府局11个，货厘正卡61个，丝厘正卡13个，茧捐卡15个，杭绍二府局附设公所2处；另有附属分局卡214个。[③]

① 顾家相：《浙江通志厘金门稿》卷上，第11页。
② 顾家相：《浙江通志厘金门稿》卷上，第12页。
③ 罗玉东：《中国厘金史》，第89页。

查表2中所列浙博藏护票上的钤印，可以发现出现次数较多的是义桥厘卡与兰溪厘局，且二者之间是义桥起捐、兰溪验捐的关系。义桥即今浙江萧山义桥镇，晚清时属于绍兴府局下的分局，下设分卡3处，新坝卡负责收厘，内河卡与外江卡负责查验，内河指浙东运河，外江指钱塘江，另设巡船一艘。[①] 如光绪二年五月初五日，在义桥厘卡初次起捐“土丝子一件”的护票上，明确钤印“义桥初次起捐”“义桥外卡查验”“义桥船局查验”的戳记，表明了外卡与船局的职能及工作流程。此外还有“下卡挂号”戳记。此处的“下卡”，指的是兰溪厘局所属的兰溪下卡。兰溪位于钱塘江和衢江交汇处，是浙江内陆贸易最大的集散地。兰溪局是金华府唯一的厘局，分卡四处：上卡、下卡、中卡、平渡。平渡即女埠，明朝称平渡，设有平渡卡和巡检司。浙博藏光绪二十六年女埠卡签发的运货护照和捐票上，钤“兰溪女埠卡”戳记以及“兰溪女埠初次起验并收捐讫”，说明女埠卡的职能是收厘及验厘。此外，在验厘的护票上均出现了“兰溪中卡照验”“兰溪下卡查验捐讫”的戳记，由此可知中卡与下卡的职能。在光绪元年四月初一日兰溪厘局二次验厘的护票上，除了“兰溪下卡查号”外，还有“兰溪马弓嘴卡验票放行”戳记。在文献中尚未发现“马弓嘴卡”的相关记录。“马弓嘴”可能是指位于衢江、兰江、婺江三江口的兰溪马弓滩。根据兰溪水路分布，上、中、下卡应当分别扼守衢江、婺江和兰江。又由兰溪当地保留的下卡地名推断，晚清时下卡正位于兰江江畔。“马弓嘴卡”戳记仅出现在光绪元年的一张护票上，光绪二年六月开始的兰溪厘局验票的护票上均有“兰溪中卡照验”戳记，推断“中卡”很可能就是由位于三江交界处的“马弓嘴卡”演变而来。从运输路线上看，如果这些药材需要运至外省，在过兰溪之后可经严州入徽，或经西安入赣。

浙博藏药材类护票上，有若干件标明商号名“太和”或“沈太和”。“沈太和”是清道光年间开创于浙江义乌佛堂的一家药行。同时，在浙博藏文书中有8件光绪二年由杭州商行开给太和行的货单，表明这批药材是在杭州采买后由义桥经兰溪运往义乌的。

① 罗玉东：《中国厘金史》，第76页。

三　小结与思考

除药材外，浙博藏护票运输货物的另一大类是烟草。从护票的签发厘局看，烟草的运输起源地在衢州地区。清代浙江的金华府、衢州府和严州府都是种植烟草的地方。嘉庆《西安县志》称“烟草，西邑山间，近亦植之”。[①]浙博藏关于烟草运输的护票，仅存初次起捐和初次验捐，起捐局大多为西安厘局，验捐地为常山厘局，[②] 有些钤记上标示“初次起票，运往常山”。

征厘时，船户至厘金局卡报验，提供买货单据，请求登记，货物验明后，核算应完厘金，商人缴清银两后，得到护票，作为完厘收据。从烟草护票实物看，这就是西安厘局签发的初次起捐的护票。船只到达下一局卡后，请验，缴完厘金后放行，这就是常山厘局的初次验捐护票。货船沿途还会经过一些查验卡或巡船，将所执护票呈验，由查验卡或巡船加盖戳记，即可航行。因此在常山厘局签发的验捐护票上，还见有“常山河卡查验讫”戳记。

衢州位于四省通衢的要地，自南宋以来边界贸易活跃，特殊的地理位置决定了其商贸的中枢地位。浙江以及来自江苏、山东、河北的商品可从衢州、常山由水路转运至江西、福建等地区。因而这批烟草经过常山后，有些可能继续运往江西或其他省份。

护票上的另一重要信息是厘金钱数，但因存世护票往往零星出现，很难系统保存，难以进行数据统计。浙博藏烟草运输的护票中，有三批货物是光绪元年二月从西安运往常山的，所收起验厘金数列为表3。

表3　浙博藏烟草运输护票上的起验厘金数

单位：文

批号	烟草数量	起捐时间	捐厘钱数	验捐时间	验厘钱数
1	两担，每担80斤	二月二十日	480	二月二十三日	320
2	五担，每担80斤	二月二十日	1200	二月二十三日	800
3	四担，每担80斤	二月二十四日	960	二月二十七日	640

① 嘉庆《西安县志》卷21《物产》，台湾成文出版社影印嘉庆十六年刊本，第798页。

② 另有一件护票上写明初次起捐为常山厘局。

这三批货物均在西安厘局初次起捐，至常山厘局初次验捐。从护票上的时间来看，从西安厘局行至常山厘局大约需要 3 天时间。验厘钱数是捐厘钱数的 2/3，捐验数额与同治二年制定的《百货厘金抽收细则表》中所列烟箱烟叶项比例完全一致，即每百斤捐厘 300 文，验厘 200 文。[①]

按浙江省厘金章程，货捐以钱计，茶捐以银计，丝捐以洋计，但有时货捐也收银或洋。不过从浙博藏捐票来看，因所捐货物数量不大，捐厘数均以钱计。无论用哪种方式征收，各地局卡将收缴的厘金钱数上缴汇总后，往往会交予钱庄或银号兑换成银两，并铸成银锭。有些银锭铸造时会明确铭刻“厘金”字样，主要出现在四川、陕西、山东、湖北、湖南及安徽等省，如浙博藏有一枚铭刻“四川厘金局”的十两银锭与一枚“陕西白河厘局”的五两银锭。厘金银锭和厘金护票都是反映厘金制度的重要文物，但明确铭刻厘金字样的浙江银锭目前并未发现，因此厘金护票作为浙江厘金制度的实物就显得格外重要。

综上，浙博藏晚清厘金文书以光绪年间护票、验单为主，还有少量同治及宣统年间厘金执照。由于资料缺失，以往有关浙江厘金的研究往往侧重于丝厘与茶厘，对百货厘的情况鲜少涉及。浙博藏护票的内容大多是以药材与烟草为主的百货厘，虽然对于庞杂的晚清厘金系统而言，这些护票所反映的内容只不过是冰山一角，但从文物角度出发，作为晚清厘金的直接参与者，它们更能体现出历史的细节，其价值与意义不言而喻。

① 顾家相：《浙江通志厘金门稿》卷上，第 33 页。

读史札记

臧穀《劫余小记》考证与解读

吴善中*

摘　要　臧穀著《劫余小记》有不同版本。2018 年，太平天国历史博物馆编《太平天国史料汇编》出版，其中第 15 册收录了臧穀《劫余小记》原稿本，弥足珍贵。《劫余小记》是一部研究太平天国和扬州地方史的重要史料，对研究臧穀其人也提供了不可多得的资料。

关键词　太平天国　臧穀　《劫余小记》　扬州

与倪在田著《扬州御寇录》、佚名著《广陵史稿》一样，臧穀著《劫余小记》是学界研究太平军在扬州活动的重要史料之一。为了更好地利用《劫余小记》研究扬州地方史，笔者在搜集梳理相关资料的基础上，试图对《劫余小记》的版本、内容、史料价值以及作者臧穀其人等问题做一些探讨。

一　相关版本

业师祁龙威先生 1959 年在《近代史资料》增刊《太平天国资料》[①] 上整理、公布的臧穀《劫余小记》，是学界见到并加以利用的该著最早版本。

---

* 吴善中，扬州大学社会发展学院教授。

① 中国科学院历史研究所第三所近代史资料编辑组编《太平天国资料》，科学出版社，1959，第 81 ~ 91 页。

祁先生是研究太平天国史的著名专家。20世纪五六十年代，为搜集太平天国史料，先生“上穷碧落下黄泉，动手动脚找东西”（傅斯年语）。有志者事竟成，臧榖著《劫余小记》即是先生发现的太平天国史料的一种。对发现的《劫余小记》，先生做了整理、标点，并写了“说明”后发表公布。在“说明”中，先生说《劫余小记》“稿本藏作者后人处，我从扬州市文物保管委员会黄汉侯先生初得见其抄本”。该抄本现世后，学界研究太平天国一直用的是这个本子，即黄汉侯抄本。①

2011年，曾学文先生点校的“扬州地方文献丛刊”之一种《扬州著述录》出版，其中收有臧榖《劫余小记》。该本“据扬州古籍书店抄本整理”，② 也是一个抄本（以下称“扬州古籍书店本”）。

2018年，太平天国历史博物馆编《太平天国史料汇编》出版，③ 其中第15册收录了臧榖《劫余小记》原稿本。

该原稿本是史学家罗尔纲先生首先发现的。④

1953年10月1日，扬州博物馆举办了一场规模较大的太平天国史展览，仅4天，观众即达27000人。为配合这次展览，扬州图书馆举行太平天国史报告会、座谈会，苏北扬剧团还演出了太平天国史剧。展览前，扬州博物馆邀约罗尔纲先生来扬州参加筹备工作。罗尔纲先生愉快地接受邀请，在展览前来到扬州。罗尔纲先生提出，以前各地方、各单位办展览，“都只注

---

① 《太平天国资料》公布臧榖《劫余小记》后，祁龙威先生发现由于《太平天国资料》的编辑校对失精，其中有几处错误，如“睚眦之怒”应为“睚眦之怨”，“怒”改“怨”；“早没有人稍事支持”应为“早设有人稍事支持”，“没有”改“设有”；“薛许言舟复死”应为“薛许言舟覆死”，“复”改“覆”；“团因闭营门，巩固地方与分功焉”应为“因闭营门，恐地方与分功焉”，“团”字衍，“巩固”改“恐”；等等。先生一一用朱笔改正。见先生留给笔者的《太平天国资料》一书。

② 2015年广陵书社出版的《扬州文库》第2辑（第41册）中也收有臧榖《劫余小记》，有韦明铧先生写的“书目解题”，其中说“原书仅有抄本流传，本《文库》据上海图书馆藏1961年抄本影印”。笔者经过与“扬州地方文献丛刊”本（即“扬州古籍书店本”）仔细比勘，发现上海图书馆的抄本与扬州古籍书店的抄本内容完全相同（错字都一样），应该是同一个本子。

③ 太平天国历史博物馆编《太平天国史料汇编》（共40册），凤凰出版社，2018。

④ 罗尔纲：《扬州蒐访记》，见罗尔纲《太平天国史迹调查集》，生活·读书·新知三联书店，1958，第272～290页。

意在教育群众的一项上”，而扬州的这次展览应该“明确提出搜访太平天国文献与教育群众同是展览会的重点任务”，“这样一来，通过了一系列的座谈会，和向各有关方面的访问，就有许多收藏有太平天国史料的人自动提供出来，他们知道谁收藏有的也去帮助动员”。展览会在罗先生的指导下搜集了不少太平天国资料。

臧穀《劫余小记》原稿本也是这次罗尔纲搜访所得。罗尔纲先生说：“《劫余小记》，臧穀著。这是一本未刊的稿本，藏臧氏后人臧继陶家。”罗尔纲在扬州搜集的太平天国史料，后来陆续送南京太平天国历史博物馆收藏。

对在南京、扬州等地搜集到的太平天国史料，罗尔纲先生一概编入了《太平天国史料汇编》。由于这部史料汇编浩如烟海（1700 余万字），长期未能全部出版，[①] 直至 2018 年，在多方努力、各方支持下，才由凤凰出版社出版。

将《劫余小记》原稿本与“黄汉侯本”、“扬州古籍书店本”互相对勘，可以发现以下几点。

第一，“黄汉侯本”书名《劫余小记》，分上、下两部分，这与原稿本相同；而“扬州古籍书店本”书名为《扬州劫余小记》，不分上、下。

第二，“黄汉侯本”“扬州古籍书店本”都是原稿本的删节本，删减了原稿本几近一半的文字，删减的均是其认为的与太平天国史事无关的内容。其中，“黄汉侯本”删减的字数略多于“扬州古籍书店本”。

第三，“黄汉侯本”“扬州古籍书店本”删减的文字内容基本相同，这意味着两种本子当本于同一删节本，而“黄汉侯本”更接近原始稿本。因为“黄汉侯本”在删节原稿本时，很多地方是加省略号的，如：

> 大王庙决口日，余方寄居永安葛村……水至暴涨数尺，……晨鸡鸣屋巅，田蛙吠床底，蛇蛟亦蠕蠕然欲与人争栖息间，闻丁当声浮水

① 这套资料中的一部分收入太平天国历史博物馆编《太平天国史料丛编简辑》（共 6 册），1962～1963 年由中华书局出版。

入户者，不知谁家瓴甋属焉。……水气温热，触之罔弗病，幸不至传染为大疫。如是者月余，水渐落。……迨重阳后霜风告警，往来稍有人迹……乡农补种二麦，多有淤垫不能耕者，由是湖东之民荡析亦如遇寇者矣。

而“扬州古籍书店本”则没有省略号，且前后文直接贯通，看不出删减痕迹，这样的地方还不少。

二 《劫余小记》内容

“黄汉侯本”“扬州古籍书店本”是为存留太平天国史料而作删节的，[①]因而长期以来，学界误以为臧穀《劫余小记》的所记内容就是太平军占领扬州期间的史事，其实不然。

《劫余小记》所记不仅在时间下限上一直到太平天国早已失败后的光绪十二年（1886），而且除了记载太平军在扬州的活动外，还大篇幅记载臧穀个人的行迹与思想以及扬州的岁时民俗、风土人情。

《劫余小记》原稿中有清光绪十二年臧穀所作的“自叙”：

穷愁著书，文人结习。及至奋笔抒写，又苦茫茫无下手处。经史尚矣，凡依附成名者，注之、解之、考之、订之，琐琐屑屑。余今衰病，不肯复做钞胥也。身既被缝掖之衣冒为儒，上溯渊原，谬讲理学，庶藉以诏兹来许。乃性复坦率，不能作伪，每谓窃宋贤绪论，连编累纸，曷若日用间少自检乎？他如传奇说部，具足自鸣一家。余素不善词曲，苦其拘也。起话说，讫分解，又俚俗特甚，况乎美人香草，假托风骚，究属浮艳，其音靡靡。矫斯弊者，广罗故实，综谈文艺，自以为上下古今，无所不包，间取而观之，往往适见于此，旋见于彼，不待终卷，亦已厌而废之矣。虽然，天既生吾人，负聪明其心思，又付之以手，恐手

① 很可能是为配合 1953 年 10 月的扬州太平天国史展览会而作删节的。

不自达，又付之以楮与墨，吾而不能言，吾非人；吾而纵能言，终不能及古人，请效鲁望栏边自呼为鸭[①]，可乎？二十以前，犹童稚，嬉游于承平之世，百年如一日耳；迨遭兵燹更事较多，余之身幸而获免之身也。爰自癸丑始略纪岁时，详述踪迹，冀以动吾党他日之慨念，良不足为外人道，统名之曰《劫余小记》。

光绪十有二年，太岁在戍惊蛰后三日，领道人自叙。

鲁望，即晚唐诗人陆龟蒙（字鲁望），其《归雁》诗中有“时人不问随阳意，空拾栏边翡翠毛”之句。臧榖在这篇“自叙”中，说自己既不想靠注疏经典以彰显学问，也不愿代圣贤立言求匡世济民，自己要做的是效法生性野逸、遗世独立的陆龟蒙，以北走南征、身心俱疲且不为人所理解的“归雁”的勇气来表露天性、寄托追求。臧榖的《劫余小记》是有所为而作的。

从《劫余小记》所记的实际内容来看，其著述体裁属笔记、稗史一类。[②]

《劫余小记》除记载著者的个人行迹（“详述踪迹”）外，还“略纪岁时”。这里的“岁时”，就该笔记内容而言，不仅指岁月时间，而且指岁时风物。《劫余小记》中有不少扬州地区风物人情的记录。记录一方的岁时风土虽多见于地方志，但历代文人的笔记小说也乐于此道。

《劫余小记》记载太平军在扬州的作为，是列于“详述”臧榖个人“踪迹”名下的，记录了臧榖的所见所闻、所想所为，目的是“冀以动吾党他

① 应为“雁”。臧榖改“雁”为“鸭”，有自嘲之意。

② 臧榖《劫余小记》写于清光绪十二年。在此之前，臧榖还写过《续扬州竹枝词一百首》[该竹枝词大约写于清同治十年（1871），因为其中有“近日又添生色处，《扬州府志》要人修”，而方浚颐修《续纂扬州府志》始于同治十年]。这一百首竹枝词中，有近二十首是描写太平军在扬州的活动见闻，其余也是记时事、述风物的。《续扬州竹枝词一百首》前，臧榖有这样的缀语：“自罹兵燹，颇多见闻。蝉结舌而难甘，茧有丝而必吐。……用访前人，博采轶事，得诗百首，统之名曰《续竹枝词》。”《续扬州竹枝词一百首》《劫余小记》均为臧榖的见闻杂记，所记内容有类同之处，不过，一个是采用竹枝词文体，另一个是采用笔记小说文体。

日之慨念”——除了耸动其同人、弟子后来对他的念想外，关键是教导人们从其经历的坎坷“踪迹”中进一步体悟和坚持君臣大义、慎独自律、穷通皆乐、保持气节之类的封建士人操守。

《劫余小记》对于研究太平军在扬州的活动有重要的史料价值自不待言，这里重点介绍《劫余小记》中的扬州乡土史料价值。

由于和太平军在扬州的活动关系不大，《劫余小记》中的扬州乡俗和人物记载被“黄汉侯本”“扬州古籍书店本”删节了。如《劫余小记·上》记载：

> 郑星珠先生名应奎，邑诸生，家贫甚，愤时嫉俗，好为刘四骂人，性复嗜酒，尝至沽市赊之。扬俗：凡沽者无壶，主人以铅壶暂借，明日令佣保就取焉。先生家无有敢过而问者，以致壶之或罄，或不罄，累累几案头。
>
> 文庙圣贤像传自有明，惟丁祭前一日启龛门，始得瞻仰。当戊申、乙酉间，吾郡诸老宿重兴礼乐，堂上堂下职事具备，即义学童子亦知佾舞。每祭必夜半始，由迎神迄礼毕，历数时之久，庭燎有辉，衣冠济济，凡与祭及来观者，均不敢偶跛倚，煌煌乎一时巨典也。自城陷后，像遭贼毁，诸器荡然，棂星门外，鞠为民草。连骑健儿，无有至此下马者，殊令人有盛衰今昔之感。

被删的记载，有的罕为人知，如“郡庙西偏为禹王庙，即《志》所谓‘浮山’，巨石一片，叩之有声，其上为游惠（击）白云上所摹衡山碑，今具存。惟入门两旁旧塑山海经像，瑰奇怪异，胜披图画，回忆儿时游瞩，徒为自想耳”。

白云上（1724～1790），河南河内（今沁阳）人，字凌苍，号秋斋，以游击镇扬州。其精诗词，工书法。这里记禹王庙中的巨石上有白云上临摹的衡山禹王碑。关于白云上，《劫余小记》中还记载了他的墓址：

> 游击白云上，列祀名宦，其墓在雷塘南岸，墓下有横额，对植如故，葬师推为佳城。

至于《劫余小记·下》基本上为太平天国失败后的见闻杂记，记载扬州风土人情、遗址遗迹的内容更多，也更为“黄汉侯本”“扬州古籍书店本”所摒弃。如记载扬州善堂情形，瘦西湖、梅花、安定、广陵等书院，水龙局、都土地庙、都城隍庙、铁佛寺、邗沟庙，以及扬州诸园林、佛寺、道观等，这为研究扬州地方史提供了难得的史料。

三　臧穀其人生平事迹

《劫余小记》原稿本的出版面世也进一步充实了臧穀其人的生平事迹资料。

关于臧穀其人，过去我们所知并不多。董玉书《芜城怀旧录》卷一“臧太史”条、杜召棠《惜余春轶事》“臧宜孙（穀）”条对臧穀生平活动有片断介绍，[①] 且重点放在他主持的冶春后社上。相对而言，钱祥保修、桂邦杰等纂民国《江都县续志》卷二十四“臧穀”条较为详细可信：

> 臧穀，字诒孙，一字宜孙，父辑五，给事县庭，以笃行称。穀初应童子试，不售，旋遭洪扬之乱，避地湖东，以家贫，将辍业矣。乡先辈徐聘卿廷珍见其文，极赏之，留门下，数年，遂补诸生。同治甲子举于乡，乙丑成进士，改翰林院庶吉士。乞假归，适母病，胃久未愈，仪征程萏叔守谦自蜀中遗书，促其赴散馆试，穀报以诗有“负米南归慰倚闾，清贫不敢望官除”之句，竟不赴。母殁，父亦老，穀不忍为左右，及父殁，年已四十许矣，由是绝意进取。扬州自洪扬乱后，风雅道丧，一二寓公偶为提倡，而苦不能继。穀以玉堂清望，优游林下数十年，接引后进，惟恐不及，一节之长，称之往往不容口。结冶春后社于湖上。于共觞咏，多韦素少年，每值春秋佳日，泛舟载酒，一老皤然杂其中，须髯如雪，望之者疑为神仙人也。书法魏齐，得其神髓。

① 李涵秋《广陵潮》对臧太史（即臧穀）及其主持的冶春后社的活动有不少精彩描写，对臧穀的个性刻画生动传神，但毕竟是小说，不可作为信史。

诗在香山、剑南之间，潇洒也如其人。毂尝自撰墓志言：自乙丑旋里，迭更丧故，万事灰冷，因自号雪溪，性嗜菊，晚年筑屋通泗桥西，曰桥西花墅，日夕理盆，盎躬灌溉，故又号菊隐翁。卒年七十有七。手写诗草十数册。藏于家，里人辑其散稿并菊谱，醵资刻之，凡五卷。子尔绶，诸生，前卒。毂殁未三月，侍妾朱娘，仰药以殉，时称其义烈，从葬毂墓侧。

而《劫余小记》原稿本则可提供更为丰富可靠的臧毂研究资料。

首先，其载有较详尽的清光绪十二年《劫余小记》写作前臧毂个人的行迹与交游记录。如“咸丰三年（1853），岁次癸丑，粤贼由武汉东下，陷金陵。时余年始冠，两应童子试，不售，拟弃而从戎，先君弗之许焉”。由此知臧毂生于1844年，20岁时还未考中秀才取得功名。同年二月二十二日（太平军第一次攻占扬州的前一日），“余于是晚即携仆至邵埭”，“城复后，余也随众归来，遍访戚友不可得”。知太平军第一次在扬州期间，臧毂居城郊邵伯镇，不在城内，他所记太平军在扬州的军政活动不是亲眼所见，而是听别人说的。“九年岁次己未（1859），江南士子十月借浙闱乡试，余亦与焉。遂得登君山，品惠泉，至虎丘访五人之墓，复跻吴山绝顶，钱塘江如在目前，已而打浆西湖，问六桥烟柳，由孤山步至栖霞岭，拜岳鄂王祠，下时最□。虽未获即售，亦一胜遇也。”至于臧毂的交游交谊，记载更多，不赘举。根据《劫余小记》原稿本，基本可以整理出一个简要的《臧毂年表》。

臧毂晚年“结冶春后社于湖上”，被推为该诗社主盟。《劫余小记》记载：

吾郡自冶春诗社，渔洋山人倡之，流风余韵，至今未坠，《小诗龛》一刻，庶几嗣响，如阮梅叔，金雪舫诸耆宿，余犹得亲聆绪论。迩来擅此技者，惟王筱汀茭，自称“井南居士”，又曰“韩江诗丐”。

“渔洋山人”，即王士祯。《劫余小记》仅提前期的“冶春诗社”，“冶春后社”则未有只字记载，说明《劫余小记》写成时“冶春后社”还未形成。陈懋森《北桥诗抄·序》：“光绪之季，吉士（臧毂）追慕渔洋，主吾乡坛坫，而马布衣伯梁，于是有所谓‘冶春后社’者，觞咏之会，几无虚日。”[①] 仰慕王士祯，复兴光大扬州诗坛，是臧穀的夙愿。[②]

其次，《劫余小记》提供了臧穀参加科举活动较详细生动的资料。臧穀考中进士，点了翰林，被人称为“臧太史”，所以有了“玉堂清望”，才能优游林下数十年并成为扬州文坛领袖。科举得意是他傲世自负的资本，所以，在《劫余小记》中，他对其历次参加科举考试津津乐道，特别是他于清同治三年（1864）参加甲子科乡试考中举人，翌年，即同治四年，又在京参加乙丑科会试，一举考中进士（所谓“甲子举于乡，乙丑成进士”的连捷佳话）之事，记录得详尽具体。例如，他在乡试中曾斗胆拜见江南考官太仆寺卿刘崑（韫斋）、编修平步青（景荪）；会试期间，绞尽脑汁攀缘考官内阁大学士贾桢（筠堂）、户部尚书宝鋆（佩珩）、刑部侍郎谭廷襄（竹崖）、内阁学士桑春荣（百斋）。总之，从交接应酬到囊中羞涩再到乡馆、乡贤对他的知遇提携等，其均在《劫余小记》中娓娓道来，如数家珍。这些不仅是研究臧穀其人的资料，也是研究晚清科举的重要资料。

再次，《劫余小记》中记录了不少臧穀对黑暗现实的不满、对相关人物的臧否以及他的人生感悟、感言，从中我们或多或少可以窥见臧穀其人的性格和思想。总的说来，他的这些不满、臧否和感悟、感言，都是以儒家传统伦理纲常为鹄的、为依归的。他“三十岁即告归”，镌有“臣年三十即归田”小印，[③] 自号“菊隐翁”，好像是桃花源中人了，其实不然。他人在桃源，心悬魏阙。他的好友赵蓉波安慰他，说他“纵得一官，岂任官专为妻

① 扬州市邗江区政协文史委员会编印《冶春后社诗人传略》（三），2012，第230页。

② 太平天国运动前后，扬州冶春诗社仍在活动，年轻的臧穀是冶春诗社成员。臧穀《劫余小记》：“离乱十载，社友半星散，惟王子康犹频频过我。荒城夜雨，抵足谈诗，此境不可多得。吴少围于癸丑被掳，乃自潜山逃归，相见歔欷，谓：‘我辈聚首，童年齿相若，每当摊笺斗韵，剪烛联吟，自亦以儿戏视之。及身历险巇，倍尝艰苦，乃知曩者为人生第一清福。自今以往，其幸有赏花弄月时乎？’嗣因家贫母老，无可养赡，橐笔依戎幕，殉难宁国，仿佛记为‘骥勇营’。余哭子康有云‘此日倘逢吴季子，沧桑细与话泉台’谓此。”

③ 董玉书：《芜城怀旧录》，江苏古籍出版社，2002，第14页。臧穀1865年考中进士，入翰林院为庶吉士，但不久即挂冠回扬，即“归田”。此时，他虚岁三十二。说三十岁，是约指。据贡少芹《李涵秋》（上海震亚书局，1828）第四编“广陵潮索隐”记载，臧穀中进士后得意忘形，在京狎妓，“触某亲贵之忌”，不得已返籍归田。

弩计耶?”[①] 他不仅是一位饱学宿儒，还是一位不安分的地方缙绅，业师祁龙威先生说他“充当扬州富商大贾的食客，出入官府，包揽词讼”。[②] 臧縠所处的时代，欧风美雨早已东渐，魏源、包世臣等维新思想家早就在扬州著书立说、振铎传薪，但臧縠仍在旧的封建思想的跑道上踟蹰、兜圈子。

最后，需要提及的是，《劫余小记》原稿本不仅前有臧縠的“自叙”，而且后附有扬州名医耿鉴庭的题跋。由于鲜为人知，附录于下：

跋

太夫子臧宜孙先生讳縠，亦署诒孙，又号雪溪，扬州江都人，同治乙丑翰林。柴桑自仿，三十归田，与布衣诗人结冶春后社，湖上留题殆遍。书摹六朝，诗宗白、陆，性嗜菊，晚号菊隐翁。生前自撰墓志、遗嘱，不纳墓中，宣统庚戌殁，年七十七。遗稿甚夥，已梓者《雪溪残稿》《扬州杂咏》《咏史偶编》《消寒分咏》《咏菊问秋馆菊录》《霜圃识余》而已。余悉散在各社友处，迨诸人相继物故，遂零星佚失。惟《劫余小记》二卷尚存其文孙继陶兄处，所记大半为太平天国时扬地遗闻及当时生活状况，实可备吾乡军兴之史料。校录之余，略识巅末于后。

一九五三年四月一日，耿鉴庭敬跋，是日即太平军解放扬州之百年纪念日也。

① 《太平天国史料汇编》第15册，第6904页。

② 《太平天国资料》，第81页。

学术综述

2019年太平天国史研究综述

杨尚华*

史学界对于太平天国史的研究一直成果不断，尤其是在新中国成立后，太平天国运动研究蓬勃发展，成为“显学”。虽然20世纪80年代后，这一研究热点逐渐降温，但相关研究一直未断。进入21世纪以来，尤其是近十年，新的研究视角和研究方法给太平天国史研究带来了新的活力。本文对2019年的太平天国史研究进行梳理总结，以期给相关研究提供一些参考。疏漏及不当之处，尚祈专家学者教正。

一　人物及人物关系研究

刘晨著《萧朝贵与太平天国早期史》① 于2019年5月由社会科学文献出版社出版。此书以萧朝贵这个太平天国重要人物个案为研究对象，分为萧朝贵时代、“天兄”的缄默、长沙鏖兵、狂飙与神化、太平天国的权力等五部分，以太平天国早期的权力结构为主要线索，以萧朝贵人物研究为切入点，围绕其个人及人物关系事件，利用翔实的文献资料进行合理的分析，论证萧朝贵在太平天国史中的重要地位。第一章以“萧朝贵时代”命名，虽西王早亡，其权力作用及影响在太平天国早期不容忽视。该书较为客观地评价了太平天国的功过是非，深化和升华了对太平天国再定位和失败原因的再认识。附录中的太平天国相关研究亦表现了作者扎实的史学功底。洪秀全是太平天国的首要人物，魏青论述了洪秀全对待儒家文化的态度变化，认为洪

---

* 杨尚华，南京大学历史学院博士研究生。

① 刘晨：《萧朝贵与太平天国早期史》，社会科学文献出版社，2019。

秀全对于儒家文化既有批判，也有继承，分为两个不同的侧面。洪秀全对儒家文化的反叛表现在打倒偶像、拆毁庙宇，批判儒学、焚烧儒家书籍，改革科举制度、自行开科取士等方面。使用删改后的儒家经典、运用儒家制度、发展封建社会等级观念则表现了洪秀全对儒家文化的利用和继承。可以说洪秀全对儒家文化的态度经历了一个变化的过程，即由信奉到反叛再到利用、继承。从这一矛盾的态度中也可以看出农民运动的局限性。[①] 计裕人再论石达开的“安庆易制”，认为在定都天京后，为应对发生粮荒亟须筹措军需与民粮问题，在军事、政治、经济、文化等各方面采取了一系列较切实际的政策措施，取得了积极效果。他提出“安庆易制”并非石达开意欲彻底改变太平天国的制度，而是在保证政权运转情况下的政策调整，是太平天国史上的一次改革尝试。[②] 池子华则考察了捻军中的重要人物张乐行。[③]

对于镇压太平军的清政府一方的重要人物，学界也有不少研究成果。顾建娣的《曾国藩对湘军陆师的裁撤与安置》，研究了曾国藩裁军时对湘军的治理措施。金陵克复后，为保证裁军实施时尽发欠饷，防止兵勇因欠饷生事，曾国藩采取一系列针对裁军的安置措施，比如通过开办广东厘金，以湖南东征局协饷，利用江苏亩捐、租捐、善后捐款和淮南盐课盐厘，以及索要别处欠款等一系列办法筹集裁军经费。被裁兵勇因此获得应发欠饷，而未裁兵勇却未得到，遂引起军心动摇、索饷哗变、殴辱大员等事端。曾国藩采取多项措施，筹款发饷安抚，并严加处置了带头闹饷之人，终将哗变平息。作者认为曾国藩急于分批裁军，既因湘军暮气已深，又为节省饷需，非仅为个人前途身家考虑。尽管竭尽可能采取措施防止裁军时出现问题，但囿于国家各方面能力的不足而难以将各种隐患消弭于无形，只有国富民强，才能社会安定。[④] 杨文斌的《曾国藩与吴廷栋关系考略》则考察了曾国藩的人际关系。吴廷栋与曾国藩共历嘉道咸同四朝，“道光年间，他们同师唐鉴，求道

① 魏青：《洪秀全对儒家文化的反叛与继承》，《闽西职业技术学院学报》2019 年第 4 期。

② 计裕人：《石达开“安庆易制”再论》，《安庆师范大学学报》2019 年第 1 期。

③ 池子华：《捻军领袖张乐行》，《太平天国及晚清社会研究》2019 年第 1 辑，社会科学文献出版社，2020。

④ 顾建娣：《曾国藩对湘军陆师的裁撤与安置》，《军事历史研究》2019 年第 4 期。

问学，相交为友；咸丰时期，声气互通，镇压义军；同治时期，同居高位，规切友朋，成为‘同治中兴’的贤辅名臣”。这二人长达三十几年的交往，也折射出晚清学术与政治彼此纠葛的诸多面相。①

李鸿章与中国近代社会商业报刊的关系鲜为人知。朱晓凯以此为研究对象，认为李鸿章对中外报刊社会功能有很深的认识，对报刊信息的获取与使用也有较高的能力，他与中外报人拥有良好的关系，并对办报活动进行扶持，甚至介入办报活动。李鸿章极高的媒介素养有助于他最终成为洋务运动最主要的倡导者和实践者。② 石康的《左宗棠镇压回民起义的学说》探讨了左宗棠平叛学说的形成及内容，并论述了其如何以利用这一学说为基础，来镇压太平军等反政府的叛乱分子。③

僧格林沁历经道光、咸丰、同治三个时期，是镇压太平天国运动的重要将领，靠军功晋级“博多勒噶台亲王”，后战死沙场，追谥“tondo 亲王”。特木尔巴根以《清实录》中关于僧格林沁的记载为基础，探讨了朝廷对其“tondo 亲王”谥号的赏赐与褫夺过程。僧格林沁一生中随着政治、军事生涯的变化，其被清廷赏赐与褫夺职爵、封号、体恤等也发生诸多变化，不仅“显示出了清朝的用人策略和满蒙上层间的复杂关系，也从侧面上印证了清朝通过一系列羁縻笼络手段，将体制命运和个体利益融为一体的措施获得了应有的回报”。④ 李元鹏则以奇正思想在哲学和实践两个方向上的发展轨迹为基础，通过曾国藩、胡林翼、左宗棠等人的兵学认识来考察近代兵学体系。作者认为他们对兵学的认识是在传统兵学框架内的丰富，原有的框架没有被突破，但也有创新。既吸收了戚继光的练兵理论，又能结合时代、武器发展水平，创造出一些紧贴实际的战法，这是对兵学的深化和创造。⑤

① 杨文斌：《曾国藩与吴廷栋关系考略》，《船山学刊》2019年第3期。

② 朱晓凯：《李鸿章与近代报业关系探析》，《安徽史学》2019年第4期。

③ Kenneth M. Swope, “General Zuo’s Counter - Insurgency Doctrine”, *Small Wars & Insurgencies* (2019), Vol. 30, Nos. 4 - 5, pp. 937 - 967.

④ 特木尔巴根：《浅析清廷对“tondo 亲王”僧格林沁的赏赐与褫夺——以〈清实录〉记载为中心》，《满族研究》2019年第2期。

⑤ 李元鹏：《奇正：一个考察近代兵学的视角——以曾国藩、胡林翼、左宗棠为中心》，《滨州学院学报》2019年第5期。

李续宾是湘军名将，镇压太平军的重要人物。2018年11月16～18日，“李续宾与晚清湘军”全国学术研讨会在湖南娄底涟源市召开，来自全国各地高校、科研机构和地方文史研究会的学者及李续宾后裔共一百余人参加了学术研讨会，从多个视角进行了探讨：李续宾与湘军的关系，李续宾与三河之战，李续宾的军事思想、德行操守、人际关系，李续宾家族，李续宾与地域文化，晚清湘军及影响等方面。[①] 咸丰八年，李续宾奉旨进攻庐州，与陈玉成、李秀成领导的太平军于庐州三河镇遭遇，全军覆灭。郭国祥、朱耀斌通过对相关历史文献的分析，认为此战役前双方的战争态势、战略规划与集体反思表明，李续宾三河之败绝不是单纯由其个人轻易冒进所致，而是由各方面因素造成的，从根本上说是湘军集团与朝廷对于进军皖北缺乏协调和统筹所致。湘军在此次战役中也受到很大创伤，这种创伤在湘军内部形成一股长时间弥漫着的恐惧的气氛，使湘军大伤元气。[②] 李超平的《李续宾及其家族》以湘军名将李续宾为研究对象，以《李报本堂族谱》（三修）为主要依据，对李续宾所在的湘乡县桥头李氏家族（报本堂）进行了深入梳理，廓清了湘军名将李续宾的家世渊源、后裔繁衍等信息，并依托大数据的新分析方法，对整个宗族中成员参加湘军的情况、家族的流变情况等进行了初步统计与分析。[③]

二　背景（宗教等）研究

周俊杰论述了拜上帝教对太平天国兴衰成败的影响。拜上帝教对于动员和组织人民起了巨大推动作用，但太平天国的失败也是拜上帝教作为主流意识形态的失败，是拜上帝教在意识形态策略上的失败。[④] 王宇认为拜上帝教

① 成赛军、彭分文：《“李续宾与晚清湘军”全国学术研讨会综述》，《湖南人文科技学院学报》2019年第1期。

② 郭国祥、朱耀斌：《论李续宾与三河之役：历史文本的记忆与阐释》，《湖南人文科技学院学报》2019年第1期。

③ 李超平：《李续宾及其家族》，《湖南人文科技学院学报》2019年第1期。

④ 周俊杰：《论拜上帝教对太平天国兴衰的影响》，《军事历史》2019年第2期。

虽然来源于基督教，但是又融会了大量民间秘密教门的因素。拜上帝教与民间秘密教门所具有的共性体现出二者实质上没有差别，拜上帝教仍旧是中国传统社会的民间秘密教门。[①] 褚潇白的《关于“丁酉异梦”的互文性考辨》是针对太平天国拜上帝教研究的优秀成果。要讨论太平天国拜上帝教，总是绕不开“丁酉异梦”这一事件。“关于此‘异梦’的文本解释以及围绕‘异梦’的各种通灵事件，是进入其宗教核心意识的不二法门。”作者以互文性对话为理论基础，从文本的对话、主体的对话和文化的对话三方面，考辨关于“丁酉异梦”的不同文本如何在三重对话的互文影响下，呈现人物主体身份观、与此身份观相应的洪氏救赎论以及太平天国权力架构体系。他认为对于“丁酉异梦”的身份认同性诠释，既受到《劝世良言》、《圣经》和《启示录》的影响，更重要的是源自洪秀全本人原有意识的层累，即皇权意识和家族群体性意识。这导致了其对基督教文本的误读，并由此形成特殊的神学思想和宗教实践。[②]

许越的《太平天国起义前期广西基层社会状况研究》，研究了太平天国起义前期广西社会的基本情况。他认为太平天国起义的出现，既有王朝末期农民起义的共性，又有在时代背景下独特的个性。可分为三个部分进行论述：太平天国起义前期世界市场对广西社会的影响，太平天国起义前期广西农村社会状况，晚清动乱时期的广西社会心理。作者指出，“动乱不仅仅是1851 年起义的那一瞬间，而是一个长期的过程，受多种因素的影响，有其发生的内在动力，不能仅仅归之西方的影响”。[③] 王燕曼论述了太平天国战争初期清政府在战争动员方面的努力。她将 1850 年至 1852 年太平军离开广西进入湖南界定为太平天国战争的初期。太平军兴起之初，清政府在镇压太平军方面受挫，常规的应对措施并未起到作用，清廷遂相继派七位钦差大臣组织军事动员，并积极筹措战时财政资源，起到镇压的效果。但随着战争范围扩大，囿于进一步动员和应对能力的不足，清廷的镇压活动严

① 王宇：《试论拜上帝教与民间秘密教门的共性》，《大连近代史研究》第 16 卷，2019。

② 褚潇白：《关于“丁酉异梦”的互文性考辨》，《学术月刊》2019 年第 7 期。

③ 许越：《太平天国起义前期广西基层社会状况研究》，《文教资料》2019 年第 17 期。

重受挫。由此折射出晚清时期政府面临的体制问题及腐败状况难以得到解决和改善。[①]

三　影响及战后恢复研究

政治影响　太平天国与清廷长达十几年的对抗，对政治和社会都产生了不可估量的影响。1850年前后，清政府财政就无力维持河工以及镇压太平天国产生的巨额经费。起义爆发后仅数月，清政府就已经面临无款可拨的尴尬境地。任智勇研究了这一时间段清政府对财政困局的应对及相应的补救措施，其中重点讨论了户部推出的征收商业税政策和金融改革。认为“商税的征收失败，导致清政府此后在商业性税收方面除厘金外一直没有太大起色，厘金也因此承担了恶名；金融方面推出的铸大钱、行钞因未顾及信用问题和细节考虑不周导致失败，并影响了此后中国纸币的推出与金融控制权的旁落”。[②]

社会影响　战争往往会引起民众大规模迁移。太平天国运动爆发后，豫南信阳百姓大量外迁至苏浙皖赣地区，对当地的经济、文化和风俗习尚等社会各个层面都产生了重要而深远的影响，促进了战后苏浙皖赣地区社会经济的恢复发展及文化交流，也使江南地区的政治生活和风俗习尚发生了一定程度的变化。[③] 长江中下游地区是太平军与清政府对抗的主要战场，对抗对当地造成了极大的影响，尤其是苏州地区的稳定繁荣遭到严重破坏。二破清军江南大营东征后，太平天国为了维护其在苏州的统治，恢复当地的社会秩序，采取了一系列应对措施：减赋，照旧交粮纳税；商业方面实行重商、轻税等政策，发展对外贸易。但太平军与清军在这一地区的交战，也在一定程度上耗费了苏州的原始积累，导致苏州经济遭到重创，越来越依

① 王燕曼：《内部的冲击与回应：太平天国战争初期清政府的战争动员研究》，硕士学位论文，宁波大学，2019。

② 任智勇：《1850年前后清政府的财政困局与应对》，《历史研究》2019年第2期。

③ 张清改：《太平天国战后信阳移民苏浙皖赣地区的历史与思考》，《农业考古》2019年第4期。

赖上海。[①] 邵建的研究视角聚焦在太平军与清军在江南战乱中的滥杀现象上，通过对这一现象的叙述及论证，还原了残酷战争之下的历史本像。他认为太平军与清军双方都存在严重的滥杀问题，这也是太平天国战争后江南人口巨量减损的原因。[②]

太平天国与清政府的战事对社会经济也产生一定影响。孙绍旭的《太平军战事与全球茶叶贸易体系的重构》，讨论了茶叶贸易在此战事中受到的冲击。他认为战争严重减少了茶区人口，战乱引发的民众逃难阻滞了茶产业链的运转，影响茶叶交易，交通的破坏也阻滞了茶叶购销。洋商为了满足自己巨大的市场需求，保证茶叶供应源的稳定，除通过各种手段获取茶叶外，还在印度、锡兰等地培植茶叶，成功拓宽了茶叶来源。因此，太平军战事开启了全球茶叶贸易体系的重构。[③] 陈岭对于咸同之际以吴江盛泽镇为代表的江南地区传统权力格局变动的研究，涉及太平天国占领江南地区之时其受到的影响。“以科甲为代表的传统士绅之家在战争中遭受破家之难，而新兴商人家族则通过各种政治运作，不仅发展成亦商亦仕的商绅之家，而且还成功地延续了其在战争中形成的权力格局，掌控战后盛泽权力。”作者认为这场战争不仅改变了江南市镇的经济网络，还影响了市镇内部的权力格局以及社会阶层的变化。[④] 熊英论述了湘军集团的经济活动在湖南地区的社会影响。[⑤]

战后恢复 陆德洛以句容市档案馆藏同治五年江宁府劝农总局所发执照为研究对象，考察了太平天国失败后清政府对江宁府的经济恢复举措。该执照记录了同治年间江南地区于大乱甫定之际，地方当局在善后过程中的组织方式、行政流程及规章制度，为太平天国战争后，清政府恢复社会秩序、促

① 郭敏、董粉和：《太平天国运动对苏州经济的影响》，《鲁东大学学报》2019年第2期。

② 邵建：《太平天国时期江南战乱中的滥杀现象讨论》，《史林》2019年第5期。

③ 孙绍旭：《太平军战事与全球茶叶贸易体系的重构》，《江苏社会科学》2019年第3期。

④ 陈岭：《咸同之际江南政治变动与市镇权力的格局转换——以吴江盛泽镇为中心》，《清史研究》2019年第1期。

⑤ 熊英：《论湘军集团的经济活动对晚清社会变迁的影响》，《太平天国及晚清社会研究》2019年第1辑。

进农业生产的一个旁证。[①] 太平天国战争对一些地区的祭祀礼仪也产生了冲击。素重慎终追远的徽州人，倾注全力重整礼仪。王振忠以抄本《祭神祀祖大例集记》为研究范本，论述了徽州地区祭祀礼仪受到太平天国的影响及战后的重整问题。[②]

四　文化生活研究

与太平天国相关的文化生活研究逐渐成为学者们的关注焦点。以往学界关于太平天国语言的学术成果颇丰，多认为太平天国的通语为客家话，部分甚至认为其具有国语的地位。刘显钊研究了太平天国的语言问题。他以学界已有的相关研究为基础，围绕太平天国方面的文献文本，详细分析了其文献语言使用的方法及特点，最终得出太平天国文献的基础方言为客家方言的结论。[③] 与此同时，他通过对相关文献资料的考证分析，认为客家方言确实在太平天国占有优势地位，这与军事斗争的需要和统治者在神上的个人追求相关。客家话在文献中亦是基础方言，但其也从未得到太平天国方面的官方认证的“国语”地位。尤其是在太平军走出湖广，发展至江南地区之后，客家话的使用范围渐渐缩小。但对于客家方言的偏执使用，也成为全国知识分子对太平天国的疏离和反对，乃至太平天国消亡的一大诱因。[④]

杨霞全面、系统地考察了近代以来公文文种的流变过程及其规律。指出太平天国时期是中国历史上的一个特殊阶段，其公文文种受特殊的政治制度和“拜上帝教”思想以及广西特殊的地理区域因素的影响，既不同于前代，也不同于后代，并带有农民革命特色和宗教特色。[⑤] 王连根、王权对19世纪中叶同一时期内铸行的太平天国钱币与咸丰朝钱币这两种货币进行了对比

① 陆德洛：《太平天国战事后江宁府恢复农业经济》，《档案与建设》2019年第12期。

② 王振忠：《太平天国以后徽州祭祀礼仪的重整——以抄本〈祭神祀祖大例集记〉为例》，《徽学》2019年第1期。

③ 刘显钊：《太平天国文献基础方言问题研究》，《广东第二师范学院学报》2019年第1期。

④ 刘显钊：《“客家话为太平天国国语”说考辨——兼论太平天国语言选择得失》，硕士学位论文，广西师范大学，2019。

⑤ 杨霞：《近代以来我国公文文种流变考述》，《档案与建设》2019年第3期。

分析研究。[①] 钱文卫、张秋萍则整理了太平天国时期所使用的印书题跋。[②] 周锦对太平天国玉玺进行了详细介绍，并阐述其在太平天国政权运动中的象征意义。[③] 吴洪成、郝丽霞考察了太平天国运动时期的教育问题，以其统治区内学校教材为研究对象，发现太平天国对儒教的经典秉持批判的态度，新编写了体现宗教性、政治化的学校教材，同时也显示出对西学科技知识的重视。这在中国近代学校教材史上写下了特殊的篇章。[④]

五　社会群体研究

朱从兵研究了太平天国天京女馆，论述了天京女性的生存状态。女馆中的女性是不幸的、非自由的，而即使走出了女馆，深受传统伦理熏染和落后生产力制约的女性依旧没能得到自由解放。[⑤] 刘晨的《太平天国乡村政治再研究——以乡官群体为中心》则以 19 世纪 60 年代太平天国 231 位乡官构成的乡官群体为研究对象，论述了太平天国方面对于乡村的控制和治理措施。他认为“太平天国将地方行政的重点置于农村、农民和粮食，放弃流寇主义，这无疑是正确的，也是太平天国终成中国旧式民众运动顶峰的原因之一”。并通过分析发现，乡官群体也是导致太平天国统治区内出现民变的重要影响因素。这一群体作为传统社会“包税人”，其谋私投机和委曲求全的主流心态，以及太平军当局对农村建设的盲目和存在问题的乡官铨选机制，共同导致太平天国乡村政治实践的失败，使太平天国渐失人心，进而引发民变。但也对太平天国的乡村介入、治理和控制方面做了中肯的评价。[⑥]

罗晓翔的《晚清江南社会的绅权与信任危机：以常熟为中心》研究了

① 王连根、王权《纪念太平天国铸钱一百六十六年——太平天国与咸丰朝铸钱情况对比研究》，《江苏钱币》2019 年第 2 期。

② 钱文卫、张秋萍：《太平天国印书的题跋整理》，《档案与建设》2019 年第 2 期。

③ 周锦：《浅谈太平天国玉玺》，《文物鉴定与鉴赏》2019 年第 19 期。

④ 吴洪成、郝丽霞：《太平天国运动时期学校教材探析》，《石家庄学院学报》2019 年第 4 期。

⑤ 朱从兵：《太平天国天京女馆述论（下）——癸甲年间天京女性的生命抉择和生存挣扎》，《太平天国及晚清社会研究》2019 年第 1 辑。

⑥ 刘晨：《太平天国乡村政治再研究——以乡官群体为中心》，《安徽史学》2019 年第 6 期。

晚清时期江南社会中的士绅问题，其中提到太平天国战争后期清政府的善后工作。她认为伴随着战后绅权上升，地方士绅在各项善后事业中发挥积极作用，是地方重建的主力军。[①] 张小坡将目光聚焦到下层社会百姓的生活状况方面。他的《太平天国前后一位徽州小农的个人生命史》以一位普通农人的经历为切入点，论述了其在太平天国战争结束后，在废墟上开启新生活的艰难过程。折射出战乱后徽州地区社会发展的真实状态，展示了时代洪流下徽州人艰苦求生的坚强品格。[②]

六　新角度

刘晨研究了民众对于太平天国的反抗问题。这在以往研究中极少涉及，大多研究是关注太平天国对清王朝的反抗。作者论述了太平天国方面对于其统治区内民变的镇压应对举措。他认为复杂多变的民变对于太平天国的统治产生了较大的影响：应对复杂民变的镇压措施耗费了大量财力，分散了太平军兵力，削弱了太平天国的统治力量。民众对太平天国的反抗也反映出太平天国社会民心渐失的状况。同时，太平天国统治区内风起云涌的民变，在某种程度上反映出太平天国社会控制策略的失败，也预示着“天国”陨落的命运。作者以太平天国统治区的民变问题为探讨焦点，观察了太平天国运动中应对民变的举措及结果，得出其在处理社会问题及建设社会方面的可取之处及教训，为太平天国史的研究增添了新的研究视角。[③]

陈岭以太平天国与清廷的战争记忆为研究对象，以苏州地区为样本进行分析。他从战争观感的视角出发，通过细致的经验书写、地景描述等方式，既再现了战乱时苏州城的各色图景，也呈现了战争中个体生命的紧张与无奈。“亲历者的战争体验，对于弥合记忆与历史分析的鸿沟，重构这场战争

① 罗晓翔：《晚清江南社会的绅权与信任危机：以常熟为中心》，《中央研究院近代史研究所集刊》第 103 期，2019 年。

② 张小坡：《太平天国前后一位徽州小农的个人生命史》，《徽州社会科学》2019 年第 8 期。

③ 刘晨：《太平天国统治区的民变与政府应对研究》，《近代史研究》2019 年第 2 期。

的历史记忆有着极为重要的作用。”战争记忆是城市历史记忆的重要一环。“在历史叙述中结合亲历者的战争体验，无疑既能加深对历史的认识，又能避免过早的意识形态化结论。基于生命与记忆的历史书写，突破二元对立的限制，合理的历史记忆重构才能成为可能。”①

刘小萌的《太平天国与“反满”——从“严种族之见”谈起》谈到了太平天国的“反满”口号问题。作者分析了这一口号的内容、性质及实施后果等方面，考察了“严种族之见”的思想来源，认为其与儒家传统“华夷之辨”之思想相关。太平天国提出的“反满”口号，实施“严种族之见”的举措产生了巨大社会影响，即半个世纪之后爆发的辛亥革命仍旧以“反满”为口号，但最终以“五族共和”而结束。这意味着“严种族之见”的负面遗产从此被各族精英所抛弃。“此种共识，不仅为中华各民族的凝聚、共御外侮的斗争提供了强大动力，也为中华民族的发展开创了更加光明的前景。”②

七　总结与展望

近年来，对太平天国的相关研究呈现逐渐回温趋势。以刘晨、顾建娣等人为代表，他们基于丰富的太平天国相关史料，利用扎实的史料功底，在传统问题的相关研究上成果颇丰。同时又有自己独特的研究视角和研究方法，在旧有问题上展现出新的闪光点，发表其独到的见解，使“老树”开出“新花”。张林君从太平天国运动的性质、对拜上帝教与洪秀全的评价、对《天朝田亩制度》的分析、太平天国运动的失败原因、太平天国运动的功过问题等方面总结论述了新中国成立以来史学界的相关研究，欲讨论对于农民起义研究所应采取的史观和态度这一问题。认为应“以实事求是的科学态度肯定近代史中农民起义所表现的价值，稳妥地接纳成熟的研究成果，理性

① 陈岭：《失序之城：咸同之际苏州城的战争观感与战乱记忆》，《苏州大学学报》2019 年第 3 期。

② 刘小萌：《太平天国与“反满”——从“严种族之见”谈起》，《吉林师范大学学报》2019 年第 6 期。

地面对历史研究的诸多著作”。[①] 顾建娣总结分析了区域史视域下的太平天国史的相关研究，包括太平天国统治区的经济状况、文化生活、宗教信仰、社会防御措施等，以及太平天国运动失败后清政府在各地的恢复与重建措施及其影响等。她认为，对于太平天国的区域社会史视角的研究，成果主要集中于太平天国实行的政策措施，以及战争对人口、土地、社会发展的影响方面，而太平军的足迹遍布十八个省，已有的研究并未完全涵盖，也没有完整地展现出当时的区域社会状况，因此还有诸多方面值得学者们关注。“比如，太平天国治理下某一区域民众的政治态度、社会经济情况、文化生活状况、风俗习惯、宗教信仰，将观察视角从太平天国转换到太平天国政权治理下的民众，应该会有新的发现。”清政府方面的战后恢复秩序、稳定社会、安置民众等举措也是需要重点探讨的问题，[②] 包括清政府在战后如何修复其统治威严及地位问题。

近年来的研究，学者们将关注点从之前的重要人物角色及主要相关事件下移至下层社会和普通百姓方面，注重对普通人关于战争历史记忆等方面的考察，可以弥补之前研究中关注面不平衡的问题，增加了研究这段历史的观察面，使相关研究更加具体。梅尔清的 *What Remains*：*Coming to Terms with Civil War in 19th Century China* 中译本《躁动的亡魂——太平天国战争的暴力、失序与死亡》[③] 于2020年出版，此书将以往研究常常忽略的下层民众作为考察对象，将他们在这场浩劫中的故事写入书中，以他们的经历为观察视角，展现了不同于以往认知的太平天国史的另一面。观察对象、考察角度的变化，往往会意外得到不同的收获。多从不同的侧面考察这段历史，有助于相关研究更加全面立体。

新角度、新方法的不断涌现给太平天国史的研究增添了不少活力，也大大开拓了太平天国史的研究视域，正是史学研究中老题新做所十分需要的。但接近史实是历史学者做研究的基本，考证这段历史也是学界一直在做的事

① 张林君：《从史学研究动态认识太平天国运动》，《学术探索》2019年第5期。

② 顾建娣：《区域史视域下的太平天国史研究》，《湖北社会科学》2019年第12期。

③ 〔美〕梅尔清：《躁动的亡魂——太平天国战争的暴力、失序与死亡》，萧琪、蔡松颖译，郭劼审订，卫城出版，2020。

情。施伟国对杨秀清在“交尚海李闻风弟等开拆”的信函中所说“三月”进行了考释，认为李闻风向镇江太平军上书“请愿”，时间应该在太平天国癸好三年二月下旬到三月，并提出李闻风不可能是太平天国派在上海做联络工作的信使，而应该是小刀会方面的某位首领，尤以福建帮著名首领李咸池的可能性为大。[①] 董丛林利用晚清人士马恂留下的两则诗体资料，考察了清军与太平军北伐时期的津西南战役史实。[②] 李惠民深入分析了太平军的北伐史料，指出其中部分存在失实问题，分别为清朝官员奏折中误报谎报的军情、私人书信日记中渲染失实的战况、档案资料汇编中删节导致的细节失实、地方文献资料中抄录伪托的赝品布告等，显示出高超的史料研读能力。[③] 韩凤冉则以《南行日记》为研究文本，分析了《太平天国史料汇编》中的日记、自述类文献的学术研究价值，反映了其对于史料研究的态度。[④] 所有的史学研究都应在认真研读史料的基础上进行，扎实的分析理解史料的功底是史学工作者必不可少的技能。新方法、新视角的出现也应以可靠的史料为前提，如此才能真正做到对太平天国这一段历史的深入研究。

---

① 施伟国：《李闻风通款太平天国时间考》，《常州工学院学报》2019年第2期。

② 董丛林：《清方与北伐太平军的津西南之战——参勘相关两则诗体资料的考察》，《太平天国及晚清社会研究》2019年第1辑。

③ 李惠民：《析部分失实的太平军北伐史料》，《太平天国及晚清社会研究》2019年第1辑。

④ 韩凤冉：《〈太平天国史料汇编〉日记、自述类文献价值浅谈——以佚名〈南行日记〉为例》，《太平天国及晚清社会研究》2019年第1辑。

2019年晚清社会史研究综述

朱时宇[*]

晚清时期，中国社会的各方面几乎都在国内外因素的综合作用下发生剧变。改革开放以来，晚清社会史已经发展成为晚清史研究的重要领域。2019年，史学界在晚清社会史领域又涌现出一批新的成果。笔者拟对2019年晚清社会史研究情况进行回顾，并在此基础上加以总结分析。由于学力所限，本文难免存在缺漏之处，还请方家见谅。

一　日常生活与社会陋习改良

近年来，晚清时期民众的日常生活受到越来越多研究者的关注。但是受制于史料不足，目前这一领域的研究者大多只能使用士绅日记展开研究。张剑利用以往较少被使用的《何汝霖日记》，展现了晚清高层官吏的日常生活情况。何汝霖是道光年间的军机大臣。在回家乡南京丁忧期间，何氏对自己的日常生活有着详尽而生动的描写，记述的对象包括地方官吏、士绅、仆役、亲友等。由于何汝霖的官职、社会地位、个性等，该日记真实地反映了何氏的观察与心态，具有较高的真实性和史料价值。[①] 康健认为《清光绪祁门历口利济桥局局董日记》的作者是安徽祁门县的汪光淼，此人具有低级功名身份，同时担任利济桥局局董。"该日记详细记录了光绪初年有关利济桥建设的桥局运作、经费筹集、兴修过程、匠班管理条规、石料选择、经费

* 朱时宇，南京大学历史学院博士研究生。

① 张剑：《居乡诚不易——从〈何汝霖日记〉看一位晚清显宦的乡居生活》，《清华大学学报》2019年第4期。

开支等内容”，[①] 展现出徽州乡村公共生活的具体情况。张明明则利用琉球人士蔡大鼎撰写的《北上杂记》一书，展现同治、光绪时期北京的都市生活。尤其难得的是，《北上杂记》对北京社会底层民众的生活情况亦多有记录，为观察晚清都市的社会生活提供了“异域”的视角。[②] 张明明的研究颇有启示意义，我们在晚清社会生活史的研究中可以更多发掘在华外国人的日记、回忆录、文学作品等，但在使用这些史料时也需要加以认真鉴别。《临县书启教读馆出入使费账》是一名山西塾师在清末的账簿，徐俊嵩利用这一文献研究该塾师的日常财务状况与生活空间。该塾师“收入主要包括塾师的修金、月费以及程敬和节礼，友人的馈赠也占一定比例”，支出则主要在衣食、日用品、药物、享受性消费等方面，但收入远超支出，每月均往家里汇钱，生活较为富足。且由于该塾师并不知名，其任教地域仅限于汾州府及附近州县。[③]

晚清的中西交流及西方科技的引入对于民众的衣食住行产生深刻影响。上海在晚清发展成为中西交流的窗口，陈海燕通过小说《九尾龟》探究晚清上海妓女的服饰。上海妓女由于职业的特殊性，受到的道德束缚与法律束缚较少，使其在服饰上大胆进行尝试以吸引男性。上海的一些名妓更是凭借自身的影响力开风气之先，引领了上海乃至全国的服饰时尚潮流。[④] 王含梅则注意到晚清发生的邮政变革。晚清驿站与邮政并存，新兴的邮政通过时刻表将时间的管理规范化与制度化，各种传统与现代运输方式被整合起来，初步实现了邮政的现代化，但是因为交通条件、时间计量差异与文化观念差异等因素影响，邮政的现代化建设进程还是受到一定限制。[⑤]

---

① 康健：《晚清徽州乡村社会的公共工程建设——以〈清光绪祁门历口利济桥局局董日记〉为中心的考察》，《徽学》2019 年第 1 期。

② 张明明：《“异域之眼”中的晚清镜像——以琉球汉文笔记〈北上杂记〉为研讨中心》，《浙江师范大学学报》2019 年第 6 期。

③ 徐俊嵩：《清末民初山西塾师的生计、生活与生活空间——以〈临县书启教读馆出入使费账〉为中心》，《安徽史学》2019 年第 2 期。

④ 陈海燕：《海上名妓：晚清女性服饰时尚的引领者——以〈九尾龟〉为考察中心》，《上海师范大学学报》2019 年第 2 期。

⑤ 王含梅：《“邮政时刻表”的形成与晚清邮政的时效经营》，《南京大学学报》2019 年第 3 期。

近代以来，一些陋习因为不符合社会文明理念，成为政府、开明士绅及外籍人士所要改革的对象。李俊丰注意到晚清时期，广东的官吏将溺婴视为陋习，因受到儒家观念影响，“在他们眼中，道德劝说或以办育婴堂等方式来引导民众，远比法律禁止更重要、更有效”。① 张莲波指出，晚清不缠足会的参与者与主导者主要是男性官员和士绅，但全国各地的不缠足会未能改变社会风气，取得的效果并不显著。② 吴敏则探究了英国人立德夫人如何借助男性精英与教会势力宣扬废除缠足的理念，参与反对缠足陋习的行动。③ 晚清传教士深入中国内地特别是乡村，对于中国民众的生活方式与风俗习惯产生了一定的影响。张宝宝考察了清末民初四川的新教传教士。这些西方传教士对当地传统习俗采取学习与接纳的态度，以作为自身传教活动的助力。同时，对于缠足与吸食鸦片等陋习，传教士则坚决要求废除。传教士与普通民众之间形成了生活方式与文化的互动交流。④

二　地方社会的治理与社会结构变动

晚清时期，淮河流域各种自然灾害频频发生。张祥稳、戴家翠考察了晚清社会如何应对淮河流域的灾荒，指出清政府作为救灾的主要力量，投入了大量人力物力，并鼓励民间社会参与救灾，中外社会力量也积极响应。但是晚清的灾荒救济工作难言成功，未能完成“定人心而全民命”的目标。⑤ 赵丽君、王平对晚清与民国时期新疆官民之间围绕水资源展开的互动进行考察。新疆水资源贫乏，为解决用水问题，政府积极组织军队修筑和维护水利设施。在乡村中对于水资源的争夺也往往会引起社会秩序的动荡。新疆各级政府为保证社会稳定建立了一系列有关水利设施和水资源利用的使用监管制

① 李俊丰：《晚清至民国时期广东的溺婴现象》，《中州大学学报》2019 年第 4 期。

② 张莲波：《晚清不缠足会的特点：会员之间子女互通婚姻》，《天中学刊》2019 年第 3 期。

③ 吴敏：《立德夫人与清末反缠足活动研究》，《重庆第二师范学院学报》2019 年第 2 期。

④ 张宝宝：《清末民初基督新教传教士与四川民众的生活文化——以〈华西教会新闻〉为中心的考察》，《宗教与历史》2019 年第 1 期。

⑤ 张祥稳、戴家翠：《晚清（1861 ~ 1911）社会应对皖淮流域灾荒问题初探》，《农业考古》2019 年第 1 期。

度，对于社会流动与赋税收入具有积极作用。[①] 清政府陆续设立通商口岸后，城市的治理问题成为新的问题。周执前认为晚清时期各城市治理体制存在差异，主要的变迁路径有“由中央政府主导的变迁、由地方政府主导的变迁以及由民间组织所主导的变迁，长沙、北京和上海代表了这三种路径”。[②]

清末新政是清政府为挽救统治危机采取的自救措施，但新政对地方社会产生了深远的负面影响。齐超儒、徐茂明以新政期间嘉定的反户口调查风波为考察对象，指出地方社会中士绅与民众的关系因新政而发生改变，士绅借新政掌控地方经济资源，此举虽然扩大了自身的权势，但也加剧了绅民的对立。同时，为推行新政而进行的户口调查受到民众抵制，清政府在地方社会更加不得人心。[③] 清政府推行新政遭遇严重的财政危机。为扩大财政收入，清政府甚至使赌博合法化。李国平、吴榕青发现清末潮州的赌博弛禁最大的受益者并非清政府，而是基层衙役群体。衙役借弛禁之机进行投机活动，捞取了大量经济利益。清政府无法有效管束衙役，通过赌博合法化筹集的资金十分有限，却为此付出了破坏地方社会秩序的沉重代价。[④] 徐世辉以《陶甓公牍》为中心探讨了清末徽州的赌博问题。徽州社会经济不振，大量无业者成为赌客，并与衙役勾结，导致赌博在徽州屡禁不止，还引发其他犯罪行为。清末徽州赌博治理的失败，暴露了地方政府在社会治理方面的缺陷。[⑤]

作为社会中的重要社会阶层，士绅阶层一直是晚清社会史的重点研究对象。明清时期，在地方治理中衙役群体发挥了重要的作用。然而王先明发

① 赵丽君、王平：《晚清至民国时期新疆政府、基层组织及民众水资源互动研究——以乡约为中心》，《中国边疆学》2019 年第 1 期。

② 周执前：《国家与社会：晚清城市管理体制变迁路径分析——以长沙、上海、北京为例》，《都市文化研究》2019 年第 1 期。

③ 齐超儒、徐茂明：《政治变动与地方秩序——以清末嘉定反户口调查风潮为例》，《江南大学学报》2019 年第 6 期。

④ 李国平、吴榕青：《清末潮州的赌博——以〈岭东日报〉为中心的研究》，《韩山师范学院学报》2019 年第 4 期。

⑤ 徐世辉：《清末徽州赌博现象与社会治理分析——以〈陶甓公牍〉为中心的考察》，《文化学刊》2019 年第 10 期。

现，自 19 世纪中叶以后，地方社会事务主要由士绅处理，地方官员仅起到监督作用，衙役群体退居边缘地位。且这一时期士绅的职责与权力还在不断扩大。清末新政时期，由士绅主导的地方社会治理模式实现转型。[①] 牛保秀对山西乡村中的义学与寺庙进行研究。义学与寺庙之争实际上是儒家士绅与僧人道士在乡村的权势竞争。佛道原本在乡村十分盛行，但到晚清时期，士绅通过义学改造乡村文化生活，并逐渐在与僧人道士的竞争中占据强势地位，这改变了乡村的社会结构。儒家文化在政府与民众的支持下提高了在乡村的地位。[②] 陈慧萍通过四川南部县衙档案探讨了教育制度对士绅阶层的影响。陈慧萍发现科举制废除后基层士绅出于生存考虑加入新式学堂，使得学堂中新旧势力杂处。科举制废除后新的教育体制不仅导致士绅阶层出现权力变动，也使得士绅的职业选择多元化。“士”阶层产生新的流动和分化，不再成为一个同一的阶层，从而促进了传统四民社会的解体。[③] 吴晓红认为清末科举制被废除后，士人心态出现重大转变，士人观念的变化与对于职业的重新选择，除了造成四民社会的崩解以外，也促进了工商业的发展。但是废除科举制与清王朝崩溃之间并无直接关联。[④] 温程对科举废除及此后中国乡村社会的研究进行了总结与反思。科举制废除对乡村影响巨大，乡村社会结构因此而改变。温程进而提出今后对“停废科举”问题的研究应更充分地挖掘史料，运用多学科方法，与地域社会实际相结合，注意历史的延续性和差异性，注意乡村内部与外部的结合，以推动对这一问题的研究更加精细化。[⑤] 刘芳考察了 1900 年八国联军攻占北京后美国占领区内美、绅、官的关系。美军在占领区内建立协巡公所，与北京士绅合作，任用士绅处理地方行政与救济工作。士绅在维护社会治安等方面发挥了作用，但当地方官员要求士绅交出行政管理权时，士绅则迟迟不愿放权。在官绅之争中，美军更重

---

① 王先明：《绅董与晚清基层社会治理机制的历史变动》，《中国社会科学》2019 年第 6 期。

② 牛保秀：《晚清山西义学与寺庙文化的冲突》，《北京科技大学学报》2019 年第 2 期。

③ 陈慧萍：《清末教育改革视野下地方士绅流动与分化的历史考察——以“四川南部县衙档案”为中心》，《青海社会科学》2019 年第 4 期。

④ 吴晓红：《科举制废止后士人心态变迁》，《沈阳师范大学学报》2019 年第 2 期。

⑤ 温程：《多重视域下管窥“后科举时代”的近代乡村社会——近二十年来研究述评与取向省思》，《农业考古》2019 年第 4 期。

视与地方官员的关系，士绅对地方行政权的把持注定只是暂时的。官绅间的冲突最终以协巡公所被撤销而告终。[①]

江南地区士绅阶层势力强大，但在咸丰至同治年间，太平天国运动对江南社会秩序造成巨大的冲击。陈岭对江苏吴江盛泽镇的研究显示，咸同时期盛泽镇传统士绅群体因为战乱消亡殆尽，商人利用政治手段转型为商绅，他们在太平天国运动中掌握地方权力，且将这一权力维持到战后，盛泽镇的权力格局因而被彻底重塑。[②] 在东南沿海地区，还有大量士绅投入商界，组织商会，成为“绅商”。对于绅商学界已有较多研究。尤育号考察了温州的士绅与商会。士绅本就因功名身份在地方享有较高的社会地位，其与商业资本结合，组成温州商会。士绅本身掌握丰富的社会资源，“再加上与学务、警察、地方自治等机构之间的人事交叉和职能联结，使得温州商会成为清末地方权力格局的重要影响力量”。温州商会不仅从事经济活动，而且参与社会事务和发挥政治影响力。[③] 尤育号还对晚清时期温州的士绅群体进行了整体研究，出版了专著《因地制宜：晚清温州士绅社会研究》。[④] 在书中作者试图突出士绅群体与温州地方的联系，强调温州士绅的“在地性”，重点考察温州士绅参与地方政治、经济、社会、教育、风俗事务的情况。通过尤育号的研究可见，温州士绅在近代经历了重要的转型，士绅的权力在清末向新式学堂、商会、地方自治机构渗透。而书中最后两章对于黄体芳、张棡两个士绅个案的研究，更使得温州士绅形象生动起来。郑卫荣以清末浙江吴兴南浔镇绅商刘承幹的日记为主要史料，探究乡村绅商的迁居路径及社会交往活动。清末开始出现绅商由乡镇向城市迁居的趋势，这一现象在民国年间更加普遍。郑卫荣指出，“以刘氏为代表的绅商由镇而城的单向迁徙现象，关乎家族与个体选择，涉及近代社会变迁因素，影响着地方社会传统格局的维持

① 刘芳：《庚子京城陷落后官绅之权力争夺——以美国占领区为例》，《安徽史学》2019 年第 1 期。

② 陈岭：《咸同之际江南政治变动与市镇权力的格局转换——以吴江盛泽镇为中心》，《清史研究》2019 年第 1 期。

③ 尤育号：《清末温州的士绅、商会与地方社会略论》，《史志学刊》2019 年第 3 期。

④ 尤育号：《因地制宜：晚清温州士绅社会研究》，上海三联书店，2019。

以及市镇命运的走向”，是一种重要的社会现象。但同时需要注意的是，绅商迁往城市居住后仍然与故乡保持密切联系，并固守传统价值观。① 蒋宏达研究了浙江慈溪沈氏宗族在晚清民国时期的兴衰。清中期以前，沈氏与邻近家族建立了水利祭祀联盟，以控制当地水利资源。19 世纪末，慈溪沿海地区的沙涂被改造为棉田，原先的祭祀联盟转型为沙涂控产组织，该组织在清末及民国初期不断遭遇内外部的冲击，此后到国民革命时期祭祀联盟在革命风潮下复活。②

自然灾害也有可能成为改变社会秩序的契机，19 世纪下半叶的丁戊奇荒就对华北乡村社会造成重大影响。李楠对美国公理会在鲁西北的传教活动进行研究。教会组织、乡村社会网络与条约体系共同对基督教传教活动提供支持。“丁戊奇荒之前，美国公理会进入鲁西北地区传教，借助的是地方传统的家庭关系网络以及乡村社会关系网络。丁戊奇荒过后，教会群体的快速膨胀使得正式的教会组织迅速建立起来，教会依托条约制度在当地建立起教会权势网络”，改变了乡村社会的原有社会结构与权力格局。③

三　医疗卫生与社会慈善事业

近年来对医疗卫生史的研究方兴未艾，2019 年这一领域的研究继续推向深入。在中国传统社会认知中，疾疫是由鬼神或邪气引起的，西方近代医学知识则认为是细菌导致的。晚清西方医学知识的传入改变了知识分子对疾疫和身体的认知。张洪彬认为，“新的疾疫解释是纯粹世俗化的因果关系，人格化的鬼神或非人格化的宇宙秩序不再必要，新的身体观也不再预设神圣

① 郑卫荣：《清末民初市镇绅商迁徙与社会交往的变化——以刘承幹〈求恕斋日记〉为中心》，《浙江学刊》2019 年第 1 期。

② 蒋宏达：《祭祀、控产与革命——清末民初慈溪师桥的财产秩序和宗族演变》，《近代史研究》2019 年第 1 期。

③ 李楠：《丁戊奇荒前后华北乡村社会网络的重塑——以美国公理会在鲁西北的活动为个案》，《清史研究》2019 年第 4 期。

存在，也不再具备道德属性”。[1] 李融冰以翻译家傅兰雅的译作《居宅卫生论》为研究对象，探讨晚清西方卫生观念传入中国所造成的社会影响。《居宅卫生论》介绍了英国的公共卫生观念，主张政府应主持城镇地区的卫生建设工作。此书产生的社会反响极为有限，仅有少数知识分子响应。民众和清政府都无意也无力进行公共卫生方面的建设工作。直到甲午战争后，国人才开始重视卫生制度问题。[2] 刘菲雯考察了19世纪中叶汉口的两家教会医院——普爱医院与仁济医院。这两家医院收费不高，并照顾弱势群体，在汉口产生了影响力。但是这两家医院与地方当局及地方上层人物往来有限，当地人对西医的态度也存在两极分化。有个别外籍医生愿意与中医交流，这在当时是十分少见的。文章从医疗视野出发，揭示了中西之间的社会交流与文化交流。[3] 高晞考证了英人梅威令在华的医学教学活动及其与李鸿章见面的相关史实，指出梅威令的医学教育虽然失败了，但是对于医学教育依然具有开创性贡献。不同于当时普遍存在的医学传教，梅威令的医学教育是世俗性的、科学性的，并需要被纳入国家体制当中。同时，梅威令的医学教育受益于媒介而产生了广泛的影响力，表明报刊媒介在医学教育中具有重要作用。[4]

近代中国的慈善事业也在经历转型。李喜霞认为在鸦片战争之后，慈善事业的内涵得到扩展，国家与民族意识开始融入其中。这一新的精神就是“注意培养被救助者‘社会人’的意识以及在更广阔层面上向被救济者进行近代国家和社会意识的传播”。[5] 这种新精神有着明显的时代特征，有助于被救助的弱势群体形成民族国家意识，体现了民族危机下国家与社会之间的互动。善会善堂是清朝较为常见的民间慈善机构，张天星发现晚清时期

① 张洪彬：《晚清疾疫理解的更新与世界的祛魅》，《学术月刊》2019年第10期。

② 李融冰：《晚清西方公共卫生观念之传入——以傅兰雅〈居宅卫生论〉为中心》，《中国科技史杂志》2019年第4期。

③ 刘菲雯：《早期教会医院的日常运作与中西交往——以晚清汉口为中心》，《医疗社会史研究》2019年第2期。

④ 高晞：《当梅威令遇到李鸿章：西医将行于中国？——由晚清三场医学考试引发的讨论与思考》，《医疗社会史研究》2019年第2期。

⑤ 李喜霞：《国家与社会：晚清慈善事业的新精神》，《宁夏社会科学》2019年第4期。

江浙地区的善会善堂职能得到很大的拓展，除了进行救济工作外，还对社会进行道德教化。这些“善堂善会通过制定禁毁规约、制造和传播禁毁舆论、执法查禁、访寻违禁、禀官查禁、收买刊本和板片、组织焚化等方式开展禁毁小说戏曲活动，官禁之外，在一定程度上推动了晚清小说戏曲禁毁活动的常态化”。这种禁毁活动“是善会善堂社会教化的道德诉求和行善积德的个人愿景相结合的典型性慈善活动”。[①] 以往的慈善史研究中对于职业慈善家的个案研究并不多见，徐文彬对出生于闽南的慈善家林瑞岗的考察颇有新意。林瑞岗是晚清一位商人，他建立善堂，在全国多地参与赈灾活动，向东南沿海及东南亚华商募捐。林瑞岗通过慈善事业完成从商人到绅商的身份变化，并从慈善事业中获得了社会声望。林瑞岗代表了东南沿海的侨商群体，这一群体在慈善领域的活跃是与清政府的统治力衰退及东南沿海地区贸易的开展密切相关的。[②] 慈善义演也是慈善史的重要组成部分，郭辉提出突破原有的社会史领域，从思想史的角度研究慈善义演。郭辉认为，“近代中国慈善义演的思想史意义体现于互动性，包括政府意志与民间思想的互动，精英思想与大众思想的互动，本质而言即思想与社会的互动。慈善义演可作为实现社会史与思想史融会贯通的着力点与重要领域”。[③]

义庄是中国乡村社会中传统的慈善机构，但是义庄的地域分布并不平衡。李学如分析了清朝以来安徽徽州地区义庄稀少的原因。首先是徽州地区经济不够发达。其次，徽州地区土地昂贵，义庄对于土地面积有较高的要求，耗费成本太高。因而徽州人更青睐成本低廉的祠堂。最后，徽州人口稠密，精英大量外流，这些精英倾向于在居住地而不是故乡建立义庄。[④] 太平天国运动对江南地区的义庄造成严重冲击，不少宗族在战后因义庄经营问题

---

① 张天星：《晚清善会善堂的小说戏曲禁毁活动述略——以江浙地区为例》，《历史档案》2019 年第 4 期。

② 徐文彬：《晚清闽南商人慈善家的兴起：以林瑞岗为中心》，《安徽史学》2019 年第 2 期。

③ 郭辉：《近代中国慈善义演的思想史省思》，《湖北大学学报》2019 年第 4 期。

④ 李学如：《安徽的宗族义庄——以清代、民国时期为考察中心》，《安徽史学》2019 年第 3 期。

而衰落。张淑贤考察了太平天国运动后江苏吴县潘氏宗族重新建立与经营松鳞义庄的史实。潘氏重建松鳞义庄后改进了运营管理与救济方式。该义庄的经营颇为成功，使潘氏宗族不仅获得经济利益，也获得了政治与文化上的资源。潘氏宗族凭借义庄得以实现复兴。①

清末红十字会在中国出现。王林指出中国红十字会作为民间慈善机构为争取社会捐款积极提高自身的公信力。中国红十字会在制度上强调相互制约，在财务上仿照清朝善堂制作《征信录》公开财务状况，并将捐款的具体信息在报纸上发布。中国红十字会的做法对于当今的社会慈善机构仍有十分重要的借鉴意义。② 董圣兰、范金民考察了晚清时期南京试馆的功能演变。太平天国运动后，南京的房屋损毁严重，前往南京参加乡试的学子面临住宿的难题。江苏与安徽各界积极在南京兴建试馆。在乡试期间，试馆为学子提供住宿，平时试馆则被出租出去。试馆的收入主要用于教育事业和慈善事业。在清末科举制被废除后，试馆则转型被用于新式的教育。董圣兰、范金民以南京试馆为例说明“中国传统社会向近代转型并不是割裂式的质变过程，传统社会运行模式存在一定的惯性与延续性”。③

四　社会团体、社会舆论与社会观念

晚清各种社会团体纷纷出现，其中以维新派康有为等人发起成立的强学会尤为著名。各种社会团体“主旨高度一致，即开风气、变观念、启民智，救亡图存，以进步思想为主张，以社会运动为实践，深刻反映了中国社会的近代化趋向与程度”，也从侧面反映了清末深重的民族危机对于社会与民众思想观念造成的影响。④ 邱开玉等人研究了晚清民国时期福建福宁的山民会

① 张淑贤：《松鳞义庄重建与晚清吴县潘氏宗族复兴》，《北方论丛》2019 年第 4 期。

② 王林：《论清末民初中国红十字会构建公信力的举措及其效果》，《山东师范大学学报》2019 年第 2 期。

③ 董圣兰、范金民：《科考善举与社会变迁：晚清南京试馆的修建与转型》，《江苏社会科学》2019 年第 5 期。

④ 马艾：《试论晚清时期社团组织的时代特征》，《长沙大学学报》2019 年第 4 期。

馆。山民会馆由畲族人设立，用于本族人士交往以及与外界社会联系，名为会馆却又具有祠堂的一些职能，例如祭祖。邱开玉等指出，“晚清民国畲族社会商品经济的发展、统治者的政治牵引以及畲族民族意识的觉醒构成了山民会馆的创建与畲族乡村政治现代转向的社会基础”。①

近代以来西方科技的传入不仅深刻影响到政治运作，也对社会舆论与社会生活造成影响。王东考察了清末民众如何用公电的形式制造社会舆论，对清政府施加影响。预备立宪时期，清政府放松舆论管制，民众纷纷向清政府发电报。在清政府开始拒绝接收民众电报后，民众转而致电报纸发表意见和诉求。上海的主要报纸如《申报》等还为民众的公电开辟专栏。公电成为晚清社会舆论表达的重要途径。② 刘晓琴发现从晚清到民国初期，社会舆论对于留学生群体的认知有一个变化的过程。晚清留学生群体出现时，社会对其从不了解到了解。甲午战争后，留学生群体规模大幅扩大。在清末出洋留学受到清政府的鼓励，一些优秀的留学生还被授予功名。社会舆论开始重视留学生群体，将其视为社会精英及救亡图存的重要力量。③

清末在上海租界时常发生所谓“淫伶”案，一些伶人被指控诱拐奸淫妇女。林秋云通过清末李春来案对伶人群体的近代转型进行研究。1907年沪上伶人李春来被指控私通寡妇，骗取财产。林秋云指出这些指控均为诬陷，是对伶人群体的污名化。其反映的是伶人社会地位的变化与社会中的集团竞争。伶人群体在清末也开始积极应对污名化的指控，进行抗争。④ 小田利用晚清评弹艺术家马如飞的历史逸事进行江南地区社会观念史的考察。小田认为清末民初的说书人、社会精英与底层民众尽管观念各异，但也共同塑造了马如飞这一说书人的理想人格。“这一理想人格原本隐约存在于原始文献之中，由马如飞逸事披沙简金，发出耀世的光彩。在马如飞人格魅力的光

① 邱开玉、廖梦雅、余德华：《晚清民国畲族乡村政治的现代转向——以山民会馆为中心的察析》，《湖北民族学院学报》2019年第4期。

② 王东：《电报技术、报纸媒介与晚清时期的民意表达——基于〈申报〉〈新闻报〉〈时报〉所载公电的分析》，《安徽大学学报》2019年第5期。

③ 刘晓琴：《晚清民初留学生社会形象及其演变》，《史学月刊》2019年第4期。

④ 林秋云：《晚清“淫伶”案中的华洋交涉与集团竞争——以李春来案为中心》，《学术月刊》2019年第4期。

环下，习于逐利的说书人确认了自己的社会地位，以教化自任的社会精英强调艺人理应承担的社会责任，处于迍邅之世的下层人看到了被拯救的希望，总之，它寄托了近代江南人的社会理想。”① 马如飞逸事的传播过程，反映了社会的阶层差异及阶层间的文化权力之争。

总结与展望

回顾 2019 年晚清社会史的研究可以发现如下特点。首先，研究领域与时段存在“冷热不均”现象。一些热点领域往往集中了大量研究者，并获得了青年学者的青睐。例如清末士绅问题、医疗卫生、慈善事业等。而社会史的一些“传统”问题则显得较为冷门，例如社会风俗与社会团体。在研究时段上，多集中于清末十年，而对于鸦片战争到甲午战争这段时期则关注有限。事实上，研究时段的不平衡是整个晚清史研究中存在的问题。其次，部分研究成果颇具新意，推进了学界对于相关领域问题的认识。例如董圣兰、范金民对南京试馆的研究即对近代以来中国社会的断裂与延续问题提出了新的看法；小田对于民间逸事的研究则涉及以往国内学界极少关注的社会观念史领域。再次，区域社会史与宗族史的研究已经成为新的热点领域。受到近年来学界眼光下移及“碎片化”趋势的影响，不少中青年学者开始关注区域性的长时段的地域社会变迁，有的甚至具体到某个乡镇，体现了学术的精细化发展。最后，史料的发掘已经取得一定进步。从已有研究成果来看，以往较为少见的游记、私人账簿、官员日记甚至民间逸事都已进入研究者的视野中，这是十分可喜的现象。

晚清社会史研究是一个具有广阔空间的研究领域。在已有成果的基础上，笔者对于今后该领域的研究大胆提出以下几点建议。第一，加强跨学科研究。社会史与社会学、人类学等学科具有密切关联，目前已经有社会学学者注意到发掘历史资源，进行历史社会学的研究。而社会史研究者对于社会学、人类学的方法和理论则不够了解，进行跨学科研究者更不多见。史学研

① 小田：《马如飞轶事与近代说书人的理想人格生成》，《学术月刊》2019 年第 3 期。

究者应该增进与相关学科的合作交流，与这些学科的研究相向而行。尤其是当前社会史的一些重要研究领域，已经进入“瓶颈”状态，进行跨学科研究较容易取得突破。第二，区域史研究也应具有整体视野。目前的区域社会史研究虽然足够精细，但也可能造成过分“碎片化”。学术研究注重对话，区域社会史的研究者应避免自说自话和“只见树木不见森林”的问题，保持学术视野的开阔。第三，注意史料的发掘与运用。晚清社会史方面史料的发掘其实仍有很大的空间，无论是民间史料、档案史料还是外文史料。目前社会史的一些研究在史料的运用上存在单一化的倾向，如能将民间史料与档案史料、外文史料进行参照互证，不仅可以提高史料的可信度，也能对研究的深度与广度有所增强。

2019年晚清经济史研究综述

茆　静*

随着学科交流的加深与技术手段的进步，晚清经济史研究更倾向于利用丰富的清史数据，如宗族文献、碑刻铭文、契约文书等地方文献，并运用经济学、统计学量化分析方法对问题进行探究，观点新颖的成果竞相涌现。本文从土地制度，农业，水利，手工业，商业、商人与商业组织，交通，财政赋税，货币金融，国家对经济的参与与管理，人口与城市化，对外经济关系多个方面，对2019年晚清经济史研究情况进行概述。

土地制度　中国自古以来土地交易多样且复杂，谢开键运用产权理论，通过梳理和评述典的概念，对典和当、活卖及胎借等土地交易性质间的异同进行了辨析。[①] 其《"出典回佃"式交易研究——以清中后期贵州锦屏县为例》一文，考察了清中期以后该地区"出典回佃"式交易的类型、利率及选择这一交易方式的优势等问题。[②] 张少筠以福建省为例，探讨了习俗、政府和律法共同作用下的永佃土地流转情况。[③] 杜丽红根据区域经济学理论，将日俄经济侵略、清政府变革和市场发展放在同一历史过程中，阐述了东北区域经济结构是如何形成的。[④]

---

*　茆静，南京大学历史学院博士研究生。

① 谢开键：《明清中国土地典交易新论——概念的梳理与交易方式的辨析》，《中国经济史研究》2019年第4期。

② 谢开键：《"出典回佃"式交易研究——以清中后期贵州锦屏县为例》，《中国社会经济史研究》2019年第1期。

③ 张少筠：《习俗、政府和律法博弈下的永佃土地流转——以清至民国时期福建省为例》，《中国农史》2019年第6期。

④ 杜丽红：《论清末东北区域经济结构的形成（1897～1911）》，《中国经济史研究》2019年第6期。

农业　近代中国东北作为一个较特殊的农业单元，留下了丰富的研究史料。马伟、衣保中对清末以来中国东北调查报告中的农业资料进行梳理。[①] 蒋勤、高宇洲利用账簿、契约和族谱资料，对清代浙江石仓农户生猪的养殖、流通和消费模式进行了考察。[②] 南苑作为元明清历朝皇帝行围校猎的重要园囿，在清末人口大量增长人地矛盾日益凸显的背景下，由严禁垦种转变为私垦泛滥，再到最后开放垦种，刘仲华认为南苑在清后期命运的走向反映了清朝由盛而衰的发展趋势，以及清廷在“例禁开田”之下的政治诉求与“为民谋食”经济需求之间的主观选择与此消彼长。[③]

水利　水利研究是社会经济史的一项重要内容。咸成海对清代新疆水利史已有的相关研究成果做了一番梳理和总结。[④] 谢继忠利用新发现的高台、金塔契约文书对清代至民国时期黑河流域水利社会及其特点进行考察，为认识河西走廊的经济与社会生活、干旱区水利社会的特点等提供了新的史料和视角。[⑤] 吴连才认为清代云南分水轮灌制度存在动态调整、多种分水轮灌制度并用、官方保障其合法性等特点，且分水轮灌制度的确立和施行，促进了清代云南水利事业和乡村治理的发展。[⑥] 王汉东以襄阳米公祠石苑内所藏的清代水利碑刻为基本史料，结合明清襄阳方志等，梳理了清代襄阳樊城石堤的修筑过程，并对经费来源、经营管理、厘金征收等进行探析，认为城市公共堤防工程之樊城石堤体现出国家权力对堤防事业的介入与民间力量的自我运作。[⑦] 李斌、吴才茂以碑刻史料为核心，通过对“当江”制度与“争江”历史的细节进行梳理，分析了清水江流域在木材贸易兴起后，当江制度的建

① 马伟、衣保中：《清末以来中国东北调查报告中的农业资料及相关研究》，《农业考古》2019年第3期。

② 蒋勤、高宇洲：《清代石仓的地方市场与猪的养殖、流通与消费》，《中国经济史研究》2019年第3期。

③ 刘仲华：《晚清南苑的开垦》，《北京观察》2019年第3期。

④ 咸成海：《清代新疆水利史研究综述》，《历史档案》2019年第3期。

⑤ 谢继忠：《清代至民国时期黑河流域的水权交易及其特点——以新发现的高台、金塔契约文书为中心》，《理论学刊》2019年第4期。

⑥ 吴连才：《论清代云南的分水轮灌制度》，《楚雄师范学院学报》2019年第4期。

⑦ 王汉东：《水与城：堤防视野下的清代襄阳地方社会——以樊城石堤为中心》，《中国社会经济史研究》2019年第1期。

立及其内容，并借此分析清水江流域社会经济发展的曲折过程。[①] 马国君对清代至民国时期沅江流域油桐业发展进行考察，认为政府的鼓励、经济的刺激、各族居民在经营人工桐林的过程中所形成的本土知识对沅江流域油桐业的发展起到了积极的推动作用。[②] 大运河是中国历史上最重要的水利工程之一，自清末叶以后，黄河北上，漕运废止，大运河研究却渐成显学。卢勇、冯培从运河本体、人与运河、运河与社会三重维度出发，探讨了河流修复、水体流通、生态涵养等新时期人－水互动的治理模式、生态意识与文化形态。[③]

手工业 吴鹏程从纺织科技专家与纱厂技术革新的角度对棉纺织业进行研究，以具体人物为视角，梳理了朱仙舫在申新纱厂的技术革新措施，透过对其技术革新的效益考察，认为纺织科技专家对纱厂发展具有重要的推动作用。[④] 吴跃农认为金陵制造局的创立标志着南京成为洋务运动的重镇，开启了中国近代军事攻势，并且带动了南京民用工商业、重化工制造业等实业的发展。[⑤] 张雪蓉、李家艳认为洋务运动时期中国产业格局逐渐形成，工匠精神也开始了近代转型，形成了爱国自强、精益求精、求是求实、开放创新的内涵。[⑥] 刘鸿亮、陈世杰对洋务运动时期江南制造总局的造船制炮水平进行了探究，认为以江南制造总局为代表的众多军工厂局设立，初步形成了近代中国兵器工业的基础，但对社会影响小、多无创新且成本奇高、管理混乱。[⑦] 池翔以吉林全省林业总局为切入点对东北的工商业进行了考察，认

① 李斌、吴才茂：《“养命之源”：清代清水江流域的当江与争江》，《中国社会经济史研究》2019年第4期。

② 马国君：《清至民国沅江流域油桐业拓展与本土知识关联性研究》，《中国农史》2019年第5期。

③ 卢勇、冯培：《20世纪以来大运河水利史研究的反思与前瞻》，《中国农史》2019年第5期。

④ 吴鹏程：《朱仙舫与申新纱厂技术革新（1927—1931）》，《历史教学》（下半月刊）2019年第10期。

⑤ 吴跃农：《洋务运动及金陵制造局与南京近代工业化》，《江苏地方志》2019年第5期。

⑥ 张雪蓉、李家艳：《洋务运动时期的产业发展与近代工匠精神内涵》，《南京邮电大学学报》2019年第4期。

⑦ 刘鸿亮、陈世杰：《洋务运动时期江南制造总局对中国船炮技术提升的影响》，《国家航海》2019年第1期。

为吉林全省林业总局的设立是清末东北林业开发中的一个里程碑事件，它标志着清政府开始有意识地建立起现代森林管理机制，并试图抵制日俄两国的经济入侵。①

商业、商人与商业组织　许檀利用祁州药王庙碑刻资料，对华北规模最大的药材市场——祁州药市进行研究，梳理了祁州药市的发展脉络并考察了聚集于此的各地药材商帮。② 清代出现大量会馆公所等商人组织，彭蛟利用地理信息系统（GIS）软件，系统分析了汉口清代会馆公所的空间信息，勾勒出了清代汉口内部商业空间格局。③ 杨波、何慕综合运用多种史料，对山西道商路沿线的山西会馆进行了实地田野调查，发现晚清时期山西会馆发展呈衰退趋势。④ 郝平亦对山西商人进行了研究，认为晚清民国时期，山西忻州和平定商人成为山西商人群体的主导，花布业、印染业、铁业、典当业和银钱业是山西商人经营的主要行业。⑤ 李真真、潘晟运用清代北直隶东安县小惠庄三成号材铺的账簿及相关契约，展示了晚清华北地区小本经营的商业店铺发展模式，对于晚清华北乡村商业与社会的变迁有着较高的例证价值。⑥ 清代江浙地区商品经济繁荣，当铺误收盗贼当赃的问题成为普遍的社会经济问题。郑俊华通过梳理清代律例、会典和江浙湘等地省例、政书、碑刻等文献，对清代关于当赃问题的律例形成演变进行阐述，并探讨了其背后中央与地方在立法与司法过程中的复杂互动关系。⑦

交通　赵逵、张晓莉运用古地图解读法对清代《四省行盐图》中淮盐

---

① 池翔：《林业何以成“局”：清末新政视野下的吉林全省林业总局》，《清华大学学报》2019年第3期。

② 许檀：《清代的祁州药市与药材商帮——以碑刻资料为中心的考察》，《中国经济史研究》2019年第2期。

③ 彭蛟：《从会馆公所分布看清代汉口内部商业空间》，《中国经济史研究》2019年第3期。

④ 杨波、何慕：《明清时期山西道商路上的山西会馆研究》，《中国社会经济史研究》2019年第3期。

⑤ 郝平：《明清山西商人与河北正定商业——以正定山西会馆为中心的考察》，《中国社会经济史研究》2019年第3期。

⑥ 李真真、潘晟：《晚清华北乡村商业经营及相关问题——以东安县小惠庄三成号材铺盘存单为例》，《中国经济史研究》2019年第3期。

⑦ 郑俊华：《“矜商”抑或“恤民”：清代关于当赃问题的地方立法》，《中国经济史研究》2019年第2期。

运输线路进行了详细的解读，探讨了盐业经济给沿线城镇聚落带来的影响。[①] 王哲、刘雅媛借助地理信息系统（GIS）对若干套邮政舆图（集）进行数字化，从邮政网络的网点数量、密度、内部投递速率和空间分布等角度，尝试对近代中国国内市场网络进行分析，并使用泰森多边形分析法选取四川省部分地区做个案考察，认为基层邮政服务区半径跟基层市场半径两者接近，为探析近代中国城市体系提供了扎实的数据基础。[②] 清代高度重视西北的交通体系建设，秦红发对清代西北交通路线进行梳理，并探究了清后期清廷对交通运输网络的漏洞所进行的改革。[③] 徐连栋关注了清代新疆驿站并对其作用进行探究，认为晚清时期乌鲁木齐逐渐成为新疆政治、经济中心，并成为新疆驿传网络新核心。[④] 董红玲对清代新疆塔尔巴哈台台站交通变迁进行研究，晚清时期新疆驿传发生重大变革，受到西方近代通信制度的冲击。[⑤]

财政赋税　郭永钦突破以往财政制度史固有的研究视角，结合财政史和历史政区地理两个维度，以具有代表性的湖南省州县为例，探讨了府、州、县的新设与裁撤之后原有税收的析分与重组，以及具体政府人员的配置调整等问题。[⑥] 晚清时期，清政府陷入财政困窘状态，任智勇对 1850 年前后清政府的财政困局与应对方式进行了研究。[⑦]

清赋运动作为观察清末中央、地方关系以及地方社会变迁的重要窗口，历来为学界重视。舒满君以贵池县清赋为例，对光绪朝安徽清赋运动进行系统梳理，重点观察了官员、胥吏、士绅群体在清赋运动中的立场与

① 赵逵、张晓莉：《淮盐运输线路及沿线城镇聚落研究》，《华中师范大学学报》2019 年第 3 期。

② 王哲、刘雅媛：《近代中国邮政空间研究——基于多版本邮政舆图的分析》，《中国经济史研究》2019 年第 2 期。

③ 秦红发：《清代西北边疆交通与军事运输》，《中州学刊》2019 年第 5 期。

④ 徐连栋：《关于清代新疆驿站的作用探究》，《北极光》2019 年第 5 期。

⑤ 董红玲：《清代新疆塔尔巴哈台台站交通变迁》，《西域研究》2019 年第 3 期。

⑥ 郭永钦：《“多县治府”与“削府利县”：清代府县裁设与财政经费调整》，《中国经济史研究》2019 年第 2 期。

⑦ 任智勇：《1850 年前后清政府的财政困局与应对》，《历史研究》2019 年第 2 期。

角力过程，勾画清赋运动在省、县行政中的演变趋势。[1] 何永智的《清代盛京户部经费来源研究》一文，利用档案文献资料，对盛京户部的经费来源及规模加以探讨，为理解清代中央财政与东北地方财政的互动关系，以及考察清廷对东北边疆的经略提供了有益的视角；[2]《清代盛京户部“赴京领饷”制度及其嬗变——兼论东三省俸饷筹措》一文认为，“赴京领饷”制度在清前期有效改善了东北地方入不抵出的财政困局，但至清中后期该制度渐趋废弛，对东北地方经济、社会、民生、边防等造成极度消极的影响。[3] 万海荞考察了清代四川南部县的地方经费问题，从地方经费数额变化、财政收入构成及地方经费与财政的比例变化三个方面进行阐述。[4] 刘广瑞利用晚清民国时期两册宗族账簿，对福建屏南县丁会日常收支进行了寻踪探影，账簿中记载的丁钱数、会入钱数、会支钱数、入米升数等信息提供了一个宗族丁会的收支运作实态。[5] 刘增合对广东的田赋征税科目进行了研究，“因事立名”与“就需设项”是广东省征税科目变化的两项重要特征，从中考察了广东省的财政需求、军政变迁和新政改革的运作轨迹。[6] 刘增合还认为，晚清中国边疆频遭外患，清政府制定保疆大计。收复伊犁交涉引发沙俄对西北和东北边疆的侵略威胁，清政府设立东北边防经费专项，从财政上增加对东北固疆行动的支持；在西北不仅在名义上创设新疆行省，阎敬铭等重臣还筹划了国库纾困与支持新疆固边的双重行动；法国侵台危机促成清政府新设台湾行省，台澎防务需款至多，福建极力维系闽台一体，财政上积极协济，部库虽困难重重，但依然是东南海疆固防的财政后盾。军费运筹受到国困现实的牵制，进而影响经略边陲的效

① 舒满君：《光绪朝安徽清赋运动研究》，《史学月刊》2019年第11期。

② 何永智：《清代盛京户部经费来源研究》，《中国经济史研究》2019年第2期。

③ 何永智：《清代盛京户部“赴京领饷”制度及其嬗变——兼论东三省俸饷筹措》，《历史教学》（下半月刊）2019年第8期。

④ 万海荞：《晚清四川的州县经费研究——以南部县为中心的考察》，《中国经济史研究》2019年第5期。

⑤ 刘广瑞：《晚清福建屏南县丁会收支账簿研究》，《宁夏社会科学》2019年第1期。

⑥ 刘增合：《“因事立名”与“就需设项”：晚清广东的田赋征课》，《社会科学研究》2019年第1期。

果。靖边与纾困虽有矛盾，但却关联紧密，成为检验清政府靖边保疆能力的重要方面。[①] 赖骏楠以四川经征局为切入点对清末"官-绅"或"国家-地方精英"之间的权力博弈进行了探析，认为原本由绅士负责的部分征税事宜被经征局负责，构成了对绅权的威胁，四川绅士借助省咨议局对经征局的设立和运行展开激烈批评。[②]

货币金融 熊昌锟对晚清浙江省厘金的收支结构进行了分析，指出厘金的征收阻碍了当地商品经济的发展，导致地方财政日益孤立，地方与中央财政博弈不断。[③] 熊昌锟还对清朝币制改革的原因及详细过程进行了梳理，展现了清廷酝酿币制改革初期内部有关禁止或仿铸、省铸与国铸、货币本位及国币单位的争论过程及背后原因，认为清廷收归铸币权和币制改革的失败反映了中央与地方的矛盾。[④] 何永智对清代直省封贮银制及其嬗变进行了系统梳理与总结。[⑤] 张鹏将新发现的转子钱账册与传世文献及调查相结合，就不同的经营主体分别从经营方式、利息与收益、影响等方面对晚清民国时期转子钱做了探讨。[⑥] 燕红忠从货币供给和信用扩展的机制出发，探讨了近代中国白银货币制度的发展过程及主要特点，以及由政府主导的币制改革的路径及特点，其《本位与信用：近代中国白银货币制度及其变革》一文研究认为，金银货币本位选择的争论，反映了中央政府、外国列强和地方政府在主导或分享货币发行权方面的博弈；两元之争和废两改元则反映了政府与传统民间金融势力之间对货币主导权的争夺。[⑦] 燕红忠、卫辛基于清代官员履历档案，从产权保护的视角实证研究了近代工业化对晚清捐官行为的影响及其机制，为理解近代经济发展、产权保护与官僚体制之间的关系提供了一个微

① 刘增合：《晚清保疆的军费运筹》，《中国社会科学》2019年第3期。

② 赖骏楠：《清末四川财政的"集权"与"分权"之争：以经征局设立及其争议为切入点》，《学术月刊》2019年第8期。

③ 熊昌锟：《晚清浙江厘金的开征及收支结构》，《清史研究》2019年第2期。

④ 熊昌锟：《清代币制改革的酝酿与纠葛——以厘定国币为中心》，《清华大学学报》2019年第3期。

⑤ 何永智：《清代直省封贮银制度及其嬗变》，《清史研究》2019年第4期。

⑥ 张鹏：《晚清民国转子钱放款及其影响》，《安徽史学》2019年第2期。

⑦ 燕红忠：《本位与信用：近代中国白银货币制度及其变革》，《中国经济史研究》2019年第6期。

观视角。[①] 燕红忠、李裕威的《外国纸币何以能在近代中国长期流通？——东北竞争性货币市场及其启示》一文，以清末民国以来东北奉票和金票的竞争为例，分析了外国纸币与本国纸币的竞争机制，并探讨了政府政策和货币发行量等因素对外国纸币流通的影响；[②]《近代中国内汇市场的发展及其特点》一文则从汇兑经营主体、汇兑方式和汇兑机制、汇兑记账货币的演变等方面，分析探讨了晚清民国以降内汇市场的发展演变过程、内在运行机制、特点，以及近代内汇市场发展变迁的动因。[③] 胡艳对清廷为恢复和重建因战争而紊乱的政治经济体制所颁行的财经政策进行了系统考察。[④] 段艳、陆吉康对金币本位主张与金汇兑本位主张分别加以分析，对清末货币本位之争展开了述评。[⑤]

国家对经济的参与与管理　食盐专卖制度是中国古代财政制度的一大重要部分，伴随食盐专卖制度而来的私盐现象，历来为朝廷所重视。李晓龙、徐靖捷借着梳理清代盐场制度的运作及演变，讨论了晚清时期全国的盐政走向衰败弊坏，就场征税难以实施的问题。[⑥] 陈倩关注了清代地方政府通过推行盐业保甲制度，以期治理四川私盐问题的话题。[⑦] 赖彩虹对广东地区乌石盐场中亦商亦私的本地人进行考察，认为他们是盐场的实际操控者，并且盐场制度不是规整其从事盐业的准则，而是可以灵活利用的生存机制。[⑧] 张万东对晚清四川大盐商王余照进行了考析，发现以往学术界使用的史料史实错讹，认为对近代盐商史研究应将文史资料、档案年谱文集等多种史料结合，

---

① 燕红忠、卫辛：《工业化对晚清捐官的影响研究——以新式企业发展中的产权保护机制为中心》，《经济学》（季刊）2019 年第 1 期。

② 燕红忠、李裕威：《外国纸币何以能在近代中国长期流通？——东北竞争性货币市场及其启示》，《财经研究》2019 年第 9 期。

③ 燕红忠、李裕威：《近代中国内汇市场的发展及其特点》，《暨南学报》2019 年第 5 期。

④ 胡艳：《光绪中期清廷整顿钱法的努力与困境》，《中国社会经济史研究》2019 年第 3 期。

⑤ 段艳、陆吉康：《清末货币本位之争》，《广西社会科学》2019 年第 6 期。

⑥ 李晓龙、徐靖捷：《清代盐政的“节源开流”与盐场管理制度演变》，《清史研究》2019 年第 4 期。

⑦ 陈倩：《清代四川盐业保甲制度与私盐治理》，《盐业史研究》2019 年第 3 期。

⑧ 赖彩虹：《亦煽亦商亦私——清末民国广东乌石盐场的私盐及运作》，《盐业史研究》2019 年第 4 期。

立体呈现历史人物的多元面相。[①] 关于陕西关中的私盐贩卖情况，程森以关中刀客活动与卤泊滩土盐的关系为中心，钩稽相关史实，以期推动刀客和关中盐业史的研究，并测度清末关中东部地域社会变迁的历史轨迹。[②]

漕运作为中国古代重要的政治经济制度，向来受到中外学者的关注。吴琦认为清代漕粮赈济有“多途并用，赈粜为主”的特点，清廷通过截留拨运的形式，将漕粮用于地方赈济，这一举措反映了清代统治者社会治理的观念变化与手段成熟。[③] 牛淑贞对以工代赈中的截漕问题进行了探析，认为清代截拨漕粮呈现时空分布不同的特征，其凸显出清廷对于国家政治、经济核心区的重视。[④] 在此过程中，国家利用捐输整合社会力量实施以工代赈，官方与民间力量形成合力，共同维持、促进清代救荒事业的发展。[⑤] 此外，牛淑贞还对清代“照以工代赈之例”政策的运作过程和成效等内容进行了探究，认为这一政策作为以工代赈项目的外延，有助于赈济事业的落实，并且此政策受国家财政状况的影响，经历了从有限发展到扩张，再到收缩的变化过程。[⑥] 周慧清对晚清漕运体制改革下的江北河运进行了考察，认为清廷以江北河运为抓手，利用涉漕利益集团及守旧河运派牵制以“湘淮集团”为主体的改革势力。[⑦] 关于南漕改折的问题，周慧清亦有关注，认为在晚清财政出现困局的情况下，清廷拒绝全漕改折，力图保留漕运制度，其深层原因在于维持政治稳定、制衡东南督抚权势、保障中央集权。[⑧] 晏爱红也从折漕采买的视角观察了晚清漕运体制改革，认为南漕改折提案的失败是固有漕运

---

① 张万东：《晚清红顶盐商王余照史事新考——兼论近代盐商史研究中新史料的发掘与利用》，《盐业史研究》2019年第1期。

② 程森：《光绪初年关中刀客的活动与卤泊滩土盐禁采》，《中国经济史研究》2019年第4期。

③ 吴琦：《漕粮赈济：考察清代社会治理的一个视角》，《运河学研究》2019年第1期。

④ 牛淑贞：《清代截拨漕粮实行以工代赈的时空特征》，《黑龙江社会科学》2019年第4期。

⑤ 牛淑贞：《清代民捐官办以工代赈项目捐输筹资与社会力量的整合》，《兰州学刊》2019年第10期。

⑥ 牛淑贞：《制度的外延：清代“照以工代赈之例”政策的变化与得失》，《湖北社会科学》2019年第12期。

⑦ 周慧清：《利益与制衡：晚清改革背景下的江北漕粮河运》，《清华大学学报》2019年第4期。

⑧ 周慧清：《晚清财政困境下的南漕改折》，《中国农史》2019年第5期。

体制下既得利益者对改革抵制的结果。[①]

太平天国运动对江南等地社会经济造成影响，太平军为恢复苏州地区经济采取了减赋、重商的政策。[②] 陆德洛对清廷在江宁府采取的努力恢复农业经济的措施进行研究。[③]

田赋灾蠲制度是清代荒政史研究的重要内容，李光伟综合清会典、《清实录》以及各类谕旨、题本、奏疏、荒政书等资料，厘清了清代田赋灾蠲制度的主要内容与演变过程，为研究清代减灾救荒制度机制及当下灾害管理提供历史依据。[④]

李宗庚分析了清末新政时期江浙地区爆发毁学事件的背后原因，认为除了民众反对抽捐、资产纠纷等表面原因外，更深层次原因在于新式教育严重损害了农民利益，揭示出工业时代的教育体系无法适应农业时代的经济基础这一事实。[⑤]

人口与城市化　李楠、张铎利用清代府级面板人口数据，考察发现晚清光绪年间大旱灾对人口造成的损失巨大，华北五省人口损失数达 1900 万人，晋陕豫人口损失达 1200 万人。[⑥] 胡瑞考察了清代上海法华镇如何从沪西李漎泾沿岸地界的普通乡村集贸聚落演变成人口集中、商贸繁荣、社会结构多元的“城西首镇”，文中提到晚清民国时期法华镇桥梁数量大幅增多，显示出其城市化地域空间规模扩张，市镇呈现繁荣特征。[⑦] 胡家保认为长江黄金水道的开发与治理，推动了长江上游的沿线城市——万县城市棉纺织业、食糖业以及商业行帮组织等商业经济的繁荣，为其成为川东地区的经济中心以

---

① 晏爱红：《折漕采买浅议——考察晚清漕运体制改革的另一视角》，《中国经济史研究》2019 年第 3 期。

② 郭敏、董粉和：《太平天国运动对苏州经济的影响》，《鲁东大学学报》2019 年第 2 期。

③ 陆德洛：《太平天国战事后江宁府恢复农业经济》，《档案与建设》2019 年第 12 期。

④ 李光伟：《清代田赋灾蠲制度之演变》，《中国高校社会科学》2019 年第 2 期。

⑤ 李宗庚：《清季江浙教育现代化研究——以毁学事件为中心（1904—1911）》，《历史教学》（下半月刊）2019 年第 4 期。

⑥ 李楠、张铎：《1876—1879 光绪大旱灾人口损失的再估计：基于历史自然实验的考察》，《中国经济史研究》2019 年第 5 期。

⑦ 胡瑞：《从佛寺聚落到“城西首镇”：清代上海法华镇原生型城市化研究》，《中国经济史研究》2019 年第 1 期。

及城市近代化奠定基础。[①]

对外经济关系 松浦章等借清朝官员的奏折考察了清政府从国外进口棉花的状况以及所采取的禁止进口措施，提及晚清时期棉花大比例是由进口而来。[②] 夏东平以茶叶贸易为视角阐述了中英鸦片战争的原因及影响。[③] 索亮对鸦片战争前后中英茶叶贸易的状况，以及鸦片战争之后中英茶叶贸易对中英经济造成的影响进行了探析。[④] 李丹丹、王元林考察了清代肉桂国内外销售区域、出口国家结构、贸易方式及性质变化等方面内容，认为清代肉桂垄断贸易与政府的反垄断措施，反映了其“便民怀远”的贸易观。[⑤] 清代贸易网络中，北部边境的恰克图是清政府对外贸易的主要通道之一。康健对晚清西商假道恰克图贸易的缘起、商人与商号以及西商在贸易过程中出现的问题进行了探讨，认为晚清政府在此贸易中征收厘金及各种捐税，加大其贸易压力，影响了中俄边境贸易的发展。[⑥] 郭淇斌从外侨欠税的视角出发，分析了上海英租界工部局如何在英美租界内出现大量外侨欠税和逃税现象的背景下，通过建立科学税率、估价体系等方式，建立起成熟的税权制度。[⑦]

---

① 胡家保：《清代以来长江黄金水道开发与万县城市商业经济发展》，《西南科技大学学报》2019 年第 3 期。

② 松浦章、马成芬：《乾隆年间棉花进口危机》，《中国经济史研究》2019 年第 6 期。

③ 夏东平：《从茶叶贸易视角解读鸦片战争的原因》，《福建茶叶》2019 年第 2 期。

④ 索亮：《鸦片战争后中英茶叶贸易探析》，《福建茶叶》2019 年第 2 期。

⑤ 李丹丹、王元林：《清代肉桂产地变迁与国内外贸易探析》，《中国农史》2019 年第 3 期。

⑥ 康健：《晚清西商假道恰克图贸易研究》，《中国经济史研究》2019 年第 4 期。

⑦ 郭淇斌：《上海工部局对外侨征税的困境与方法（1854—1869)》，《中国经济史研究》2019 年第 2 期。

2019年国内晚清史史料出版概览

高志军*

随着社会的进步、文化的繁荣，国内历史学研究越来越繁荣，尤其在中国近代史领域，不管是学术成果的大量产出、研究队伍的壮大，还是史料的大规模出版，都是显而易见的。现代中国从晚清时期的转型与沉沦中成长起来，晚清史是中国史研究中一个特殊的领域，它既是中国近代史的开端，同时又是清史的尾声。

晚清史史料特别丰富也特别散乱，每年都有大量晚清时期的史料出版。由于晚清时期并不被看作一个独立的时期，所以以“晚清”冠名的大型史料汇编并不多见，许多晚清史史料出现在以“近代”“近现代”“清代”冠名的史料汇编中。当然，各种纵贯古今的大型丛书、史料汇编中也收录了很多晚清史史料。

史料的整理一般都是由研究者、研究机构或史料收藏单位完成的，一般来说整理出版什么史料主要考虑的是“需要什么”和“有什么”。研究者、研究机构想做什么研究就去搜集和整理出版什么史料，即考虑“需要什么”；或者是发现了新史料，即将研究方向转向于此，并整理出版新史料，即考虑“有什么”。史料收藏单位组织的史料整理也会综合考虑“有什么”和“需要什么”，即综合考虑单位藏有什么史料且学术界需要什么史料。

史料的出版情况在一定程度上能反映出历史研究的热点所在，关于某个问题的史料出版得多，一定程度上可以说明历史研究者很重视这个问题，有大量的研究者在研究这个问题。史料的出版情况在一定程度上也可以引领历

* 高志军，南京大学历史学院博士研究生。

史研究者的研究方向，关于某个问题的史料大规模出版，可能会将本来热衷于研究其他问题的研究者吸引到这个问题上来。

史料是历史研究的基础，本文将对 2019 年国内晚清史史料出版情况做一介绍，以期对近年来晚清史研究的热点、可取之处以及存在的问题做一管窥。

把史料分为政治史史料、经济史史料、社会史史料、思想史史料等是不合适的，许多史料中往往包含各方面的内容，可以从政治、经济、文化等不同的角度去解读。虽然如此，但笔者认为按照不同的研究领域介绍最新出版的史料比按史料载体分类介绍更为便捷，也更切近同行的需要。本文根据 2019 年国内公开出版情况，将晚清史史料分为晚清人物研究史料，晚清政治、军事、对外关系史史料，晚清经济、法律史史料，晚清思想、文化、教育、学术史史料，晚清社会、区域综合史料五个种类。如果某种史料既可以用于经济史研究，又可用于社会史研究或文化史研究，或者这种史料涵盖政治、经济、社会、文化、中外关系等各个方面，则这种史料只在其中一个分类中做介绍，不再重复介绍。这个分类不一定合理，敬请指正。另外，本文对史料的介绍或摘自原书，或摘自网络，或由笔者概括，不一一注明，请见谅。

一 晚清人物研究史料

2019 年出版了不少晚清著名人物的文集、日记、信函等史料，是促进相关人物研究的第一手资料。当然，这些史料对于研究相关人物所处时代的政治、社会、思想文化、外交、军事等方面来说，也是极其重要的。

“中国近现代稀见史料丛刊”（张剑、徐雁平、彭国忠主编）2019 年出版第六辑，包括《叶恭绰全集》《孙凤云集》《杨懋建集》《贺又新张度诗文集》《周腾虎日记》《潘钟瑞日记》《黄尊三日记》《江标日记》《何宗逊日记》《沈锡庆日记》《高心夔日记》《新见近现代名贤尺牍五种》《吴云函札辑释》《稀见淮安史料四种》《王东培笔记二种》共 15 种。这部史料丛刊由凤凰出版社出版，从 2014 年到 2019 年已出版 6 辑 74 种 101 册，为中国近代史研究领域提供了大量新鲜史料。

《清华大学图书馆藏稿钞本日记丛刊》（清华大学图书馆编），为“珍稀日记手札文献丛刊”之一种，共选编清华大学图书馆所藏 15 位作者的 19 种日记，其中 14 位作者是清人，分别是黄易、英和、韩崶、唐炯、楼汝同、祥麟、杨宜治、文治、张蓉镜、端良、傅增湑、陈琪、罗毓祥、李肯堂。这些日记在本次出版前皆难得一见，有较高的史料价值。

《岑春煊集》（谭群玉、曹天忠编），为“国家清史编纂委员会·文献丛刊”之一种，共 6 册，所收岑春煊文献起于 1892 年，止于 1933 年。本文集将为岑春煊研究带来极大的方便，同时也是研究清末民初政治变动的重要材料。

《上海图书馆藏珍本年谱丛刊续编》（周德明、吴建伟主编），共收有年谱 331 种，涉及谱主 320 余位，包括政治家、军事家、文学家、艺术家、普通士人、工商业者、方外、妇女等等。这些年谱基本上都是首次揭示，是非常珍贵的史料。

《张棡日记》（温州市图书馆编，张钧孙点校）是浙江温州学者张棡长达半个世纪的人生记录，起自 1888 年，终于 1942 年。内容涉及温州半个世纪以来的政治、军事、经济、教育、实业、农田、灾异、民俗、艺文、名胜、人物、逸闻等各个方面，基本可窥见这个时期温州发生的重大事件，是这个时期社会面貌、民俗的实录，是研究温州地方社会的重要史料。此书为中华书局“中国近代人物日记丛书”之一种。

2019 年出版的与晚清人物研究相关的史料还有《贵州古近代名人日记丛刊》（徐霞客、杨龙友、严修、钱衡、华学澜、赵亨钤、黎庶昌、蒋攸铦、刘书年）、《晚清军机大臣日记五种》（何汝霖、季芝昌、沈兆霖、许庚身、廖寿恒）、《谭延闿日记》、《徐世昌文献辑刊》、《广东水师提督方耀历史资料汇编》、《西洋镜：海外史料看李鸿章》等等。当然，2019 年出版的关于晚清人物的文献不只这些，这儿只列出部分。此外，上海古籍出版社将 2014 年出版的《盛宣怀档案选编》（一百册）根据内容拆分为六个部分，分别为《盛宣怀慈善档案选编》《盛宣怀赈灾档案选编》《盛宣怀铁路档案选编》《盛宣怀电报档案选编》《盛宣怀典当钱庄档案选编》《盛宣怀文化教育档案选编》。

二　晚清政治、军事、对外关系史史料

晚清时期的政治与军事、对外关系是紧密相连的，研究这些领域离不开对政府公文档案的利用，深入利用外国有关晚清时期政治、军事、对外关系的档案资料是推动晚清政治史研究向前发展的重要途径。以下介绍 2019 年出版的晚清政治、军事、中外关系史史料。

《日本侵华军事密档·侵占台湾》（汤重南、刘传标主编），根据日本、美国和中国台湾地区的各种史料编纂而成，包含三个部分。第一部分为 1872 年至 1874 年日本阴谋策划、出兵侵略中国台湾和 1879 年前后日本吞并中国藩属国琉球及发动“牡丹社之役”的档案。第二部分为 1895 年《马关条约》签订后日本军事侵占中国台湾时期。第三部分为日军镇压台湾人民的反抗斗争，代表是 1930 年日军镇压台湾少数民族同胞发动的“雾社起义”。本书的出版为深入开展日本侵占台湾史等相关研究提供了重要资料。

《舟山与鸦片战争史料选编》（王和平主编），精选了鸦片战争前后有关浙江舟山的国内外史料记载，如中国第一历史档案馆的档案，英国外交部收藏的鸦片战争档案、英军战争记录等。通过研究中外史料，王和平认为浙江舟山是英国蓄谋已久的侵占目标，是鸦片战争的主战场，浙江定海是鸦片战争首战地。这部史料汇编对深化鸦片战争研究有重要作用。

《清代近海管辖权资料长编》（王宏斌汇编点校），汇集和点校了涉及清代近海管辖权的各种原始资料，是研究清代从传统海洋管理体制转向近现代海洋管理体制的重要史料。

《清代伊犁将军奏议选编》（张双智、杜长顺主编），收录了伊犁将军萨迎阿、松筠、奕山、布彦泰、马亮、广福、长龄、长庚、那彦成以及新疆巡抚刘锦棠、陶模、联魁等 20 多位军政大员的奏疏，对研究清代新疆地区政治、军事、经济、社会很有价值。

《清代新疆政务丛书》（郭院林主编），共收辑有关清代新疆政务的文献 40 余种，分为新疆总说、北疆、南疆、外交档案四部分，是深入了解清代

新疆地区政治、社会、防务、边疆史地的重要资料。

地图是反映国家行政、军事、领土、周边关系的重要资料。《清朝地图集》（同治至宣统卷）（侯杨方主编），是六卷本《清朝地图集》的第一卷，分为总图组、分省图组和重大历史事件图组三部分，完整反映了清朝同治至宣统时期的疆域版图、政区沿革以及自然、人口、经济、文化等要素变动情况，首次将清朝行政区划界线细化至县级，是海内外第一部清朝断代历史地图集。

这些方面的新出史料还有《遗失在西方的中国史：欧洲画报看日俄战争》、《近代史资料》总 139 号、《近代史资料》总 140 号等。此外，《中外旧约章汇编》由上海财经大学出版社再版。

政治史是晚清史研究中最为成熟的领域之一，近年来虽有清史工程的推动，晚清政治史研究的热度仍觉偏低，尤其是 1894 年中日甲午战争之前的政治、军事、对外关系史研究热度更低。通过对旧史料的深入解读、重新解读，对外文史料和新出史料的运用，晚清政治史领域的不少旧题应该还可以有新作。

三　晚清经济、法律史史料

在晚清经济史史料方面，2019 年出版了不少旧海关档案和民间文书的汇编，这两种史料恰好可以分别反映出城市地区和农村地区的经济状况。

1854 年，清朝新式海关在上海创立。1859 年清朝海关开始建立包括统计和出版在内的海关管理制度，留下了大量的海关文献。旧海关档案是研究晚清以来经济史的重要材料，但早先的研究对这方面的材料使用不多，近年来一些学者开始注意利用旧海关档案。中外许多档案馆、研究机构都藏有近代中国旧海关的档案，以下介绍 2019 年出版的旧海关档案资料。

《海关总署档案馆藏未刊中国旧海关出版物（1860～1949）》（中华人民共和国海关总署办公厅、中国海关学会编），这部资料汇集之前未出版过也极少有学者利用过的旧海关内部出版物，对于研究近代中国的经济、贸易、外交等方面有重大价值。

《近代海关贸易档案（1906～1937）》（天津市档案馆编），选编了天津市档案馆藏 1906 年至 1937 年海关贸易报告，记载了清末到全面抗战爆发期间，北起瑷珲关、南到腾越关的 40 余个海关历年对外贸易的情况，是研究近代中国经济史的原始资料。

《江海关档案译文选编》第一、二册（《江海关档案译文选编》编委会编），江海关原始档案大多为英文，由洋员手写而成，很难辨识利用。这批译文档案内容丰富，记载翔实，涉及海关沿革、组织建制、货物监管、征税统计、查缉走私、海务港务管理、财务关产等，是研究近代海关史的重要资料。

《清宫藏鸦片战争后粤海关税收报告》（叶农、黄素芳整理、点校），本书所辑档案是鸦片战争后粤海关常关税收等商贸活动的真实记录，反映了鸦片战争后粤海关税收变化及粤海关常关衰落的始末，是研究晚清时期粤港澳地区经济贸易的参考资料。

民间文书这种史料非常具有地域性，对于研究各地农村地区的经济社会变迁、土地制度、租税制度、农村资本市场、农村家庭日常生活等具有重要价值。

《客家珍稀文书丛刊》第一辑（曹树基、陈支平主编），收录和整理明清至民国时期广东梅州，江西赣州、抚州、吉安，福建龙岩、三明等地区的客家珍稀契约文书，约计收入 2.3 万件契约和 217 册账簿，编纂时全部归户到村、镇，按时间先后顺序排列，有力地推动粤、赣、闽客家地区经济史、社会史的研究。

《清代山西民间契约文书选编》（郝平主编），收录了山西地区 5000 余件民间契约文书，包括了卖契、典契、借约、当约、兑约等将近 40 种不同的类型，是了解清代以来山西地区经济社会变迁的重要资料。

此外，2019 年还出版了《贵州清水江文书·黎平文书》第二辑、《土默特文书》、《赣南文书》、《闽北文书》、《腾冲契约文书资料整理与汇编》等民间文书汇编。通过发掘和利用民间文书，中国近代乡村经济史的研究可以更加细致和深入。

2019年还出版了一些有关企业史、商会史的史料，如《百年大生企业号信（清宣统元年、三年）》《当地报刊中的绍兴商会史料》等。

清代是传统法律最为完备、判牍案例集编纂最为兴盛的时期，清代的判牍案例集大多保存了下来，成为如今研究清代法律史的重要资料。近年来，许多研究者重视挖掘、整理、利用地方档案，地方档案中存在大量的司法档案，对法律史研究具有特殊价值。以下介绍两种2019年出版的晚清法律史史料。

《清代判牍案例汇编》甲、乙编（杨一凡主编），司法判牍案例是历史上诉讼、审判活动的真实记录，是反映司法制度实施状况的实证资料。本书甲编收入记述清初至嘉庆朝判牍案例集17种，乙编收入记述嘉庆至清末判牍案例集27种，具有重要的史料价值。

《清代冕宁司法档案全编》第一辑（张晋藩总主编），四川省冕宁县属于多民族聚居地区，保留了大量的清代档案，尤以司法档案为多，这些档案是研究清代依法管理民族地区的重要资料。

四　晚清思想、文化、教育、学术史史料

晚清是由传统中国走向近代中国的转型时期，晚清时期思想、文化、教育、学术等方面的转型毫无疑问是极为显著的。当然，这些转型的基点是传统，主要议题是西学东渐和中西互动。以下介绍2019年出版的晚清思想、文化、教育、学术史史料。

《近现代国人赴欧美旅行考察研究资料汇编》（卞甫主编），汇集晚清民国时期外交官、学者、留学生、商人、旅行者等关于出洋的日记、游记、考察记、札记等。本书资料涉及晚清的作者有梁廷枏、许景澄、刘锡鸿、载泽、张荫桓、崔国因、曾纪泽、戴鸿慈等，对于研究晚清时期人们思想观念的转变、文化的交流以及政治史、中外关系史都具有参考价值。

《清代经世文选编》（来新夏主编），为“国家清史编纂委员会·文献丛刊”之一种，主要从清代刊印的多种“清代经世文书”中按照一定标准遴

选出经世文单篇作品，集结成编。书稿选录清代经世文作品1100余篇，内容广泛，包括吏治、农田水利、赋税、铁路、邮政、礼制、文教、军事、外交，甚至城防、防火、缉盗等；从思潮上说，从清初经世派到乾嘉学派、晚清经世派、洋务派、维新派、教育救国派、实业救国派、民主革命派等派别的文章均有收录。

朝华出版社从2017年开始出版的“清末民初文献丛刊”，主要辑录1840年到1928年之间的代表性文献，涵盖思想、学术、文学、史学、出洋考察、革命等领域，从书集中体现了“启蒙性”和“西学东渐”的特点，以影印的方式保存原刊本的形态，选目198种，分辑出版。丛刊分为思想启蒙作品辑、出洋考察作品辑、文学综合作品辑、学术研究作品辑、史学研究作品辑、论著汇编作品辑、翻译作品辑。丛书集中了中国社会文化转型时期的代表性著作，对近代思想流变的探源有重要价值。

《清诗总集丛刊》（王卓华、曹辛华主编），对清代诗歌断代总集、地域总集、结社总集、唱和总集、流派总集、选本总集、世家总集、闺阁总集等进行整理与汇刊，初步囊括清初至晚清民国三百年间重要的清诗总集文献170种。

《未刊清代硃卷集成》（李德龙、董玥主编），汇集了清代科举乡试卷、会试卷、贡卷等近2000份，均为首次印刷出版，是清代科举考试第一手原始文献，对于研究考生的履历、功名、系谱、师承、名次、科考记录、考试地点、年份、考官、所作诗文等，有着巨大的价值。是研究清代政治思想、政治生态、官吏阶层状况的重要参考文献。

近代以来的西学东渐，将西方的哲学、自然科学、社会科学、人文科学、艺术等传入中国，在新与旧、古与今、中与外的碰撞中，中国的各种学术得到了极大的开拓和发展。近年来广陵书社组织出版“近代学术史研究资料丛刊”，2018年出版了《近代西学东渐文献丛刊：政治学、法学卷》，2019年出版了《近代西学东渐文献丛刊：经济学、教育学卷》和《近代西学东渐文献丛刊：历史、哲学、心理学卷》。此外，广陵书社2019年还出版了《中华近代学术典籍汇编·政治学卷》《中华近代学术典籍汇编·经济学卷》《中华近代学术典籍汇编·法学卷》。

五　晚清社会、区域综合史料

重视普通人的日常、境遇、命运是社会史研究的关怀所在。日常生活、灾害、疫病、医疗是近年来社会史研究中比较热门的话题。社会史史料极其丰富，近年来随着大型报刊数据库的建设以及报刊资料的大规模出版，报刊资料越来越多地运用于社会史研究中。晚清来华外国人用不同的角度对中国社会所做记录，也是研究晚清社会的重要材料。以下介绍 2019 年出版的晚清社会史史料。

《"中国研究"外文旧籍汇刊·中国记录》第十一辑（李国庆、邓赛主编），这套丛书汇集了 17 世纪以来来华西方人关于中国的记录，将英文旧籍全文影印，从 2009 年开始在广西师范大学出版社出版，2019 年出版第十一辑。本辑包括《中国素描》《中国笔记：在北京、南京和广州之间四个月的内陆旅行及有关当前战争的观察和思考》《广州的中国人，或旅居中国的美国人》《中国》《岭南：华南及海南岛行纪》《中国拾零》《广州和虎门：英人中国历险记》《中国故事》《辛亥革命前后的中国》《广州、澳门和西江》这 10 种文献。本辑所收史料对研究晚清不同地区的社会状况、风俗习惯等有一定价值。

《晚清画报》（张玮编），选辑创刊于清末的 16 种稀见画报，包括《画图新报》《飞影阁画报》《飞影阁士记画报》《飞影阁画册》《飞影阁士记画册》《飞影阁玉记画册》《飞云馆画册》《求是斋画报》《戊申全年画报》《舆论时事报图画》《神州五日画报》《儿童教育画》《图画日报》《民立画报》《新闻报馆画报》《图画灾民录》。《晚清画报》的出版对了解晚清时期的社会风貌、大众文化、日常生活等有一定的价值。

《伍连德及东三省防疫资料辑录》（李冬梅主编），本书共分三部分，第一部分为伍连德自传及哈尔滨市图书馆藏部分防疫图书目录；第二部分为有关伍连德及东三省防疫图书的图片；第三部分为从《滨江时报》《大公报》《民国日报》《民立报》《申报》《盛京时报》《远东报》等报纸中辑录的第一次满洲瘟疫（1910 ~ 1911）及第二次满洲瘟疫（1920 ~ 1921）时期有关防疫信息的报道。

《中国基督教青年会史料汇编》第一辑（广州基督教青年会编），包括《广州基督教青年会 110 年纪事》《广州基督教青年会年度报告》《中国基督教青年会原理与历史沿革》《中国基督教青年会事工实践》《中国基督教青年会历史影像》五个部分。基督教青年会在基督教中国化的进程中发挥了重要作用，这些史料是研究基督教青年会、基督教中国化以及近代中国社会的重要材料。

家谱、族谱是社会史领域中宗族和士绅研究的重要史料，2019 年出版的家谱、族谱汇编有《中国族谱丛刊》《中国家谱丛编 · 上海卷》《中国珍稀家谱丛刊 · 状元家谱》等。

社会史史料散见于各种文献中，上文介绍的是归类于经济史史料的民间文书，以下将要介绍的区域综合史料以及许多其他史料中都包含大量的关于社会史研究的资料。

有不少史料涉及某个区域的政治、经济、社会、文化等各个方面，本文将其归为区域综合史料。地方志是最为常见的区域综合史料，每年都有大量方志出版，这里不再列举。2019 年出版的区域综合史料还有《中国大一统文献丛刊》《海上丝绸之路历史文化丛书》《京津冀畿辅文献丛刊》《西口文化区著作集成》《驻粤八旗史料汇编》《北洋官报 · 天津史料辑录》《〈申报〉上的昆山》《申报中的海宁（1872～1911）》《晚清民国报刊舟山史料汇辑》《明清实录舟山史料辑要》《近代报刊中的普陀》《档案中的宜兴埠》等。存在大量民族语言文献是民族地区史料的特别之处，当然，许多汉文文献也是重要的民族地区史料。2019 年出版的民族地区史料有《近代青海考察记与调查资料汇编》《西藏自治区档案馆馆藏蒙满文档案精选》《近代蒙古文献大系 · 见闻卷》《青海蒙古族历史档案资料汇编》《清实录藏族史料类编》《云南 15 种特有民族古代史料汇编》等。

余　论

从 2019 年的晚清史史料出版情况来看，人物文集、人物日记、旧海关档案、民间文书、热点问题文献汇编、报刊资料辑录、区域综合史料出版较多。当然，一年的情况并不能说明问题，从总体上来看，近年来晚清史领域关于政治、军事、中外关系史史料的出版，相对而言少于社会、文化、区域研究这些热门领域。这些出版情况在一定程度上可以印证近年来文化史、区域社会史研究的繁荣。

2019年的文献出版情况也反映出了政府部门投入力量进行文化建设的现象。近年来，各地都在编纂“文库”，这些大型丛书的出版是对珍稀文献的保护，也有利于推进区域史、社会史等研究领域的发展。不过一些文化项目中也存在华而不实、盲目追求大规模、学术把关不严等问题，需要引起注意。

近年来大规模地将文献影印出版的做法比较普遍，使一些珍稀文献得以留存，使许多难得一见的珍贵文献得以被学者们利用，推动了学术的发展、文化的繁荣。不过，有一些文献被重复收录于不同的大型丛书中，或者出版了同一种文献中较差的版本而漏掉了更好的版本，这在一定程度上是一种资源浪费。

史料的大量出版对学术研究而言无疑是大好事，不过，如何更好地利用这些史料，如何看待史料与史学的关系，如何利用新史料做出新成果，这些都是值得认真对待的问题。有学者即指出：“我们的学术研究还存在滞后于史料出版的现象，有些重要新史料整理出版了，但长期很少加以利用。这些现象虽然不具有普遍性，但它们确乎存在，反映了学术的浮躁之风，须引以为戒。”① 大批新史料的出版其实也是对学者提出的新要求，要求学者们在认真研究大量史料的基础上得出结论。

“文献整理向来被认为是为他人作嫁衣裳的笨功夫，只是剪刀加浆糊，缺乏学术含量，在各种评价体系中都不被看重，因而为专业研究者所不为，甚至不屑为。其实，这是极大的误解。……史料种类繁多，质量参差，如何去粗取精，去伪存真，是对整理者学术功力的考验。由研究有素的严谨史家编辑史料，方能从纷繁芜杂的海量史料中披沙拣金，选编出可靠的史料集。”② 正如编者阵容强大的《中国近代史资料丛刊》，虽也有一些错误与不足之

① 崔志海：《晚清政治史研究70年回眸与展望》，《史林》2019年第4期。

② 李细珠：《〈岑春煊集〉与观察北洋》，《中华读书报》2020年7月1日。

处，但这套丛书哺育了一代又一代的学者，对促进中国近代史这门学科的发展与繁荣发挥了巨大的作用。希望相关学术评价体系将史料整理作为重要的参考标准。

晚清史领域已经翻译出版了不少外文史料，但与庞大的晚清史外文史料相比，已经翻译出版的仍显太少。现代学术虽然说对学者的外文要求越来越高，但自如地使用外文史料对很多人来说仍然是很大的考验。许多非常重要的外文史料无法利用，对国内晚清史研究向纵深发展是一个巨大阻碍。近年来晚清政治史、外交史、军事史等研究领域进展缓慢，在很大程度上即是受到史料的限制。希望相关研究机构、学者、出版社能更多地翻译出版外文史料，尤其是晚清时期国外各政府机构、组织、企业、教会的档案以及外交官、传教士、汉学家、冒险家、旅行者的日记、书信、回忆录等。英文史料相对而言翻译出版得较多，希望能更多地翻译出版法语、俄语、德语、意大利语等外文史料。

现在流行出版大型史料汇编，汇集大量文献，对学术研究而言是大好事。但这些大部头汇编动辄几十本，定价很高，一般读者无财力购买，且研究者多数情况下并不需要全套购买。不知出版机构是否可以考虑同时发行纸质书和电子书，且电子书支持分册购买，这对读者而言将是极大的便利。

大型文献数据库是学术研究的一个极为便利的工具，建立数据库，比出版发行纸质书更方便、更快速、更节约。希望有更多像中国社会科学院近代史研究所建立的“抗日战争与近代中日关系文献数据平台”这样免费开放的史料数据库，不仅有利于学术研究的繁荣，对于一般民众了解历史也是非常有帮助的。

整理出版史料是为了研究历史，好的历史研究只有在正确解读史料的基础上才能做到。“随着晚近史料的大量出版，史料的边际日渐清晰，学人应逐渐将重心由看得到转向读得懂。”[①] 如何做到“读得懂”？笔者认为应该是脚踏实地，多读多思吧。

---

① 桑兵：《晚近史的史料边际与史学的整体性——兼论相关史料的编辑出版》，《历史研究》2008 年第 4 期。

史料选辑

晚清《申报》防疫社评选辑（续）

以　清[*]点校

兹在本刊第 4 辑所刊《晚清〈申报〉防疫社评选辑》基础之上，再加选编，辑为续篇，并依据内容，将其分别“种痘”、“治痧”、“防霍乱”、“麻风防治”与“其他”五类，以供学界参考。差错在所难免，尚祈专家学者指正为感。

一　种痘

论谬种牛痘

恻隐生来稿

夫牛痘一法，较之中土种痘，其简易稳当，此固夫人而知之矣。乃间或有种而复出者，其故何也？良由局中帮办伙友于此道全未梦见，即于外边私行点种，妄希图利，不顾生命。在育儿之家，全不知觉，但小儿祸根即伏于此矣。往往遇天行痘疫，有感而复出之虑，在私种之人，以为此法一望而知，别无长策。然仆于西医潜心数十年，深知牛痘之谈何容易？点苗时虽只于消烁、清冷渊二穴刺皮点种，别无异术。然长水灌浆，结痂之时，其形色颇有不等，亦难笔罄。毒之尽与不尽，即于是乎觇。爰有授以药饵，观其动静。如毒果难尽，随即嘱以下次再点，必无遇痘复出之患。时以西国于牛痘一科，倘非肱经三折者，不许妄为点种，以示人命攸关，慎重厥事也。兹特遍告四方育儿之家，如遇局外私种之人，切勿被其煽惑，谬行点种，有误小儿，以致西法牛痘受不白之

* 以清，南京大学历史学院教授。

冤也。特此布达。

（1873年4月29日，第1版）

论牛痘

——豆字借用

中国幼孩最险之症，一曰惊风，一曰痘。然惊风之症未必皆患，痘固无人不患者也。且惊风之症，逾一岁以后则不患，痘若未出，即至数十岁，尚有患之者。痘之为症有二：一曰天行之痘，一曰人种之痘。中国幼孩之凡患此症者，无论天行、人种，均须设坛祀神，延医服药，慎饮食、谨起居、戒风寒、恶污秽，昼夜勤劳，罔敢少怠。延至半月之久，始能竣事。此平安无事之痘，已须调摄保护如此。若遇危险之症，更不必言。故虽中下之家，有孩患痘者，亦须费钱数千；若富贵之家，其耗费有至数百千者。而且未必人人皆能保全。每岁患痘而夭折者，亦难悉数。若遇天行危险之痘，而患痘之能保全者更难必矣。

自种牛痘之法行入中国，则视天行人种之痘，其安危何如，其劳逸何如，其耗省何如，姑无具论，其种牛痘之幼孩每岁之获保全者，已不可胜计矣。前闻咸丰年间京师已设种牛痘之局，而京中之种牛痘者实属不少，乃现在忽传皇上亦患天行豆症，岂牛豆之种尚未行于宫禁与？抑种牛豆之人术尚未精，故至已种而仍复患天花与？然种牛豆之利业已遍及东南，何以不传于宫禁与？

查牛豆之入中国也，嘉庆时粤东人已行之，既而湖南人亦效之。道光时合肥戴君为令湖南，深知其法之善，令人往习其法，于是庐凤间亦皆知种牛豆矣。故金陵各省克复之后，曾文正公、李伯相皆知其法之善，在金陵、吴门均令设局施种。今则浙江、安徽、江西、湖之南北各省会，无不设局施种矣。初则民间尚狃于习见，皆以为牛豆之种尚未可恃，多不肯往种者，今则人尽知之，亦皆乐于从事也。

上海一区，通商以后，西医设局已有代人种牛豆者。兵燹之后，应敏斋方伯①观察苏松，复于邑庙豫园开设施种牛豆之局，延江西黄春甫先生主

① 应敏斋方伯，即应宝时。

之，迄今将及十年，所种之孩已逾万余，未闻有因此夭折者。近来二三年内，上海邻县各处天行痘症，因而夭折者实繁有徒，若在上海四周数十里以内曾种牛豆之幼孩，均未罹此祸也。可见牛豆之利，不已昭昭哉？

特是其法极良，其功至大，惟其得浆也亦甚难。若能易于得浆，便可随处种痘，其益不更广乎？即如上海之局，其浆来自外洋，既种之后，本可取其至足至浓之浆，转种他孩，以此互相传续，方无断浆之患。惟华人之种牛痘者，往往一种之后，便不来局。间有来者，其桨本极浓足，故意自行擦破，任其流于衣上，不令取种他人。细询其故，佥谓取浆传种他孩，己孩必致受损，故宁使流于他处，不至耗去己孩精血。如此蠢见，如此邪说，在明理者闻之不值一笑，而在愚民闻之反尽奉为圭臬。故浆每至断缺，不知人人皆存此见，则所种之人必皆须取浆于外洋，岂不令施医者为难。无如过桥拆桥之人，彼竟不顾，何也？亦幸尚有明理之人，任局取桨，不然则此法何能行哉？吾尝闻其浆难得，若至夏月种者又希，即能取浆亦难藏久。故各省每至夏秋，常虑缺浆。近闻春甫思得一法，用外洋收浆之极细玻璃管，收足浆后，外再用瓶将细管放入，埋于土中，虽历二旬取用，犹如新者。其法已试行有验，今代书之于报，俾各省见之，皆可效法，则不至有缺桨之患矣。

此次传闻京师、天津各处天花盛行，岂各处施种牛痘之局，有尚未设者与？抑设而复停与？不然何以天花盛行也然此！

（1874 年 12 月 29 日，第 1 版）

书论牛痘后

前读《论牛痘》一则，实属有功人世之事，因欲设法推广行此善举，故复为之说曰：昔先慈在日，每遇天行痘症，及邻里延医设坛种痘之事，辄愀然曰："此次痘症，不知劳若干父母之力，耗若干父母之财，更伤若干父母之心矣。"予阅而请其详，先慈曰："汝上有两兄，长者于四岁时患天花而殇，次者亦于四岁时种痘而夭。及汝兄弟，皆于周岁以后，即行访延名医代种，加意调护，始获保全，耗财且不必言，而劳力亦可谓至极矣。尚幸不至如汝两兄，使我伤心也。"及至发逆乱后，余家避地他乡，余侄在闽，系种牛痘，到沪后，余长女即延春甫代种，并为余侄复种一次；余次女及四侄女在粤均种牛痘，余子在金陵亦种之后，余幼女甫周，尚未及种而天花忽发，症甚危险。余子与之同榻，竟居然无事，毫不沾染，于此不愈征牛痘之大有益于幼孩乎？即以余一家而论，未种牛痘之前，余兄弟四人患痘症，已折其半；既种牛痘之后，余兄弟之子女均获保全，安然无恙，一家如此，他可类推矣。并传言李伯相一家均信牛痘，伯相昆季六人，五人皆种牛痘，毫无一事。惟四君未及种，而患天花，竟至失明。因此后辈诸幼无不种牛痘者。

夫种牛痘一事，固西法中之有益无损。若轮船、火车以及各机器，并其他诸事，必损益互见，并所费亦较大。即论西医诸事，如治伤科，必须去其受伤之处，故虽全一命，常有废其一肢者；且药料价亦甚巨。若种牛痘之法，无论人人，种者皆能保全无事。其他如为父母者，亦可不费财力，为幼孩者，更可不受痛苦。中国天行之豆，姑无具论。即以种豆而言，下苗之后，连热数日，方能见点，以后其症重者必至延满全身，而双目亦为封闭，往往少行擦破，当时则脓血淋漓，愈后则满身斑点，故至有失明者。照料固属极难，调摄亦非甚易。设或少受风寒，误服药物，其害有不可胜言者。

若牛痘则不然，每人仅种三处，全发亦不过三粒，尚有仅发一二粒及一粒不发者，从未闻有延及他处，另行发出者。当种之后，身仅发热，本人亦不甚觉，饮食照常，起居如故，故亦无须避风、忌口、服药等事。至灌浆结痂，总共为时不须半月。惟下浆之后，体气少弱者，须食发物，以催其发、足其浆而已，其他均可不必也。中国诸人之不能深信者，大约惑于巫医，囿于闻见。盖牛痘到处皆种，则巫医无事矣。故创为但种牛痘，则幼孩之各毒不能尽泄之说。皆谓中国之豆，无论天行、人种，均至遍身皆有故毒，方能泄尽。若种牛豆仅臂上数处，即四肢一身之毒尚未能发，何况六腑五脏间之毒哉？愚人习于闻见，故皆确信不疑，是以不愿轻种也。

即传浆受损之说，亦安知非创于巫医诸人哉？余昔在金陵襄理牛豆，劝人宜种，而人常以此说为辞。余谓："尔等所患者此耳，今岁种之，虑及泄毒不尽，明岁仍可复种，连种数次，其毒谅无不尽者。且西人亦有此等办法，小儿既种之后，再延数年，复种一次，故西人皆不至患天行豆症，非明征与？"是以金陵局主查吉人先生，因众人皆有此见，遂不论男女，均为两臂全种，不似春甫之仅种男左女右也。今上海及有牛豆局之处，人皆信之，且亦有复种者，惟可以令人取浆之说尚未深信耳。

呜呼，牛豆之法可谓善美之至矣。举世若皆种之，则父母可省无限财力，幼孩可免无限痛苦，且可令举世之人少无限因之而夭殇与成废疾者。其事又非难行，仅须各省会牛豆局中，令各州县之习豆科者，皆赴局学种牛豆，从此日多一日，年继一年，使十八省中处处皆种牛豆，仍与习豆科者无碍，则浮言息而实功奏矣。且令见牛豆之易而治豆症之难，不但种者愿种即习者亦愿习矣。岂非幼孩之大幸哉？亦岂徒幼孩之大幸哉？所愿世之人正无庸胶此成见也。

豆字借用

（1875 年 1 月 2 日，第 1 版）

牛痘续论

人世疾病之症为数不少，而且不一其类，故有内症，又有外症。而一症兼属内外者常少，若痘之为症，固实兼乎内外者也。人生所患之疾病，亦各不同，有患内症而不患外症，亦有患外症而不患内症者，若内外之症同时均患者亦少。至患痘症，又实兼乎内外而同患者也。而且人生所患之疾病，彼此各殊，未必人人皆须同患此一症。若痘症，又无论乎男女，凡有生之人，均须同患者也。

夫天下之事，实有不可解者。即以此痘症言之，亦在于不可解之列。说者谓中国西汉以前，实无此痘。至东汉马伏波[①]征蛮军中遂染此症，因而流传于中国。何以中国未有此症以前人均不患，既有此症以后又至人人皆患也？传闻至今长城之外蒙古、新疆以及西藏各属尚无此症，其人一入中国，往往有因患此症以致伤生者。然此症虽为人人所同患，而治此症之难又实有过于他症者。无论天行与人种者，平安无事不过半月，即告成功。若遇危险

① 马伏波，即马援（前 14～49），字文渊，陕西扶风茂陵（今陕西兴平）人，为刘秀统一天下立下了赫赫战功，年迈之后，仍请缨东征西讨，西破陇羌，南征交趾，北击乌桓，官至伏波将军，世称“马伏波”。

之症，则难言矣。痘不能发出伤生者有之，发而不能灌浆伤生者有之，灌浆不足与灌浆复□伤生者有之；即结痂之后，复变他症伤生者亦有之。故治他症之名医常有，而治痘症之名医不常有也。

自种牛痘之法传入中国，则人大受其益矣。故凡有能种牛痘之地，未闻尚有因患豆症而至伤损若干幼孩者。况已及冠者乎。何以京师之中，咸丰时已经开设种牛豆局，十余年来反致遭此大故？岂因牛豆之名不美，而宫中不便种耶？亦岂以种时须用刀割，而卑者不便施于尊者耶？抑其中尚别有天意存耶？中国或因不能笃信西法，故至于此。而日本近来专用西法，何以现在一国之中大患豆症，岂日本君民独不信种牛痘一法，以致若此耶？是真不可解者也。惟是西法之流传于他国者，固未有更能甚于种牛痘者也。自此法传入中国，而保全之幼孩，实难悉数。初犹疑信相参，今则信之者愈众矣。所患者尚未能各处皆行此法，且已行此法之地，尚未能人人皆肯任局取桨耳。若再能人皆任局取浆，即此法更易施行，即欲遍行于天下亦可也。

夫人不欲人取浆者，佥谓取浆传人，则小儿之精血必至损耗，独不思一人仅种三粒，而一粒之精血尽为取去实能有几？若果如此，即能损耗小儿之精血，则天行与人种之痘，每致遍身皆有，即至少者亦断不止三粒，其擦破流去之脓血，姑且无论。即令全能结痂，而痂又岂非脓而所结成者？若谓去三粒之脓血即能损耗小儿，则中国之痘所损耗之脓血至少亦十倍于牛痘，彼小儿之损耗将何以堪，并未闻小儿出痘之后即成虚弱之症者。观此亦可以知任人取浆之无伤也。

且揆诸天理良心，亦未免太不恕矣。试思人人皆存此见，则我小儿之种又从何处取浆？人子之浆任我取用，我子之浆不欲人取用，岂非过桥折桥乎？谁非人子，谁非父母，而顾可令我一人独行其是耶？不但不恕，而且太毒。人皆如此，则牛豆之桨缺矣，而种牛豆之法穷矣。揆之天理良心，可乎不可？但愿世之往种者勿吝其浆，而阅此报者劝人不吝其浆，则功德实无量矣。吾尝询之西人种牛豆之法从何而得，乃云昔有牧牛者，牛患此症，传染与伊，固不知其为豆也。迨国中均患豆症，惟牧牛者不患，后见又有牛患此者，取浆种人，被其种者后遂不复出豆，始知其为豆也。此法遂行矣。第西国之牛有患此者，而中国之牛亦必有患者，人特未之察耳。若果能察出此法，则吝啬不令人取浆者，亦不能居奇矣，则此法更易于行矣。请质之种牛豆之先生以为何如。

（1875 年 1 月 29 日，第 1 版）

牛痘引证说上

人寿主人稿

尝读贵报有《论牛痘》暨《书牛痘后》及《牛痘续论》共三篇，言至尽意至美，蔑以加矣。无非欲人广信牛痘也。所言机器诸事损益互见，即医道恐亦未能万全，惟牛痘为西洋中之有益无损者，诚哉是言也。夫轮车、火船、气球、电线皆一机器耳，即使无损，不过省人之力、兼人之功而已。试问未创机器以前，数千年兆民将如何耶？机器未行之处，又将如何耶？无怪汉阴丈人有抱瓮灌园之事。至于医道，必须有病方治，未闻有未病以前先设一法，免其后病也。惟痘则不然，因思人人均得同患之症，固莫如乘其幼稚而预种之。中国宋时始得神痘之法，相传至今，已称便益，然有顺逆之不同。乃不谓西国竟于数十年前，悟得牛痘一诀，实为万无一失，可免若干夭殇之惨。容引一事以先证之。

宁波朱云山者，向开云蓝阁裱画店于郡城之鼓楼前有年矣。年逾五旬而始得一子，固不啻掌上之珠。前年欲为种痘，惟传浆与鼻苗[①]二事左右未决者。久之遂谋之于妇，妇曰："闻牛痘仍欲复出，不若厚赠谢金，延谓名医种神痘之为愈。"云山惑于妇说，乃延本城著名痘科之韩姓种之，未几而夭。去年云山死，继其嗣者侄也。云山听信无知之妇人，致颇噬脐之恸，而妇人者诚如贵报言，惑于巫医各毒不能尽泄之说也。巫医必欲创此复出一语，易地皆然，无识乡愚易受其惑。

余家子女均种牛痘，固不待言，且再引一事以证其实。余移砚明州十载于兹矣。斯地之医士与余交往者居多，但风俗非若外省之专治一科也，宁郡则大书男妇方脉儿科痘瘄□样。向有痘科马逢春者，甬上固无人不知也，去

① 鼻苗，即牛痘苗。

年己［已］作古人；其徒万政扬初名景扬，亦无人不知也，并非青出于蓝，乃因其招纸遍贴城厢内外街衢，以此人人得而见之知之也。虽不与诸医并驾齐驱，然在江北岸一隅，可称庸中矫矫者。或问何以知之？曰上中医士之轿，垂帘蔽面，恐有栏路请诊者；中下医士之轿，卷帘露面，欲使知其有人延请也。政扬系乘卷帘之轿，故知之，且能言博辩，遇病之先轻后重者、豆之先顺后逆者，必多方设词推诿曰："此必冒风矣，此必误食矣，必受寒受热矣，另请高明也。"须卸却干系而后罢。余每每劝其不可。政扬住桃花渡地方，离余家仅里许，无事时辄至余家，与余相识有年。然余终未请其诊病，嫌其少年浮滑，不任关系故也。一日谓余曰："牛豆之法，我中国神豆不如也。"余怪其言之有因，答曰："君素辟牛痘，今何所见而云然？"曰："此言仍由辟牛豆而来也。木匠张美元有一女，昔年曾种牛豆，去岁甲戌之春，我效仪秦，舌以说之，美元惑，乃请我下鼻苗焉。我选苗之螺纹而浆足者，双倍下之，并令周十二时取出，如法而行，竟不复出。此非牛豆之效验也？"余曰："虽知牛豆之美矣。其奈下此毒手何？"政扬不解，叩问其故。余曰："施以双苗，又下十二时之久，万一复出，必非轻症，君则小试其技，而人之性命不管也。且将曰冒风矣，非豆之过也，问心安乎不安？"政扬自悔失言。按，张美元开木匠店，亦在江北槐花树下，此人诚实无欺，故受其惑。前日遇于盐仓门渡船中，询之果有其事。现当春令，正医生招种神豆之时，用持赴紧录请登报，俾鄞地诸君见之，可以互相广劝，使凡百婴孩同登寿宇，则固余所愿也。

（1875 年 3 月 6 日，第 1 版）

牛痘浅说

盖闻医虽小道，人之生死系焉。古来仁人君子，存心济世，究求良法，汇集方书，流传于世者，往往历试之而屡验，始广播流行，断不敢轻于问世也。夫患之最骇而人人难免者，莫如小儿之痘。谚云："小儿未痘，无足为人。"明言痘为小儿生死关头，过此一关，方能出险就夷尔。常见孩提之童，笑啼可爱，偶染天花，吉凶莫测，虽金枝玉叶，一遭痘骇，美秀而文者忽变而为满面麻痕，或眼流清水，或鼻音不清者，诸般丑陋莫可言状，为父母者何不思患预防，忍令眉清目秀之儿竟成丑态，以致面目可憎、终身取厌乎？况危险万状，更有性命之虞也。

我华向有种痘之法，选择吉苗，互相传种，较之天花固为稳惬，然亦有一切避忌，或杂以外感，致多锋［风］险，总非十分稳当。嘉庆年间，西国有博学士，思天花之险，悉心试验，始得牛痘一法，不择天时，不烦禁忌，不必多用药饵，下苗之后，遍传经络，使胎毒透发而小儿戏笑如常，诚万无一失保婴之良法也。

或曰痘是小儿之大患，人人当知远避，种痘者取婴儿而使之受患可乎？曰：可。譬之捕鸟，乘其羽翼未成，而擒之甚易；譬之去草，及其滋蔓未延，而除之无难。古之良医施药于未病之先，犹之名将布阵于交兵之始。种牛痘者，引于未出之时，斯不费力而奏功甚效也。

夫引者如引路。然引诸坦途，斯无颠踬如引线；然引其端绪，则无棼乱金鉴。所谓引其毒于未出之先，张逊玉《种痘新书》所谓，以佳苗而引胎毒，斯毒不横而症自顺。张氏《医通》所谓发儿胎毒于安宁无病之时。凡此诸说皆言痘之不可不种也。不然，以患痘而致危，急延医服药，日夜守视，举家不少惊惶，邻里互相传染，然亦难保其无虞也。

今牛痘止种二三四颗，小儿饮食起居如常。旬日之外，可告厥成，无灾无害，不惟小儿免受诸苦，即为父母者亦少忧虞恐惧。或又曰，牛痘有不效而再患天花者乎？曰有。夫痘系小儿胎毒，胎毒之浅深、轻重各有不同。胎毒重而深固者，一引难清，故有再出之患，非但牛痘如是，即天花与古法种者亦皆有之。凡来局种痘者，常嘱其复诊，即此故也。或有种而未出，及出而未清者，必须再种，视其胎毒清楚，方可安然无事。切莫疑牛痘之法为未尽也。且种痘之家，全不费事，一次未清，尽可再种。即一种而业已透发，亦须精于其事者，为之细心复看，然后可保无虞，何得以未经复看而徒归咎于牛痘之法为不美哉？

吾尝闻某寺僧论牛痘之非，曰牛痘虽出不多，或一次二次，亦去其血中之毒也。殊不知气毒深藏骨髓之中，每见种后复出天花而不能治，世人未明此理，以图简便，然气为阳，血为阴，治其气则血中之毒可以解，治其血则气中之毒不能解矣。寺僧之论如是，余曰此等之评，骤而听之似乎近理，独惜其未明天地之自然、人生之原体耳。

盖天地阴阳之理，未尝一刻分离。譬之播种，谷种而天气随之生成五谷。此僧既曰痘引之以血阴则气阳不随，引之以气阳则血阴可解。然则何不教人播种于虚空天地之中耶？盖人身秉阴阳二气而生，虽有血阴气阳之别，实未尝一刻分离，血借气而旺，气仗血而容，两相浃洽，周流不息，气血融和，百体四肢佳畅；稍有不和，即生疾病；全不和，而气血不相往来，即谓之死，岂有引之以血，而先天之毒不解乎？如曰引之以血，则取血中之毒，何以复出天花而不能治耶？岂嫌毒之少而难治乎？此妄诞欺人之极也。

况牛豆择于手少阳、三焦、人身关要之腑，如天地之三元，所以能通百骸，运化内外，周行骨髓。种后四五日，寒热交作，如此内外疏达，阴阳二气之毒无不尽解矣。自从牛痘流传中国，各省通行，上海租界仁济同仁、体仁各医馆，历年施种，大有成效。庙园中牛豆局是道宪所设；近地城镇，或官长设局，或绅富设局，日盛一日，皆读书明理之人创行善举，实以确有效验，故踊跃从事，决非徒费心力，作为无益也。谨叙其源流，请以质诸大雅，未识以为然否？

惜孩氏稿

（1877年12月21日，第3版）

请添设牛痘局以广德惠说

外洋引痘之法，诚为万妥万当。吾上海蒙应敏斋观察创设牛痘局于邑庙以来，各仁宪接任，率由旧章。盖皆以保赤为怀，而乐于继美也。附郭居民，抱孩赴局就种者，俱称近便。近年渐推渐广，各乡闻风响应，或有搭船来城往种者，每以人数众多，挨种稽迟，当日不及乘潮回里，妇女借宿诸多不便，又须多费盘川，因此德惠未能遍及。仆敢为无厌之求焉，应请在城外地方，或庙宇，或公所，按定日期，派人分种，则邑庙之局不至拥挤，而各乡亦得均沾其惠矣。

芝竹轩主人启

（1883年5月14日，第3版）

论治痘

种痘与天花无二致，有异同也。种痘必择天时和暖，孩童身健无病，然后下苗，其家人事事留心防备，预先晓得日子朝数，若天花何日传染，不得而知；又值风寒挟食，蕴积于中，陡觉时寒时热，身子疲倦，家人不知其要出痘。及见点时，医家看出，佥云第一朝，不知已先有十朝矣。总而言之，痘为胎中阴毒，须牢牢记着，第一日见点，即用托药兼培土之品，如黄芪、党参、淮山药之类，只须四五味汤头一剂；第三日速用温托之药，一切鲜发鸡鱼羊肉竹笋，共煮浓汤多吃。只要吃汤，不必吃肉，使痘出齐，兴高浆足，大功成矣。譬如人家□客，客来必须饱吃而去。痘一见点，客已到，断无退去理。胎毒一经培补，元阳自然滋长，不论痘点之疏密繁简，所谓痘无虚症也。然亦有温邪蕴畜、舌黑唇焦、目赤惊痫等象，必须用黄连、犀角、羚羊角、生地、银花者，只好看准用一次，不能叠进。牢记“阴毒”二字，凡体弱□虚者，尤当急切培养扶元，兴发药不宜多服，一二剂足矣。

盖痘天生天化，无须医药，做成浆足后，诸事保重。其要在饮食，凡在病中，不欲饮食，痘亦同然，切忌多与之食。若胸腹宽舒通利，痘子自然百顺。至于或顺，或逆，或险，医家自有真知灼见，不必鄙人之覼缕①而陈也。

再痘虽无虚症，亦必详细询问其家，平日饮食若何，腹中有无积□［食］，或须疏通，然后培元。是在临症□医之精审者。再，出痘如田中种荳，向阳高洁，培植得宜，自然开花结实，收成十足。若当兴发之日，以冷水□频浇灌，何能望其生长？前年秋雨一月有余，田皆荒芜告歉，此明征也。目下牛痘盛行，遍于寰区，万妥万稳，□属保赤者，早种牛痘，可免临事有误。余所深望焉。此盖人命生死出入交关，不得不慎之尤慎。

再，人家妇人女子，动辄喜于清凉解毒，不知一切痈疽疮疖，皆能清解，惟痘不能清解者，何也？胎中阴毒是也。再，医书云无食无病，此至言也。又语云，病从口入。人家不察，狃于积习，以为痘中必须吃饱。不知痘亦是病，使腹内常常流通，消化无滞，则一应外邪不感，胎毒自然□清。从此用心调理，所谓调理者，其要在寒暖适中，饮食均匀，并不在药饵也。百

---

① 覼缕：luólǚ，详述。

一十天之外，以手加额，可庆可庆。余不知医，稍知其理，未知有当否。愿求高明家教政［正］之。光绪十六年岁次庚寅春二月既望。

上海徐允临石史稿

（1890年3月11日，第4版）

续论治痘

天痘一症，事属寻常然，而医执偏见，论治纷纭，致孩提而夭札者，岁不知几千万数。余友徐子石史恻然悯之，虽非专于医学，而痘症一道讲求有素，保赤心殷，倡为治痘一论，登诸报章，洵属超庸妙见、仁人之言，其利溥哉。余读而善之，自愧粗习岐黄，毫无一得，痘症一端，尤属门外，未敢折衷一是，姑伸其说，用述鄙见如左。

盖痘为先天阴毒，果矣。因五藏有藏无泻，藏中阴毒，赖一泻之于痘而已。泻之之法不一，苗痘得吉苗，孩无外邪者最妥。感触而发者，类于苗痘，非真天痘也。夫天痘毫无所触，其藏中阴毒，本欲透发，外感六淫，遏其出路，故凡天痘，每多重候也。总之，痘有顺险逆之殊，而治不外两途：一曰火毒，即痘之实邪也，阳证也；一曰原虚，即痘之虚邪也，阴证也。此两者，实孩提生死关头最为要着，不可不慎。顺痘者，是孩血气清纯，外无邪冒，竟有自然不觉者。此多出之肺脾，凡症之发于肺者最浅，而发于脾者最能容也。如伤寒之传入胃府而止，且属表里也。险痘者，气浊血热，外感内伤，阴毒内乘，阳邪外遏，治者乃屈指计。□不知豆之苗，而叶，而花，而实，本可循序而待，而风雨寒燠之侵之，尚能依时计日耶。治惟疏其邪，而险斯平。逆者如伤寒之逆传，或专一经而不传，或一日而数传，致有不变及倏变之来，非徒总总不顺之谓也。或邪与毒争，气血错乱，医凭痘色寒热妄投，能不速之死耶？即如病之剧者，脉已难凭，形色变乱，是以有寒极似热，热极似寒之象。治者亟宜于此详审，草里藏奸，勿使错过。痘亦如兹，况其逆者，但拘泥其部位形色，尚可信耶？奸宄不以奸状，医须放眼勘破此着来。至于用药，首宜审定火毒乎、原虚乎，两者判若天渊。火毒多心肝两经之来，发之达之，或轻以丹皮、山栀、连翘、石斛之类以清其气，分血分壅，遏之热，俾内蕴之火毒得其门径而出，若投以连柏、羚犀苦寒之峻剂，孩提藏府柔脆，不已伐胃而戕生乎？燎原直扑，势必至焦头烂额而为功矣。间有唇焦舌刺，狂热闷绝，或惊厥风熏，痘色焦赤，间用一二峻品，或君或臣，看定出入关头，投之适当，此即所谓奇兵捷径乘间捣穴之法。余仍按其部曲，守定老营，乃可有济。惟夹疹夹斑，施治最为棘手。攻斯道者，自能心领神会，具有回生之妙术耳。痘之宜忌，有类饲蚕，蚕喜温和，最畏寒冷。间有天时暴暖，必须稍通户牖者，世俗所谓凉痘者。类此非以剧苦峻寒□之也。此徐子所以有温托之见也。至原虚者必其体质本亏，先天薄弱，非因痘成虚，故曰原虚。可知已孩提不责相火，而命火又未充，且肾属寒水，位在北方幽邃之区，发作最迟，或为天痘，或为苗痘，粒细而弱，浆必不充，切勿过追求足，惟以温调和畅，听其自来。设或肢冷脉细，色惨淡气，萤萤如续，间用附桂、参茸温托，亦惟一二剂，看其动静，再商进退可耳。此火毒原虚之大略，岂可寒热混施，攻补杂投，出口原虚，闭口火毒，以孩提作药垛耶？又医家多求胃强善纳，借以壮气助浆。徐子独以少吃为佳，谓使气血调畅，肠胃清通，是亦一说也。然而过犹不及，愿以适中为准的也可。至论牛痘最为保婴善策，而说者又议其未妥，谓每有复出天痘者，不知此乃自误也。误在不肯复看，与复种耳。一则泥于俗见，复看收浆，损伤原气，不知浆者即疮疡之毒脓，务必去尽为妙。即痘浆结痂，容之自落，虽无所损，总不如早去之为快，又能免擦破流毒，传染成疮之害。惟世俗狃于积习，此百解不释之疑也。一则人情愈便愈懒，牛痘较他痘便百倍矣。种而出即不疑收浆为损原，又嫌复看为多事，不知复看最是吃紧处，以所出者究竟是痘非痘，倘或似是而非者，必须复种，因有起浆结痂绝类痘子者。岂知浮皮结成伤毒，实非痘也，自便因循，以致天痘复出，于牛痘乎何尤□复看确痘矣。明年复种一二次，亦甚易易事耳。如此虽胎毒甚重，可以保其万全，惟是求种者既如此因循，而施种者尤万不可草率，苗必求佳，浊而陈者弃之，勿轻尝试。乐善诸君子保赤情殷，定为子孙种福田万顷也。幸甚！上海李翰紫璇稿。

（1890年4月8日，第3、4版）

劝各乡镇施种牛痘说

古无所谓种痘也，亦无天花之患。说者谓汉伏波将军马援征交址时，得染此症，后即遍地流传，人遂目之曰□□□。是千百年来，凡幼孩必发天花，无一能免者。至近世，而医者有种痘之法，种之而发，其患较轻，人皆乐从。岐黄家遂增出痘科一项，字典“痘”字下注神痘法，凡痘汁纳鼻呼吸即出，意者即种痘之滥觞欤。余虽不习医，然暇时喜披览医书，知论痘首推钱仲阳、陈文中二家。钱用寒凉，陈用温热，朱丹溪祖钱非陈，以犀角、地黄汤为主，世皆宗之。厥后万氏、魏氏、费氏、胡氏、秦氏、管氏、翁氏、翟氏、聂氏，代有传人。徐灵胎先生《慎疾刍言》谓，痘为小儿之所必不免，非恶疾也。天气温和之时，死者绝少；若大寒大热，其元气虚而稠密者，间或不治。其始欲透发，其后欲浆满，皆赖精血为之。乃时下庸医当未发以前，用大黄、石膏数两以遏其生发之机，而败其元气。既而用蚯蚓数十、蛴螬数个，及一切大寒、大毒之品，如蜈蚣、蝎子、鸡头、□尾之类，又地丁、银花等粗粝之品数两，煎汁而灌之，增其毒而倒其胃。此等恶物即令医者自服之，亦且胃维肠裂而死，况孩提乎？大声疾呼可谓至矣。而其所箸《洄溪医案》则谓，沈冠云之女，痘密黑陷而无浆，医者束手。余曰，姑以补托之法进之，用地黄、归身、黄芪、人参等药，闻者咸笑，后一服而浆来。明日以参贵停服，余谓精力不充，毒发未尽，必生痘疡。后果臂湾生二毒，治之而安。余长孙女种痘，点密而色深，痘医束手。余用清发之药，并令时含紫雪丹，未几赤色稍衰。将就寝往视，忽变灰白色而咬牙。余曰，症变虚寒矣。此所谓亢害承制也，即用人参、鹿茸等药托之，三鼓而疮色复红，形渐高起，仍用清火养血之方，而浆成。可见痘为人之生死关头，既不可成见自胶，亦不可稍为疏忽，凡为父母者，能不于此加之意乎？

顾种痘较时行之天花善矣，然小孩既不免困苦，父母又须时刻堤防，夜不得眠，昼不得食，必至浆回痂脱，始得安心。尤或虞其满面装花，外观不雅。自泰西牛痘之法传至中华，而施种随心，万无一失，虽古称医中之圣，当亦望而却步、甘拜下风矣。西医之言曰，种痘之益，人所共知，然必知之真、择之审，乃可种之。用人痘浆，不如用牛痘浆之为妙。盖人痘浆遇有疔毒、麻疯等痘，或小孩气体不佳者，种之反受害不浅，故莫妙于取之牛身。

然牛身之浆，其力微嫌暴烈，小孩不免有寒热不舒之病，莫如用牛浆传种于人后，取所发之浆，转种他孩；种时以小刀轻轻刮之，不可多见血，见血则浆必浮起，其性不能传入微丝血管中。种后三四日，即起小粒；五六日，上浆色白略蓝；七八日，清浆起泡，其毒尽发于肌表，现红晕一圈；十日发齐，红晕处略肿；十一日后，红晕渐退，浆渐转黄稠［稠］；十四日，结紫痂；至二十三日而脱落，惟留一痕，白色，终身不消。其便易盖有如此者。

尝谓泰西医法虽极精微，用以医华人或不奏效，惟收生及种痘之法百发百中，千万人中无一二人偾事者。中国收生向以稳婆从事，心粗手硬时，或有性命之虞。然以男女之嫌，礼宜谨避，苟不至万无生理，断不肯延及西医。种痘则已海内风行，凡在省会之区，及通商各口岸，无不设有施种牛痘局，以惠贫孩。独僻壤穷乡，经费难筹，设局未能遍及，茅檐蔀屋[①]，小孩之为天花所厄者，每年多若恒河之沙。上月下旬，鄙人压线稍闲，渡□旋里，闻有一事实，足惨目伤心。一乡农贫不聊生，生有一孩，无力延医种痘，不知误听何人之说，取他孩痘痂入粥中喂之，谓与种痘无别。未几，毒性大发，孩即浑身溃烂而殇。又某姓家一孩亦以此法试之，虽未夭殇，而亦濒死者数次。愈后疤痕满面，如菽如珠。噫，使有人施种牛痘，何致若斯！鄙意此刻各处城乡皆有善堂之设，施医给药，掩骼埋胔，善举良多，所费不菲，何不稍为节省，移作施种牛痘之资？况牛痘苗其价甚廉，上品者每管需洋银半圆，可种三四孩，种法亦极便捷，但使□之数月，即可出而救人，人亦何惮而不乐于为此耶？因抒鄙见于报首，以劝世之保赤心诚者。

（1894 年 5 月 20 日，第 1 版）

劝人家为婴孩种牛痘不可存疑惧之心说

痘也者，病也，皮肤之热病也。地不拘冷热，人不拘强弱，幼时必出痘一次，其所蕴之热始得潜消。间有终身不出者，盖先于胎内出之，故人多不知不觉耳。痘有毒，有毒则易传染，当痘浆未黄熟时，其势最盛，至干而结

① 蔀屋：以草席盖顶之屋。

靥，则势稍衰矣。凡人一染其气，即易发生；即出痘人穿过之衣、食过之物，亦每有毒气停留，若与他人相沾，其毒即因之而过，一经触发，必患大花。医者知其然也，创为种痘之法，以痘痂纳诸孩鼻，塞以棉花，阅三四天而身热点现，虽有毒气发出，其害较轻，此其意美法良，保全孩命不少。故苟非贫无衣食者，每生孩至三四岁，必延痘医种之。至道光季年，中外通商，西医航海而来，始有种牛痘之举。牛痘者肇于嘉庆初年，英医咕嗱氏见有人畜牛取乳，挤之以手，因而手上生泡，终身不复出痘。咕嗱乃细心体察，知牛乳头或乳旁，有小粒数颗，形如痘粒，因思牛痘能解人痘之毒，试为小儿用小刀挑破外皮一二处，取牛痘浆沾之，不数日即灌浆结痂，俨然如痘，数月后复用痘痂纳其鼻，痘果不出，于是屡试屡效，活人无算。回溯三百六十年前，欧罗巴人患痘而死者，一岁中多至三百万人；近北极处，几于举国皆死。自是以后，六年中死者只三十七人；又阅一年，死者只十一人。近日几无一人死者。岂非保赤家第一妙法乎？种之之道，先于大臂或左或右，或兼左右，用小锐刀平刺外臑膜，以不见血为妙，然后点以痘浆；若微见血，则稍待至血止，而后入浆。二三日后，种处见红点如蚊噬者，然四五日渐成小泡，八日浆足略黄如珠，顶平微凹，周围脚根如红线围绕；九日或十日色至红，周围坚硬略肿，十一日渐消，中央先变白色，结痂，十四日至十八日痂脱有痕。若欲转种别人，当浆足时，用针刺取少许，以次流传。此英国名医合信氏所传之法也。

美医士嘉约翰氏则曰，种痘益人，固不必言，然必知之真，择之详，乃为可用。牛身之浆微嫌暴烈，种痘之孩略有苦楚，莫如以牛浆种人，后取所发之浆种之，将痘浆收入玻璃细管中，加以甘油两倍、清水两倍，和匀，固封其口，所取痘浆必择身壮无病之小孩，凡有麻疯、疔毒、内伤、疮癞、皮肤不洁诸病者，皆不可用；更须根查此孩原始所种之牛痘浆洁净与否，庶无贻误。种时切不可竖刀深刺，恐血出冲去痘浆。如小孩身弱，则以手摩擦肌肉，使之红活，方可下种。缘人身皆有微丝血管，由此吸引痘浆，以达全体也。其用心之详慎，有如此者。

顾华人每拘守成法，虽目见牛痘之妙，远过鼻苗，然仍有用鼻苗种之，以致轻则满面痂痕，重则因而殒命者。叩以何故不种牛痘，则曰牛痘种后往往重出，不如鼻苗之一劳永逸。不知西医已先我言之矣。其言曰，大凡小孩宜在离母腹后二三阅月内种牛痘一次，至四五岁时复种一次，出大牙后又种一次，发之既透，则永无后患。其说见于《内科全书》，而未明言其故。四明陈君季桐，牛痘中之圣手也，为之阐发其义曰：种后至第五日痘形见于种处，如粟粒而色红匀；第八九日身发潮热，顶起白光，痘脚有红线围绕；第十二日浆足热退，而痂结色如宝石，靥如螺蛳，内有小疤，此之谓真痘，断无重出之患，无须再种。若假痘，则种后即现痘形，尖顶斜脚，状如疥疮，起后便灌浆，浆黄色，结痂如麸，且或溃烂难收功。此乃先天之毒未发，后天之火先来，若不再种，一遇天花，必非轻症。由是以观，所谓种后重出者，实则先出假痘，并非真痘之能连出二次也。

奉劝心存保赤者，慎选名医，精择佳浆，如法种之，勿生疑惧。倘或所出者似为假痘，毋宁多种一二次，以清其源。目今各省大吏皆设局施种，以惠贫孩。上海则邑庙、豫园及虹口同仁医院、清云里、复恩堂皆系施种之处，实事求是，不取分文，以视旧时所种鼻苗易而且稳。当此春融时节，薄暖轻寒，家有掌中珠者，尚其及早试种乎。

（1895年3月24日，第1版）

二　治痧

论治痧恶习

痧气之症，其来也骤，人皆以针挑钱刮治之。或使人骈两指弯而揪之，以血色发于皮肤为止。凡此治法，证之轻重，固可于血色之红紫绀墨辨之，而谓其瘀血即由此而散，病实可愈，则吾未敢信也。然吴下相习成风，一遇暑天，即见人项间、背际，十九有痧痕，而妇人尤多。更有身不触暑，毫无疾痛，先以此法预治之者；亦有以颈项红痕，饰为观美，故意揪捻数行，以为蝤领[①]莹白，藉是点观与金练条，互相辉映，顿增一种娇俏之态，而争相

① 蝤蛴：yóuqí，比喻女子洁白丰润的颈项。《诗·卫风·硕人》："领如蝤蛴。"

效之，此则近于冶容诲淫之习，而又嫌于文身雕题之俗矣，尤属不可为训也。妇女无知，一二家长又不能尽通医理，往往为习俗所蔽，谓痧气非他疾可比，发于俄顷，不过触暑所感，血脉凝滞，若延医诊治，酌方下药，既需时刻，又费银钱，但以此法治之，无不立见功效耳。

然吾思之，凡以挑刮诸法见效者，其证本不甚重，所受客邪，止在皮膜之间，而未深入也。若症之重者，不特不能奏功，而且因而贻误，病者既不自知其轻重，而家人概以此法施之，设遇重症，其危可立致也。试言其理，凡夏令露体力作、不避炎熇者，其感疾也渐，因其体气强旺，偶有渍染，初不甚觉，必至日久而成病，其症则重；农樵渔牧之人，夏令无疾，而交秋之后疟痢并作者也。此等证候，谓仅以挑刮诸法疏通其血脉，能济事乎？疟痢诸症既发，不能即愈，良医治之，必不肯骤用常山草果及止泻诸品也。客邪既深，必渐达而后出，久疟久泻，其元必虚。假令初起病时，妄行挑刮，于内邪曾无所助，而实已先耗其气血，病不甚久，真元已亏，至于攻之不能、培之不可，虽扁鹊卢医亦束手矣。

至于养尊处优之人，及闺阁弱质、书塾童蒙，则气体自是迥别，平日未尝用力，出则乘舆，居则深室，户有幕、窗有帘，庭除有棚障，炎曦不照，暑雨不淋，以柔脆荏弱之质，而居清凉邃密之地，偶有所感，即时发作，其受病则轻，而施救亦易。然而此等人大都寒体多而热体少，挑刮揪捻，使其邪能达外，而正气亦随之而散热，病纵不能留，似乎随治随效，而气血销耗，其本体之寒，转致愈入愈深，凝结而别病因之而成。秋温、冬温，其发也骤，其积也渐。虽按之脉理，有迟速浮沉之别可验，其证之寒热，而古人统名之曰伤寒，则其病由于寒者，固十之八九矣。且脉现浮数之象，安知非邪有外达之机，而必断之为热证乎？故吾谓此等人尤不可轻用刮挑诸法，以耗其气血也。

夫此二说为症之未极重者言也。若仓卒发病，呕吐霍乱，或不言不食，顷刻壅闭，状如中恶，逾昼夜即不能救者，此须审其人而药之。粗作之人，必偏于热盛，卒中恶暑，邪与邪斗，其浑身经络血脉无不传达，则闭而致于死；若富贵文弱者，体本偏寒，内焦凝滞，或更为饮食所伤，或曾为忧怒所逼，一值时气，内外不得宣达，质又极弱，客邪所蹍，经络即闭，气血无运转之力；而极寒之人辄多痰涎，顷刻已遍壅于身，是以不治。若不审其体气，概曰急痧，而欲以诸法施救，则速之毙耳。盖病象若此，已非此等手段所能见功。尝有针入数寸，拔之不见点血者，此其明验也。即偶有一效出血黑紫，渐能目视口语，肢体转和，得救于垂危者。然病愈而气血必致大耗，有平素强壮，经此番之病，而尪羸[①]不任力作者。皆此法之贻害也。虽曰幸生，然使当时施以峻猛之剂，俾药力能达经络、通焦藏，亦未始不愈也。且幸而得生者，亦止粗人体热，病虽卒至，而其原未虚，乃能受之；若体寒之人，则即大放其瘀滞之血，而其病之成于寒者，曾不能及，卒亦不免于死，而且未有不速其死者。呜呼，人生难得，乃以习俗之故，轻视其性命，我诚不能解其何以恶生而乐死也？

（1881年7月30日，第1版）

论挑痧

夏月炎歊烈烈，烁石流金，天气之热莫此为甚，疾病之生，亦莫此为甚。何也？以夏至以后天之热气下降、地之湿气上腾，人在气交之中，受其蒸变，及至三伏之候，加以尸气秽气，诸多恶毒不正之气，一经感触，其病即发，即世俗所称痧气是也。其气由鼻而入者，肺经受之，由口而入者胃经受之，大都肺经之病，必归于胃，以胃为五脏六腑之海，故也。患此者不曰暑病，佥曰痧气。

常考痧气一症，《内经》未载，即古昔圣贤亦无正论。既□其论，谅无其证，想是后人妄造想象而成者也。或曰既无其证，何以患此者一经挑刺，轻者□已重者亦可稍减，此非痧气之证据乎？曰否，此非痧症，仍是暑湿为患，请试详言之。

夫暑湿秽毒之气，袭入肺胃，流行三焦，弥漫胸腹，横窜四肢，当其邪之中人也，初入阳明，则寒热头胀，干呕泛恶；□及太阴，则手足酸麻，腹痛泻利，甚则火动风生，风火相煽，胃汁已枯，邪火复炽，身中之气随风火而上，

① 尪羸：wānɡléi，瘦弱。

常度尽失，形若尸厥，正《内经》所谓血之与气并走于上则为暴厥，即霍乱转筋入腹者是也。患此症者，针药皆可并进，以针通络脉，流利气血，药则芳香泄浊，扶正祛邪。《灵枢》本有九针之法，失传已久。后世所用者，惟毫针而已。然识其病，知其穴，尚可一针而愈。窃怪乎患病之家，动辄招剃发匠挑刺，不知病情，罔识俞穴，乱挑乱刺，幸而得中获全，病家喜不自胜。不知此暑病之轻者也，即不挑亦无大害，略服暑气等药，亦可得愈。若不幸挑损五脏之主穴，则顷刻告毙；触伤六腑之大筋，则终身成废，病家不归咎于挑痧之人，犹曰死里得生，不致与冥漠君为友，侥幸多矣。呜呼，此非天之劫运使然乎？

闻今夏霍乱之症甚多，针都不效，非针之不效，实针之不如法耳。闻诸父老曰，乾嘉以前霍乱甚稀，兵燹以后，此症盛行。医者不识病情，针药乱投，死亡接踵，殊可叹也。细考痧气一症，方书只有风痧、痧疹之病，并无所谓痧气之名。夫痧即暑也，以痧字新奇，夏天不论何症，总以痧字括之，真觉可笑。犹之小儿患热痰、风惊之症，后人不便立名，即以惊字领头，风字煞尾，以为危险惊奇之症，最易惑人。今之痧气毋乃类是。今姑从俗，即以痧气而论。夫痧者，总由正气为邪气所阻，故浊气不能呼出，清气不能吸入，阴阳相乱，清浊相攻，遂成闭塞之证。清气最和，能养人；浊气最热，能杀人。泰西人名浊气谓之炭气，炭气不出，人即昏闷而死。况上海各省商舶麇集，踵接肩摩，居然一大都会矣。然人烟繁萃，地气愈热，室庐稠密，秽气愈盛，所患痧气之症亦盛于他省。西北人以柳枝蘸热水鞭其腹，谓之打寒痧；东南人以油椀或油钱刮其胸背、手足两胻[①]，谓之括痧；以椀锋及针刺舌下、指尖曲池、委中出血，谓之痧锄，□皆通达气血，引邪外出，以补方药之不逮，其功岂浅鲜哉？奈刺法不精，误事必多，针灸家尚得其皮毛，况剃发匠之粗鲁，其可从事于此道乎？

兹余粗拟三焦刺法。盖三焦专司一身之气血，外邪之侵必由二焦出入，上焦则见头胀眩晕，宜刺素髎、风府两穴，一在鼻柱上端准头刺入三分，一在项后入发际一寸大筋内宛宛中，针入一寸；中焦则见胸脘胀闷，或腹痛呕吐，宜刺上脘、中腕两穴，一在脐上五寸，一在脐上四寸，各针一寸；下焦

① 胻：héng，小腿。

则见疞[①]痛泻利，转筋囊缩，宜针下脘、丹田两穴，一在脐上二寸，针入一寸，一在脐下二寸，针入一寸。两足瘈疭宜刺承山穴，在腿肚间离地一尺，针入一寸；两手抽掣，宜刺尺泽，紫筋上出血，则已穴在肋中横纹上。若腹痛而吐者，刺上脘；腹痛而泻者，刺下脘；腹痛而欲吐不吐、欲泻不泻者，刺中脘；若牙关紧闭，宜刺人迎穴，在结喉两旁一寸五分大脉动应手处，刺之立开；若神昏不醒、刮刺不松，为邪入心包络，须撑开病人之口，看□底有黑筋三股，男左女右，用竹箸嵌瓷锋刺出恶血一点，血出则苏；若指甲发白，神色呆滞，宜刺少商出血，穴在大指甲向里，如韭叶许。以上诸穴，业斯道者务宜熟悉在胸，不致乱挑乱刺，误人命如草菅，则幸甚矣。然而病之变化不一，是在临症者神而明之，所谓大匠教人以规矩，不能使人巧，其此之谓欤。

（1886年8月14日，第11版）

吊脚痧论治

深柳主人来寓，述及南汇之大圃麻痧殊甚，投药罔效，方四五里内，半月之间，竟死千有余人。今霜降过矣，仍蔓延靡定，将若之何？

予思敝镇医家博通经旨者亦不少，岂无法以治之耶？抑竟坐视耶？盖有生必有病者，六淫与九气相干；有病必有□者，七方与十剂绳墨。前人治霍乱吐泻、转筋厥逆之症，各有主方，其泻利多者用缩脾饮，缘脾为湿所浸淫而重滞也；甚则用大顺散、来复丹，莫不见效。其呕吐多者，用枇杷叶散，因胃为湿所窃据而浊秽也；甚则用冷香引子，□不响应。惟今岁厥阴，风木司天，少阳相火在泉，治法稍有不同。柯韵伯[②]曰，六阴惟厥阴为难治，其本阴其标热，其体木其用火，必伏其所主，而先其所因，或收或散，或逆或从，随所利而行之，调其中气，使之和平，是治厥阴法也。厥阴当两阴交尽，

① 疞：jiǎo，腹中绞痛。

② 柯韵伯（1662～1735），浙江慈溪人，清代伤寒学家，曾校正《内经》，著有《伤寒来苏集》，为伤寒学派的重要著作。

又名阴之绝阳宜热也。第其具合晦朔之理，阴之初尽，阳之初生，所以一阳为纪，一阴为独使，则厥阴病热，是少阳使然也。火田则水亏，故消渴引饮而耗阴；木盛则克土，故泄泻下迫而亡阳。由是气血衰微，阴阳残弱，筋脉失其所养，则转筋厥逆也。治之以乌梅丸煎汤进之，庶几挽回。且厥阴主肝木，木曰曲直作酸，酸入肝君，乌梅之大酸，是伏其所主也；配黄连泻心以除热，黄柏滋肾以除渴，先其所因也。肾者肝之母，椒附以温肾，则火有所归而肝得所养，是固其本也。肝欲散细辛、干姜辛以散之也，肝藏血桂枝、当归引血归经也，佐以人参，调和中气，气壮而阳复然，后充达四肢，则厥逆可除也。

深柳主人曰然，请登之于报，以供众览。予自知雕虫小技，不合大道。然而他山之石可以攻玉，狂夫之言望人择焉。或有道之所取裁乎？敢以就正。蛸溪小隐徒唐九成杜撰。

右稿系友人邮来嘱为登录，本馆素不知医，一词莫赞，惟玩其所言，似亦沉酣此道者，且亦救时之婆心也。姑录之以质高明。本馆附识。

（1887年11月13日，第9版）

痧痘探原论

窃观沪滨为英华荟萃之区，何事蔑有。惟痧痘一端，业是科者，几若晨星。迩日，徐君石史倡论于前，李子紫璇继言于后，意甚精详、言中窾窍，洵可使后人奉为圭臬之二公者，一系铁画银钩之外精究岐黄，一乃杏林橘井之间情殷保赤，拜颂之下，手难忍释，颜益加惭。仆于痧痘一事，仅得一知半解，见猎心喜，技为之痒，爰摭先哲之遗言，谬作痘原之末议，婢学夫人，难免方家一笑也。

尝思治标者，必推其本；清流者，必溯其源。而治痘者，焉可不究其原哉？夫痘为先天之毒，医家莫不知之，而其毒之何自而来？何处藏匿？何以命名？何时发泄？则往往语焉不详。兹试一一述之。

或曰因其母怀胎之时，无所顾忌，好啖辛酸之味，及夫腥膻燔炙之物，其气蓄于胞胎之中，婴儿受之，发而为痘。其说谬矣。盖痘之毒由淫火所致，自乾坤交会、二五妙合[①]之际，形未成而毒已蕴其中。是毒也，实自父精母血中来，儿之脏腑、肌肤，何莫非父精母血所成，则其毒将遍藏于儿身内外耶。

曰非也。夫胎者乃相火动而结成，相火[②]命门也。故三秽之毒，仍寓于儿之命门。郭铁崖《原痘论》以毒寓命门为谬，乃谓其毒孕育于周身。然既孕育于周身，曷为其肇发也，复由于肾，而脾，而肝，而胃，而心，而肺乎？况婴儿初生，先有两肾，命门介乎两肾之间，所以无形之淫火，先藏于命门耳。

至毒之发也，不曰疮疡，而曰痘者，何也？溯《痘疹》一书，出于汉后，岂汉代之前无此淫火耶？盖上古之人，谨身节欲，虽亦赖此火以成形，惟受之浅，则发之轻。厥后，世风日替，淫欲无度，其毒益厉，前贤怜悯其苦，乃著方书以救世。因其出如豆粒，遂以命名，亦象形之义也。

痘毒既由先天所蕴，则生成之后，即当发泄，缘何迟早不同？盖淫火犹石中之火，必待金石相搏而出。若儿之正气充盈，则客气不能感触。待至正气稍亏，天地邪阳之气乘虚而入，搏击而动，斯乃发泄之时也。

痘既发矣，犹有顺险逆之分，此何以故？试因其所行之经而论。夫淫火寓于命门，而肇发于肾，自肾脾胃肝心肺，次第相传透之肌肤，是为正途。痘之出也，全赖气血以领载之，心主血，肺主气，以故行至心、肺二经，而发者为□。肝为血海，胃为气海，毒行于斯，热亦蓄于斯，肝热则血瘀，胃热则气亢，痘无气血，乌能透达，岂不殆哉？然犹可行肝之气而血自流，发胃之阳而气自达，则毒亦得以解散。惟儿之生死在乎治者之得失，故谓之险。若夫毒结于脾、肾二经，则难上彻矣。脾属阴土，为毒薰灼，培养之生气伐焉。肾乃阴水，被火燔炙，气血之根源竭焉。欲其透至肌肤，不亦难乎？故名曰逆。

---

① 二五妙合：指生命孕育。周敦颐《太极图说》："五行一阴阳也，阴阳一太极也，太极本无极也。五行之生，各一其性。无极之真、二五之精，妙合而凝。乾道成男，坤道成女，二气交感，化生万物。万物生生，而变化无穷焉。"

② 相火：中医与"君火"（心火）相对而言，一般认为，"肝、胆、肾、三焦均内寄相火，而其根源则在命门"。

至于用药一端，凉热攻补，各有所宜。如陈文中，每用异攻、木香等散峻热之药；张子和多用白虎、黄连等汤寒凉之剂；汪月冈常用黄龙丹以攻之，朱产修有用四君子汤以补之，然皆各有心得，不可妄论其偏，贵乎施之的当。若失之毫厘，则谬以千里。必也推详脉候，审辨寒暄，察气血之虚实，观形体之强弱，验痘点之形色，论毒火之盛衰，随机应变，自然化险为夷。若夫临症用药，攻斯道者，自有权衡。仆庸愚肤见，曷敢妄参末议。

又有麻疹，则别为一端，试再言之。夫痳者，即俗所云痧子也。《内经》曰少阴所致为疡疹是也。斯乃君火余热，感触时邪，铄动肺金而发。又曰麻属于脾，《金镜录》亦曰毒藏于脾，热流于心；《青囊大全》曰麻疹属阳，系天行时疫之热蕴于人身，为少阳相火所因，复遇外感，留恋于胃，其热毒之气熏蒸肌肤而成麻。二说虽殊，其理则一。仆心有塞茅，胸无成竹，孰是孰非，焉敢臆断。姑以愚见言之，大抵麻疹系小儿感受天行时疫之气，伏于脾胃，酿成热毒，不能和解；或因内伤，或遇外感，为君相之火激发，由肺经而出。肺主皮毛，故现于皮肤。其症属阳，故欲出之时，腮红眼赤，其毒浅鲜，故透发三日而渐回。此麻疹之原委也。是否有当，还乞高明指示焉。

以上所言系海上庄君子琴来稿，本馆于医学未经涉猎，故凡论病之说，鲜有登录。惟见此稿先论受毒之由，次言顺逆之故，终言用药之法，谬者驳斥之，是者引伸之，洞彻详明，有条不紊，较之寻常之专取医书抄撮者，实有上下床之分，因列诸报端，以供众览，非敢自破其例也。

（1890年5月5日，第1版）

三 防霍乱

霍乱论

尝考霍乱一症，由温凉不调，清浊相干，阴阳相乱而起。先心痛者则先吐，先腹痛者则先利［痢］，心腹并痛者则吐利［痢］俱发，挟风而实者身发热头痛体疼而复吐利［痢］，虚者但吐利［痢］，心腹刺痛而已；亦有饮酒食肉，腥脍、生冷过度，居处不节，或露卧湿地，或当风取凉，而风冷之气归于三焦，传于脾胃，脾胃得冷则不磨，不磨则水谷不化，亦令清浊二气相干。盖胃阳不伤不吐，脾阳不伤不泻，脾胃受伤使成吐泻，水谷不消则心腹胀满，皆成霍乱，脉大可治，微细不可治，脉微迟、气息劣、口不欲言者不可治。其有冷气抟于肠胃，致饮食不消，但腹满烦乱绞痛短气肠胃挟实而不吐利者，名干霍乱；其有冷气入于筋，又有霍乱而兼转筋者，此中国医书之说也。又考西医书云，霍乱俗名绞肠痧，又名抽筋症，一方之中同时传染，与痘相似。忽然而来，有时十死七八，有时十死四五。大约风传，人传，衣服、气汗、便溺所传，人传尤多。过风隔海，犹能传染。欧罗巴昔无此症，自亚细亚传来。以地言之，热国尤多，所以印度、土耳（其）等国多过欧罗巴各国。以节序言之，暑月尤多，所以长夏多过余月，其状吐泻不止，筋肉乱用，或手足抽绞，或腹内抽绞痛剧大不安；夜晚尤多，病在肚腹，大小肠下暴注，上倾出略如淘米之水系，多血流入肠胃，血中之水吐泻而出，所以血太浓，微丝血管不易通行也。各处津液俱少，症见面白而瘦，眼凹喉干，口中气冷，皮冷脉细，或伏冷汗，无溺无尿，声低不欲语；或谵语死速者，或一时或三四时，迟或一日更多夜发早死者；有如泻出水色如酱，系大小肠中之血齐出，亦为危候；如脉出吐泻，止水色渐黄，或绿□汗止皮渐暖，小便及各处津液渐回，皆为欲愈之候。过九时、十时，势渐减者可愈。

西医剖视肠胃中多白水，内皮白过平日，而绉似浸入水中之状；迴血管中之血满而浓黑，大肠缩小，膀胱短缩，有时脑有黑血，而内肾常形色白。当病作时，见脉小冷汗，面白或铅色皮冷等症，此时服药缓不济事，急用热手搓擦周身外皮令热，另用热水器或炙热砖布包置心胸腋下、腿凹等处，滚水和芥末摊布上贴心胸，或肚腹能救危急。盖此时周身，体热顿减，以寒暑针试之，仅七十七度，较平人少二十度，治法务令病者周身温暖，则血通行，方可望救。但用物热传接，不如人热传接更好。用十余岁小儿二人，前后搂抱病者，历一二时，小儿困倦，更易二儿，如是传接，温暖最有功力。又考所泻者为格来味。格来者与酸相对之味也。华人但知与苦相对者曰甘，与酸相对之味中土无名，西国名曰格来，亦曰蛤蜊，投以酸味，□剂可解其毒，治之者奏效不少。又鸦片一药，止泻最妙，大凡呕泻在所必需。而此时利小便之药，又为急用、必用，而断不可少。此外当有可以择用者，如丁香、麝香、薄荷、白蔻、桂附、干姜等，俱可合服。惟有香□油□药止可水冲，切勿煎煮。煎者则香散油消，毫无功力。至于服药之法，一点钟须服四五次，药力方不间断。而阴症舌润，阳症舌干，症有阴阳，药分寒热，司命者又可不加意而审察之哉？

嘉定泰德臣稿

（1887年9月10日，第13版）

治霍乱证说

今年疫疠盛行，患霍乱而死者不可胜数。夫霍乱急症也，亦危症也。霍乱而转筋则症之尤危、尤急者也。人一患之，生者少，而死者多，大抵皆不死于霍乱，而死于治霍乱者之未得其法，不溯其原，而仅治其末也。

原夫霍乱一证，乃脏腑中阳和之气衰，而触阴寒秽浊之邪，陡然作乱，犯此者皆藜藿之躯、劳役之人居多。因日受暑热，夜经风露，饮食不节，肠胃空虚，暑秽之气由口鼻而吸入，肺胃先受其毒，故入于胃则吐，传于脾则泻。脾主四肢，寒则肢冷；肺主皮毛，虚则卫不固，而汗出如雨，若不早治，内传于肝，肝主筋，故筋缩即俗呼之曰吊脚痧者是也。再不治，则深传于心肾二经，若见舌卷囊缩者，万无生理矣。又有气血并虚之人，触邪更重，一发而直入三阴之地者，一二时即死，良可悲也。

予治此证，一见吐泻脉伏、肢冷如冰、汗出如雨、肉削神脱等证，即用大剂温补回阳固脱四逆汤，附姜回阳，参草固脱，再加白术补中。若但温而不补，恐虚阳虽回，正气不复，仍归虚脱耳。如已入肝经，而见筋缩麻木，再加白芍、吴茱萸、肉桂等药，敛阴通阳。故脉去云脉迟，为寒细，为虚，甚者脉伏，吐则亡阳，泻则亡阴，阴阳俱亡，而肉削神夺、肢冷足麻者寒也，大汗如雨者脱也。柯韵伯论之最详。

此证惟庚申、壬戌年间犯者最多，于时各方避兵燹而来沪者甚夥，因人烟稠密，秽浊之气熏蒸实甚；更加之以水土不服，饮食寒暖之不时，脾胃先受其伤，有朝发而夕死者，有不及二三时而死者，或有发于夜半不及医药。

余拟用伏龙肝三四两、生姜一二两煎浓汤，澄清服取。其以土补土，灶心土者，火炼日久，亦可助火散寒。生姜辛温而祛寒邪，去秽恶，症重者可以暂缓其势，轻者亦可即止。此方传之外间，服者颇有效验。

再有一证，欲吐不得，欲泻不得，心中懊侬，脉弦或数或微，亦有乱者，有伏者，但四肢不冷，胸腹胀满，或痛不可堪，名曰干霍乱，俗名绞腹痧，乃秽浊之气与暑湿滞互阻，用芳香逐秽通腑，佐以宣达三焦，病可即愈。考诸书无痧症门，惟有暑病。盖暑邪即阴邪也。暑必夹湿，暑必伤令，上焦先受，治法宜香开逐秽为主。香则开其郁结，其病即愈。惟《医通》载"番痧"一门，治法颇善。又有吐泻而不肢冷、脉微，宜用藿香正气散，芳馨快气，和中轻味，和之未有不治者。其有误事者，治之不早，或方不对症也。今年夏末以来，此症不少，邀予诊治者不少，余悉用以上之法，一发即治，未有不霍然奏效者也。惟延之即至，迟恐不及。予四十年来仔心如此，非敢居功，但求无过耳。

此乃天水轩主人朱君昂青所论也，余友许君壬瓠，曾著《霍乱燃犀说》所论正与昂青氏相反，惟谓霍乱之由来，实由暑湿热三气之所酿，则说颇同也。按方书自古以来从无痧证之名，不知始于何时。至《医说》始载叶氏用蚕退纸治痧之法，而江民莹误为辟□症，至为杭堇浦所讥。然亦可见从前痧证不多，故古人皆略而不详也。逮国初时，其病渐盛，自北而南，所以又有"满洲病"与"番痧"之名。郭右陶著《痧胀玉衡》一书，推原极变，其说綦详晰，而后痧之症治乃备。张路玉复分臭毒、番痧为二。盖谓恶气更甚于秽气也。王晋三又辨痧即外邪骤入，阻塞其正气流行之道而致，而痧之病义益明。至情志多郁之人，稍犯凉热，即能成痧，且不时举发，亦由气血失其宣畅也。若干霍乱亦有不因痰湿饮食之滞，但为暑暍之气扰乱于中，举世皆名霍乱为痧证，亦非无故。王晋三曰，痧者，寒热之湿气皆可以为患，或四时寒热凝滞于脉络，或夏月湿热郁遏于经隧，或鼻闻臭气而阻逆经气，或内因停积而壅塞腑气，则胸脘气逆，皆能胀满作痛，甚至昏愦欲死。西北人以杨柳枝蘸热水鞭其腹，谓之打寒痧；东南人以油碗，或钱，或线，括其胸背、手足、内胻，谓之刮痧；以碗锋及扁针刺舌下、指尖及曲池、委中出血，谓之挑痧；更服玉枢丹，以治其内，是皆内外达窍，开通腠理以泄其气。针刺出血，亦使毒有所泄，气血得以循度而行，其胀即已，实即霍乱非另有痧邪也。

郭右陶曰，霍乱有先吐泻而心腹绞痛者，多从秽气而发者也。有先心腹绞痛而吐泻者，多从暑气而发者也。霍乱以脾之湿盛而滞，其升降之机，则浊反厥逆于上，清反抑陷于下，虽有热化、寒化之分，必以治中焦之湿为要领。其大要曰宣土郁而分阴阳，祛暑秽而行食滞。近如薛立斋、张介宾辈专主于寒，今昂青氏以临症为辨，然后施治，其识见尤高一筹，故乐为之登其说。

（1890 年 9 月 14 日，第 1 版）

霍乱论

霍乱者何？时疫也。时疫不一端，有烂喉痧，有时行天花，有伤寒热症，有麻症，凡因毒气传染者，皆可以时疫概之。而霍乱实时疫中最重而最难治之一种。迩者，天时酷暑，气闷如蒸，沪上一隅盛行时疫，往往朝发午死，午发暮死，一巷之内哭声相闻，药肆医家以及棺木冥器诸铺，自朝至晚几无片刻之休。嗟乎，何天之不吊我沪民竟至于此哉？于是有强作解事者，矜奇炫异，分为热痧、冷痧，谓冷痧须以姜附等品治之，热痧则用犀角地黄汤之类；甚且医生中之平日无人过问者，至此皆各抒己见，自命不凡，东扯西拉，著为论说，窥其意无非欲拾人牙后慧，借以哄动病家，或可博得医资，聊以糊口。其术虽浅，其心亦可怜矣。仆非医生，不敢为人医疾，然窃见医亦格致中之要术，因于压线之暇，时或浏览西医书，虽不敢自诩为能自得师，而略有见闻，正不妨为同人敬告焉。

西医之论霍乱者不一，而大旨要自相同。美人嘉约翰之言曰，霍乱之症时则见于一乡一邑，时则无处不有，起即呕泻清水，状如米汁，身冷脉停，势甚险重。原其初只发于亚西亚洲，及轮船通行，而欧罗巴亦有染及者。其染及也，或由客商，或由船中，或由衣巾，或由水流。至或随风送至，甚至医院中医生日为病人调治，或死后剖割，误伤己手，以致中毒身亡。顾有疫之地，居民或感患，或不感患者，何哉？大抵房事过多，晏眠晚起，素不谨慎，秽气熏蒸，饮酒无度，心多忧郁，皆易感受此症。感受后，至起病，约以二日至四日为度。亦有越两礼拜始发者。试于死后剖其脏腑而验之，每见胃内多有呕泻未尽之白浆，中含蛤蜊味，即与酸性相反之物，及蛋白与离落之内皮；若身壮热者，则胃之内皮发红，积有血水，及瘀白小肠内多白浆，兼有内皮之褪下者，当脉停时，即死者脾缩小；至发热而死者，则脾胀大，肝管中内皮亦多褪下时，或将管闭塞，致胆囊积胀，肝化为油质，溺管内皮生点，或其点脱下壅塞溺管之口，故内肾或变为白色，或一二处现青黑瘀血点，膀胱空而绉，有些少如牛乳之尿肺，积涨而作深红色，后叶尤甚。气管内皮亦有青黑点，甚或气管阻塞，总回血管与心房皆涨满，惟左房空虚，血紫黑稀而不结外衣干；近心房处，有青黑点，脑不甚坏，惟脑脊根脉管有积血。此脏腑之情形也。

其现症时约分三候，初候呕吐洞泻，恶寒发渴，舌生潺涎，口苦，腹痛如割，身弱无精神。阅一半日，则为第二候，此时大泻不止，胸腹不舒，呕泻兼血，向之如牛乳、如米汁者，变而为淡红水，口极干，茶水入胃，顷刻即出，舌色白起胶而冷，面容绉缩色如铅，口出冷气，呼吸艰难，腿臂抽痛，腹背亦□；脉初微数，渐忽沉迟，按之极细，甚或停绝；汗粘腻如胶，手如冷水浸，指及面鼻唇皆蓝色而冷，两目深坳，眼圈黑暗，舌冷如冰，声低哑，小便闭，或稍有数滴，形如蛋白。试以寒暑针，低至九十二度，甚者只八十度，而第三候乃现焉。当第三候时，胃内仍不舒，口仍渴，多饮则立呕，腹痛不欲食，大小肠功用不合，粪质黄色，兼有胆汁，小便虽长，内多蛋白，腹痛甚惫极而不能睡，心神恍惚，而症将不起矣。

然则治之之术奈何？曰细考霍乱症所泻者，多属蛤蜊类，即味之与酸相反者。故须用酸味以胜之，方用香磺□酸及鸦片酒各一安士，每次服十滴至三十滴，加水少许，每一点钟或两点钟服一次；又方淡磺□酸半安士、鸦片樟脑酒一安士半，每服一钱，加水少许，每半点钟或一点钟服一次。如欲止泻，则用吧哩哥力加鸦片酒，或用铅霜开鸦片丸，或用鸦片水以及哥罗方丁香油大黄酒，功力皆甚伟。至于初起泄泻时，莫妙于即服哥罗卑单以止之。而尤要者，则以病人宜静养，口渴则含冰块；身冷脉停，则以□刀边用机器针射入皮内，可令脉复起。此皆嘉君所用之良法也。

若夫英医士虎拍氏，则谓此病似血从养生路内猝然放去，流质皆被白而成块之流质充满，内皮发肿，各处有血积聚，肠内之核俱胀大，回血管及发血管内皆满填黑血，间有肺血积聚；亦有收□者，肝与胆囊或满□汁，内肾血积聚，膀胱收小而空。此盖几经剖割而知之者。其死也□约自见症后十二小时，速至六小时。初传染时，十人中死九人。及疫将退，则十人中死一人。统而计之，死生各半。治法如病人软弱，则随时用白兰地酒饮之，或饮以消化□养绿□之水，令其血复合运行之法，并使肠内血管收缩。俟精神稍复，可用热绒单裹之，置热水瓶于足与胃之上部□擦其腹，依病人之意，随便给饮白兰地酒，口渴则多饮水。泄泻则每一时服鸦片一厘，如不泄泻则服萆麻油以润其肠。盖虎拍氏之治法又如此。

仆则以为与其治之于既病之后，何若慎之于未病之先。于何慎之？则饮水须求清洁，卧处须求高燥通风，街道庭除、粪除污秽之物，蔬果肉食须求有合于养生者。病人所用之溺器及被褥衣巾，切勿取用；病人食余之馔，切勿取食，饿时勿入病人房内。家中遍洒鍟绿水以辟毒气。如是则虽天灾流行，亦可无虞染及矣。谨以告卫生之君子，其不河汉余言乎。

（1895年8月4日，第1版）

续霍乱论

一雨成秋，新凉砭骨。海滨疫气，当可渐消。有客蹑尊闻阁之梯，翩然入座，语于执笔人曰：贵馆前论霍乱一症，可谓明辨以晰，推阐靡遗矣。顾所述药品，皆出自化学家炼制而成，虽各药房可以购求，而门外汉究不敢轻于尝试，敢问尚有便易之法，可以尽人皆能者乎？

曰：仆素不操轩歧业，乌敢强不知以为知。然尝闻之四明王君惕斋谓，此症由春雪过多，积寒未散，加以时逢小暑，天气过凉，以致所积之寒，骤然发泄，酿成疫疠，一发难收。法宜用芥辣粉若干，温水调匀如糊，摊于布上，贴病者胸腹间。迨病者知皮肉发烧，立即揭去。否则恐烧坏皮肉，疼痛难禁也。

客曰：于何知其为病起积寒？

曰：子试以西医生所用法伦寒暑表置病人舌底，或腑间测之，平人水银高至九十八度，或九十八度有半，患此病者则由九十二度以迄八十度，亦有低至七十五度及七十二度者，谓非病由寒起之明征乎？病既由于寒起，岂不可以性热之芥辣粉治之乎？况王君亦曾治愈数人，始敢与仆言之。仆始敢信而为子述之。子尚何有所疑虑耶？且本报曾登过数方矣。本月初十日登一方，用肉桂末以膏药一枚放上，贴肚脐上，另用艾蓬、烧酒、木瓜煎水，洗通身及手足、手足湾二十日；又登一方，用猺桂、吴茱萸各三分，木瓜、白芍各三钱半，夏陈皮、木香、广藿香各一钱半，桑枝五钱、厚朴七分、香薷六分、荷梗一尺又一方，用猺桂心八钱、母丁香一两二钱、倭硫磺五钱、生香附一两八钱、当门子四钱研末，每用三分纳脐中，外用膏药封贴。症重者用生姜放脐中，外用食盐喷酒炒热，在膏药上摩运。按之本草，如肉桂、烧酒、桂枝、茱萸、生姜、丁香、硫磺之类，或则辛温，或则大热，皆不离以热拒寒者。近是苟不见效，何敢贸贸然函请录登。人奈何尚惑于无知妄作者流，谓有热痧、寒痧之分，以致畏首畏尾哉？

客曰：由子之言，是霍乱皆寒症而非热症矣。然尝见有徒行烈日中，忽然气厥倒地，进以清凉之剂，旋转危为安者，抑又何说？

则应之曰：是触暑而非染疫也。人偶触暑邪，自然得清凉之剂而愈。若与疫症同日而语，其不致误人性命者几希矣。

客曰：然则何以谓之瘪螺痧？

曰：瘪者收缩也，螺即指上螺纹也。人当冬日严寒时，以手搏冰雪，或伸手探入寒水中，指上之螺立即收缩。然则以彼例此，瘪螺痧一症其为因寒而发，不尤觉不烦言而自明乎？

客曰：我闻泰西医家言，霍乱每由微细虫在肠中为患，以致不及救治而毙。子能为仆言其详乎？

曰：仆尝闻之此种微细虫，随风飘荡，映以一千二百倍之显微镜，其大只如半粒胡麻，不特疫症有之，即他症之能传染者，如烂喉痧、时行伤寒之类亦皆有之。西医虽知之，而未经详考。迨去夏香港时疫流行，死亡相继，日本东京帝国大学医科教习北里氏偕其友青山氏航海而往，细察病缘，厥后青山氏因剖验尸骸，误伤其手，毒由血入，几于疫死港中。北里氏则细察月余，始知疫虫来历，曾著为论说，列入报章，大旨谓五百年前欧亚二洲尝有此种毒虫之症，西历一千六百六十五年伦敦亦有之。兹粤人所谓鸡子瘟者与此症相类。昔者，云南各属、今岁粤之琼州，亦皆滋蔓难图，十死八九。原其初，必由传染而致，若无根苗传染，虽极污秽之地，必不能不召而自来。惟其虫性本污秽不堪，一至洁净之区，即不能为患，因其性不能离污秽，且一见日光即死。故也，强壮者受此或不至于遭殃，但一落于孱弱者之身，则必逐渐孳生，卒至病毙。欲筹辟疫之良法，须将污秽房屋尽行拆毁，患疫之地，沟渠泥土务必挖掘净尽，垃圾则粪扫一清。将来重复建房，勿任人烟过于稠密。否则，阅时再发，其祸之惨烈与目下无殊。虽有辟疫之药水、药粉四处洒布，亦恐无济于事，徒劳罔功。必使秽物无一毫之留存，庶此种疫虫无处容留，而疫气不复为厉。而尤要者，凡有疫虫之处，外来船只切勿驶入口门，俾免人身及行李中将疫虫带至他处，蔓延无际，贻害于人。北里氏之所论如此，合之前论，所引西医之说，不诚可以互相发明乎？

客曰：以子观之，其治此疫也从西法乎？抑从中法乎？

则正襟而告之曰：治之得其道，则从西法可愈，从中法亦可愈；治之苟不得其道，则误用中法固足以害人，误用西法亦不足以救人。仆非业轩歧者，不敢与子言医术，惟与子略言医理，济人利物，是在子慎以择之可也。于是乎操管而续为霍乱论。

（1895年8月11日，第1版）

霍乱论略

夫时行霍乱一症，西医曰虫，曰毒；中医曰寒，曰热，曰闭，曰脱。众论纷纷，莫宗一是。不知寒暑不时，错杂相感，寒伤血，暑伤气，气血互搏，以致气乱血瘀，壅结脾胃大络之间。胃之大络，主司呼吸，而通行五脏；脾之大络，主行津液，而周布一身。脾为太阴，胃属阳明。阳极则阖，阴盛则辟。开阖不息，长生无极。两络受病，气津交失。此所以阴阳翕辟之枢折，而挥霍撩乱之证发矣。

若夫寒热变迁，盖随人身之阴阳虚实而莫定，病变无端，治贵活法。余于月初旅申，目睹死亡相继，殊堪悯恻。其间死于病者半，死于药者半，良由病家心慌意乱，见方即投，不加审察，药病相背，反致不救者有之；或病浅因误治而变他症，迁延以至于死者有之。且此症势来迅速，危在顷刻，虽有良工，延治不及。爰不揣谫陋，略述梗概，庶见病知原，并择至妥至效之方数则，俾初病者照方即治，乃克有济。方列后。

此症初起，稍觉腹痛胸闷，头晕目眩，恶寒身热等症，急用竹旱烟管内烟油，取如痘大，放在舌上，阴阳水吞下，入口□辣，灵效非常。并用生芋艿切片，放入口内，令病人吃几片，并治吐泻不出之干霍乱，真神方也。或急用飞龙夺命丹少许，搐鼻取嚏，如不嚏，再用阴阳水吞此丹一分，小儿减半，孕妇忌服。如肢冷筋抽，用好烧酒令人用力摩擦其转捩坚硬之处，待筋软，再以盐汤浸之，筋自□抽□。如大吐大泻，肢冷汗出，此间寒热真伪，非良工不辨，切忌妄灸妄药，惟急用生茱萸二两研末，盐卤如饼，贴于涌泉穴。穴在脚底中，用布包束，勿使脱落。并急用好醋三四斤，置病人面前，将铁器烧红，频淬醋内，使病人常闻其气，即可转危为安。此二方，不论寒热二症，转筋汗出，元气欲脱者，大有起死回生之功也。切勿轻视。

（1907 年 9 月 4 日，第 19 版）

四　麻风防治

论大麻疯恶疾

粤有麻疯院，皆疯人所居。犯此疯而幸不即死，亦已残废。居其所者，男女亦自为偶，必传三世，毒果尽，始准出院。盖惟易于传染，故虽娇儿爱女，疾既发，家人每割爱送居院中，要皆少年不谨所致，以地多采兰赠芍之风，所传少不入广者，正指此也。近闻西关某乙素不狎游，忽亦染此厉疾，众讶之，殊不知其得自房中也。闻乙妻何氏本适陈某甫结褵，而陈染此疾。氏涕泣求去，母氏力劝，坚不从，且剪其发，并以死誓母。乃挽人于陈处，多方关说，补还聘财，嘱陈另娶，得遂离异。未几陈下世，氏乃改适乙。岂其毒早蕴身，乙昵之而竟罹此苦乎？先是，乙当议娶时，有知妇根抵者，已先虑及，咸劝勿娶。乙闻氏甚美，概勿听，不谓娶未三月，夫若妇皆红云满面，而氏尤甚。延医视之，皆云不治。妇连数夕欲自经，而乙转劝，慰真是同病相怜，万一天年未尽，恐亦同老于麻疯院中而已。噫，世固有冶游浪子不知事，而误染其毒者。今乙明知妇之由来，而浥彼注兹，甘蹈此险，是明以鸩酒解渴也。天下多美妇人，兹以居室之大伦，樱此恶疯之疾苦，虽亦由于贪色，而亦大可哀也已。因念沪城风气，洋场所在，近且甚于海南，不惟商舶云排，抑且妓房星列，车如流水马如龙，有毂擎肩摩之盛，月作主人梅作客，极眼花耳热之娱，正恐奢云艳雨间，窟毒甚浓，虽无疯院之迁，岂乏杨梅之结，知少不入广之言，亦可云少不入沪矣。因记广事而附及沪风如此云。

（1873年3月28日，第1版）

麻疯病相传之患

（选录香港三月二十日近事编录）

粤东多麻疯大疾，大抵因地气郁烝，天时炎熇，阳不藏阴所致。犯此者有二种：一则肌肤如故，颜色不改，而惟暗处有之，此等最易陷人，不知者往往为其所误。顾女疯可卖，而男疯不可卖。然虽不可卖而可轻，疯人之富厚者广购姬妾，令其传染他人，则己疾可以少减，故有作狭邪游，着妓女受毒，因而及人，挹彼注兹，遂至其祸无穷。闻前月有一巨富者某姓，因事至港，勾留匝月。某故疯人也，眉目指爪均无所异，衣冠华焕，风度翩翩，见者但知其为贵家公子，而不知其为狼疾人也。偕其友宴于太平山妓院，红灯绿酒，酬唱为欢，缠头一掷，动费不赀，咸以为此石季伦豪富流也。于是争妍取怜，求得其顾盼以为荣，一时为其所眷者四五人，皆平康中翘楚也。夜合赀视他人特重，一夕挥霍不下百金，一妓见其每夕不脱袜而睡，心异之，代为强除之，则秽气腥闻，不觉欲呕，持火烛之则脚底血斑狼藉，溃成数穴，于是疯人之名喧着于勾栏。前时与之狎接者，辄惭惧交并，或有潜往羊城医治者。艳游人闻之，当亦为之寒心，嫖妓之事，港中时所常有，倘不知而误踵其后，未有不废弃终身者。请以一事证之，澳门有西洋人偶于他处传染风疾，欲至港地觅闲花为消遣计。时有蛋户某以艳名著，西洋人以重金啖之，遂与欢合，去后始知。因深夜至街，见过者则微言挑之有某洋行侍者涎之久矣，见之欢甚，遂与缠绵，是妇一夕而阅七人，其毒始清，而所谓某侍者未及数月，腮肿鼻穿，糜烂遍体。吁可畏哉！谚云“少不入广”，其此之谓欤！

（1873年5月16日，第2版）

位置麻疯乞丐说

昨得福建无名氏来信，谓麻疯乞丐之强，实以闽省为最，无论居家铺户，靡不遭其余毒。一或不如其意，彼即索党呼群，捶柜敲桌，并或弄蛇牵犬，掷石插针，作种种恶态，借以吓人。如遇民间婚嫁丧葬事，彼更强索青蚨，由十余千至百余千不等。否则，跳跃喧呶，迄无了局。故各铺户必先与丐首疯头买贴大票，每年约须十数千文，始得安静。统计城厢内外铺户万余，大票者约须一半，似亦足敷衣食，而犹吵闹若此，诚未解也。并闻闽、侯二县地方其丐首疯头之家俱大充裕，岂买大票之钱半为侵蚀欤？前潘廉访陈臬①闽中，深悉此弊，严行惩治，闾阎得少安谧。今若辈故态复萌，节节生事，当道者苟能急为设法，取各铺户之大票费，公建一痲疯病院，令疯丐居住；又取其余银存典生息，每人每日给发口粮，至若流丐、坐丐责成保甲、丐头严行管束，不得致生事端，岂非亦安惠商贾之道乎？无名氏所言如是，因姑即其大意而照录之。

（1876年6月22日，第2、3版）

五　其他

上海饮水秽害亟宜清洁论

孔子有之曰：“臭恶不食。”而饮食之中，以水为第一。又即孟子所云，“民非水火不生活也。”上海之水类皆污秽，惟近浦以及北市租界能通大潮之处稍可。虽来汛泥浑，然皆江水，以矾搅之，可顿使澄清。盖黄浦之吴淞口受潮，海水与洋子江水同时泛涨，江水先冲，是以尚无海水碱味，职是故耳。浦中作践弃掷之秽物固多，幸汐汛呼吸，能不致于积聚。民间取饮，虽其流过□不及山水之清洁，而入口之余尚无秽气，则亦可以将就矣。所最不堪者莫如城厢之河道，秽物堆聚，恶气熏蒸，当事者忧之，屡议疏浚。岂知傍岸铺户、居民皆莫□［知］自爱，□［此］时疏矣，而逾时则垃圾之填

① 陈臬：指任司法官员。

积如故也；今日浚矣，而明日之粪秽作践如故也。区区狭窄河身，何能容受？是以随浚随淤，几至莫可收拾。潮汐来时，争相挑汲以供饮啄，皆用明矾搅之使清。然其秽气终莫能除，食者触之往往欲呕。前任观察，应公知其害，而禁之不止，遂议时常开浚；当于大加挑浚之后，等拨钱一万串，分存在城两典取息，即为逐年开浚城河之费。应公之意，亦无非恐秽水染疫、怜民疾病而已。乃河既频开，积仍如故，诚如现在，邑尊大兴水利后所示谕有云："潮水河之淤塞，非仅沙泥壅积，皆由近岸居民之作践，故迩来新浚各河，不特不准作践，并不许设鱼罾蟹簖，以及布种菱蒲，致遏潮水流通之路"。然河水之疏通，非仅便于饮也，田畴之灌溉实利赖之。想民间自此番整顿晓谕之后，必能自相保卫，不使复蹈前辙矣。

至城厢河道之秽水，今虽亦一律严禁，恐难尽行杜绝。缘秽物之就近抛弃，类皆下人贪懒不知利害者所为也。去春曾有西人议用机器，引近方□淀等处清水，分派铺户应用，诚为地方之美举。旋因经赀浩繁，议未成而中止。嗣于夏间传染时疫，大半出于饮秽，当道仍将浚河挽救。其时大扇山人亦曾议论及此，本馆均先后登报。奈无兴办之人，以致迄今城厢铺户饮水之害，终鲜清洁之法。现届春令，转瞬入夏，与其见瘟疫而设局施医，曷若预防于先事。前所谓机器之法，经费□□可□勿论。查上□大烟膏店均系雇船从清洁之处装运而来者，似可仿照办理。在各铺户居民所费有限，而受益无□［穷］，然必如前报所议，宜归善堂起首领办，庶几易于为力。不当识事者亦曾计及于斯乎？圣贤已有饮食水火民生之说，矧此固当务之急，维有心人设法焉，未始非御灾驱疫之道，其有益于民□岂浅鲜哉？

（1873 年 2 月 28 日，第 1 版）

广保赤说

前日本报述字林报所论，西国幼孩生长沪上，较在西国者为易长养等语。此言大抵信而有征。盖泰西国俗，凡事较华人为认真，清查户口一端，必详稽实数，非比中国各省郡县之办保甲模糊了事也。其谓英国曼吉斯省普国伯灵京所生幼孩，三五年内必死其半，固非揣测之词矣。然则此二处之幼孩，固止十得其五，而别处之不能全至长成，亦可想见。是以泰西各国幅员远不及中华，而犹有地旷人稀之患，而中国则生齿日繁，几于人浮于地也。各国人氏皆数十兆，或十余兆，中国至三百兆，可与相将者惟印度，亦几至三百兆。此固由于水土之宜息，是二处自有胜于各西国者。

然以吾思之亦不尽关水土也，大抵天时之寒暖、燥湿，本与生死关碍，而人事之饮食、寝处又甚系乎寿夭之间。印度天时，以西南夷例之，大抵偏于燥暖，而其民间之俗、人事之节则余所不敢知。第就中国论之，南北两方亦颇互异，地利之不齐，而人之生死因之。北方地势高燥，土性差厚，童孩之生，其貌每粗重、壮黑，而气质亦较强健；其食宜麦，日餐面饼数枚，亦使中饱，胸胃之间无甚杂物，取其精华，汰其渣滓，皆能长力益神，内无宿感，肌腠坚栗，外缘客邪不得而入，故病极少，而夭殇者亦鲜矣。南人之养小儿，则任其馋贪，而以他物饵饲为钟爱其子，且食必粳稻糯米，小麦止供点心，每餐治具四盘八碗，视若平常。即乡人终岁种蔬，借以食饭，亦必数味并陈，物多而肠胃受伤，或中诸毒，不啻以生成脏腑为油腥膻腻相为攻击之所。故内藏虚薄，而营卫日耗，外体不坚而邪感易乘，往往多病而体相亦较纤弱矣。特北人无病而易长，南人多病而亦易治。乃夭殇之童，不过二十人中之一二也。若天时有变，人事又不善调剂，则北人至南，任其卤莽之性，有小病不信南医，于是疟疾为南人所常染一治辄愈者，而北人有性命之虞矣。南人居北，久卧火炕，则多喉风；久饮烧酒，则患肺疾。又，北人所无而南人之迁地勿良矣。此天时、人事之宜不宜，而亦根乎地利者也。

然其患每在成人，若幼孩则痘殇最重。北方不行苗种，惟出天花愈长愈险，有至二十岁以外始出者，往往难治。南方襁褓种痘，或兼染天花，或时令不正，或苗系劣种，皆足为害。其他惟惊风为小儿之厄运，北方少于南方。盖惊风为猝感之外邪，而其成也，类由于痰，痰则饮食杂进之所生，而又因地势卑湿故也。幼孩之殇，大致不出此二者之外。然究不过二十分之一二，视外国为独少耳。

尝闻西国格致家言，西国之孩所食惟馒头与肉，日饲几餐，立有定时，非时不与食，亦不准其食杂物。且几岁之孩每餐馒头若干个，肉若干两，皆有限制，随其年岁而增益之，无过饱、半饥之虑。而况起居游息，亦有一定之则，怡神养力，均有便利之器。立法如此周详，非若华人之纵其饮食，水果点心任意咀嚼，以致内外交伤，易染疾病也。

若中国养孩能如外国之事事有节，则惊风之患可以无虑，而夭殇者减其半矣。又，西人之孩皆种牛痘，近来此法非不盛行，而内地狃于积习，犹不肯信，谓传浆之痘止有数粒，毒不发尽，不如苗种之随其多寡，而无不发泄也。且牛痘既出，设遇天花，仍易传染；不若苗种之保无后患也。殊不知苗种之痘，夹杂天花，浑身皆是，往往不能灌浆，致倒陷而毙，岁必有之。若天气奇冷之年，则十去三四者有之，甚有比邻接户，同时夭殇者。而牛痘则从未有此。可见苗痘之不妥，实甚于牛痘也。人情多怪，论不胜论。苟能破除成见，不为习俗所拘，则痘殇之患又未始不可全免也。故论人事而西国实胜中国，宜西人之养孩沪上者夭殇一端竟绝无而仅有耳，彼西国之生死相半，夫亦天时地利实不若我中国乎？

（1879 年 6 月 16 日，第 1 版）

防病说

时症之行，甚者谓之瘟疫。或言此天道也，人心不善，水火刀兵之灾不足蔽辜，且不能遍及，故特降疫疠以灭之。是以疫之甚者，竟至举城皆毙，阖村尽亡。又兵灾之后，必有大疫，谈因果者又谓是兵灾漏网，而其人劫数难逃，于是死之以疫。大抵此二说者皆归咎于天意之无可挽回而已。然以余论之，他事尚可言，天意人事各参其半，惟此则专属于人事。何也？古者大傩所以逐疫，设云天意，是逐之所以违天。何以自古相沿，至今尚有迎神赛会之举？虽今之迎赛不过踵事增华，饰为观美，而其事虽久而愈失其意，则犹有可取也。又凡疫疾之时，必多传方药而施舍者，往往修合辟瘟丹及诸药丸、药末以送诸人，试辄有验，但得好医良药，疫亦未必尽死。假云天道，是舍药亦属违天，安得云行善乎？故疫之未至，谨身者早为防之，其事不外慎饮食、审居处两端。盖疫之生也，必于盛夏，夏当发荣既盛之际，草木长大，其生气几不留有余，人值其时，阳气外暴，阴气内伏，肌肤腠理[①]皆极松脆，暑湿风火易于乘入。夫暑湿风火之因，惟夏独多。一烈日之所暴，一晨风之所吹，顷刻之间，忽觉不适，受之而又益之，或伤于暑，或中于风。而此风暑之气，在夏令则其质浮而轻，入于人身之中，其力不能直达于内，而又阴伏其中，表里相格，于是风暑之气游行于肌肤腠理之间，一日半日之久，遍传于筋络脉理，而内伏之阴愈相隔绝。故有所谓痧症者，则病在腠理之验也。有所谓羊毛痧、吊脚痧者，则病在筋络之验也。

人无有至夏而腠理不松者，风暑之气值乎人，未有不乘机而入者，故其病从同也。无病之时，虽阴伏而阳暴不相融和，然表里之气常通，以其外无客邪也。至病，则邪据于外，阴盛则内外相格而不通，阴不甚盛则邪欲入之，而阴阳交战矣。风暑之邪流而不滞，格则即格，战亦即战，而其人之本体之强弱壮败因之，故病至于死者，其死必速也；病而不死，邪感轻而不成病者。逾夏而秋，则内伏之阴渐欲宣泄于外，而邪得乘而入内，交战于内，而转至于外，是为疟疾。先寒而后热者，里阴而表阳也。邪入内而转外，其力渐微，故疟必汗而愈也。善摄身者，于夏日务食清淡之味，使脏腑无所沾腻，则阴虽内伏不出，而其气常与外暴之阳气相为呼吸。而早晚乍凉之候，勿贪舒畅而露处迎风；日中骤热之时，勿逞壮强而向日行走。则风暑无所感受矣。即不得已而触热，必息气静坐，使其自然流汗，暑气随散。无遽食凉瓜、冷水以渟[②]之，无猛挥扇□以闭之；或宵中露行，侵晓起作，睡醒之余，腠理愈开，骤受凉风，觉毛孔顿有冷气逼入；移时日高就曝，外躁热而内微寒，则知为触受风邪。或至日中，忍热以使之汗，或服疏散之剂以早驱之，如此则虽感风暑，而终不至于大病。此则摄身之大略也。

天时无岁无寒暑，惟春夏之交，有时大雨连朝，奇冷如冬；有时酷热如三伏，或一日而早晚异候，或今热而明日奇寒，至使摄身者亦无所适从。若

① 腠理：còulǐ，中医指皮肤的纹理和皮下肌肉之间的空隙。《史记·扁鹊仓公列传》："君有疾在腠理，不治将深。"

② 渟：tíng，水积聚而不流动。

此则入夏必多疾疫。然非人事之竟无可恃也，慎饮食、审居处二者，诚愈疾之良方也。试思疫盛之年，发病而死者大抵皆肩贩背负、勤苦力作之人，以其不能摄身也。其上者亦惟高居广厦，一味受凉，刲[①]豕炰[②]羊、恣意口腹之人，以其纵欲自戕也。观此可以知矣。

今日本神户疫疾大盛，船只进口，必须查验无病，始准其入。故上海中西各宪，亦思仿照办理，诚恐其传染也。然传染固自应防，而迩来天气酷炎，无殊三伏，防病之法，正不止此。姑为是说，以勖夫善摄生者。

（1879年7月14日，第1、2版）

崇洁说

今之议论各国风俗者，咸讥中国为至秽污之国。呜呼，中国古时圣王之政，亦何尝不以洁净为尚哉？读《周礼》一书，于浚河渠、修桥道、栽树木、禁停葬诸事皆有专官，想见其时都邑之内，肃穆清夷，上下皆有整齐严肃气象。至民间一起居之细、一饮食之微，如《论语·乡党》所载，亦皆井井有条，必求合于养生之道。盖大以觇国政，小以卫民生，于理固应如是也。三代以降，在上者鄙此为琐屑之务，不复为之经营；小民更安于卑污，相率因陋就简，因之郊野之外、阛阓之间，耳目所经，秽气四塞，而泰东西各国之旋居吾华者，所辟租界大率衢路宽广，屋宇崇宏，三市六街，纤尘不染，相形之下，益觉内地街道几有难以涉足之虞。不特有碍观瞻，兼且易滋疫疠。呜呼，是非有国家者亟宜加意整顿者哉？今举必不可缓者，拟具条目，约有数端：

一、开浚市河。内地河离市较远之处，尚见宽广，若市廛繁盛之区，两面房屋逐渐侵占，河身竟狭不容刀，兼之灰艇粪船到处充塞，自朝至晚，居民又从事于洗衣涤秽，以至河水污浊不堪，汲而饮之，必致滋生疾疫。是宜由官绅设法禁阻，虽不能一概驱除，然亦须有一定时刻，庶河水渐期清澈，

① 刲：kuī，割取。

② 炰：páo，古同“炮”，把带毛的肉用泥包好放在火上烧烤。

汲饮可以无虞。

一、限葬棺木。停棺不葬，例禁本属綦严。然居民或溺于风水，或绌于赀财，以致棺木累累，有数十年而仍未入土者，尸气四溢，触之必有损于人。本年吴中大吏札饬所属州县，限期将停棺埋葬，一时风行雷厉，民间无不遵从。嗣因地方官督率无方，往往操切从事，因之所到之处，民怨沸腾。然此皆由办理之不得其人，只须另定妥章，不必因噎废食。

一、疏通阴沟。阴沟砌于砖石之下，原期宣泄积水，俾秽浊借以流通。然使历久不修，则壅塞既多，臭秽难期疏达。因忆京都每于春夏之交，必将地沟一一开掘，斯时浊气四布，行道者皆掩鼻而过。内地并无开沟之名，其淤水之蓄积于中，更复何堪设想。今纵不能如各处租界之阴沟，皆由工部局修砌，俾令四处疏通，然居家者当建屋之时，亦宜于开沟一事加意讲究，庶不至积秽潜伏于内，致居人阴增疫疠之虞。

一、宜远建厕所。各处租界民人不为不多，然便溺皆有一定之所，苟或违其禁令，受罚不能稍宽；若内地则虽在通衢，随处可以溲溺。沪城亦设有清洁局，而煌煌告示之下，溲便者即麇集其间，偶一经过，棘心刺鼻，当此炎炎烈日，秽气上腾，附近居人何以堪此？是宜由地方官饬地甲于偏僻之区多建坑厕，又须多雇夫役，随时以水冲洗。倘居人仍有随意溲溺者，必从重罚锾，即以其赀拨充雇人冲涤之费。如此则民自不敢或犯，而街巷可以一清。至若出售食物尤须另辟市场，而不许沿街摆设，馁鱼败肉尤应禁阻入市，不得私售与人。市肆栉比之处更多辟浴堂，廉其价值，工作食力之人须依时沐浴，庶不致腥汗之气到处熏蒸。夫如是，则出于其途者，自能耳目清净，疾疢不兴。至欲办理此事，须由官任倡率之方，绅尽辅佐之力，务使通国之内上下一心。如此则不特闾阎可免夭札之虞，即城邑亦有整肃之象，夫亦何惮而不为哉？此事虽小，所关实大，窃为当局者借箸筹之矣。

（1903年8月21日，第1版）

稿　约

《太平天国及晚清社会研究》系民政部批准成立的全国性一级学会——中国太平天国史研究会主办的学术专刊。本刊主要刊载关于太平天国及晚清时期（1840～1911）相关史实与理论的研究文章，宗旨在于保持严谨扎实的学术风格，以客观、理性的研究理念拓展太平天国及晚清史研究的广度与深度。

本刊不收取版面费或者其他任何费用。欢迎视角新颖、见解独到的代表学科前沿水平的学术稿件，论从史出、逻辑严密、注释规范。体例格式参照社会科学文献出版社集刊注释体例，文末附作者信息（姓名、单位、联系电话、研究领域）。字数以7000～12000字为宜。

本刊严格实行双向匿名审稿及编辑部三审制度。稿件一经采用，相关编辑会通过电话或邮件与作者确认发表事宜。作者自投稿之日三个月内未接到本刊备用通知者，请自行处理。

根据著作权法规定，凡向本刊投稿者皆被认定遵守上述约定。

本刊信箱：tptg1989@ sina. com

联系电话：13675111347；025 －52202345

中国太平天国史研究会

《太平天国及晚清社会研究》编辑部

图书在版编目（CIP）数据

太平天国及晚清社会研究．2020年．第2辑：总第5辑／朱庆葆主编．--北京：社会科学文献出版社，2021.3

ISBN 978-7-5201-7890-7

Ⅰ．①太…　Ⅱ．①朱…　Ⅲ．①太平天国革命－研究
Ⅳ．①K254.07

中国版本图书馆CIP数据核字（2021）第055589号

太平天国及晚清社会研究　2020年第2辑（总第5辑）

主　　编／朱庆葆

出 版 人／王利民
责任编辑／邵璐璐　陈肖寒

出　　版／社会科学文献出版社（010）59367256
　　　　　地址：北京市北三环中路甲29号院华龙大厦　邮编：100029
　　　　　网址：www.ssap.com.cn
发　　行／市场营销中心（010）59367081　59367083
印　　装／北京玺诚印务有限公司

规　　格／开　本：787mm×1092mm　1/16
　　　　　印　张：14.25　字　数：220千字
版　　次／2021年3月第1版　2021年3月第1次印刷
书　　号／ISBN 978-7-5201-7890-7
定　　价／118.00元

本书如有印装质量问题，请与读者服务中心（010-59367028）联系